Gracias a la vida

Cid Benjamin

Gracias a la vida
Memórias de um militante

2ª edição

Rio de Janeiro, 2014

© Cid Benjamin, 2013

Reservam-se os direitos desta edição à
EDITORA JOSÉ OLYMPIO LTDA.
Rua Argentina, 171 – 3º andar – São Cristóvão
20921-380 – Rio de Janeiro, RJ – República Federativa do Brasil
Tel.: (21) 2585-2060
Printed in Brazil / Impresso no Brasil

Atendimento direto ao leitor:
mdireto@record.com.br
Tel.: (21) 2585-2002

ISBN 978-85-03-01224-9

Capa: Hélio de Almeida
Diagramação: editoriârte

Livro revisado segundo o novo Acordo Ortográfico da Língua Portuguesa.

CIP-BRASIL. CATALOGAÇÃO NA FONTE
SINDICATO NACIONAL DOS EDITORES DE LIVROS, RJ

B416g   Benjamin, Cid, 1948-
2. ed.   Gracias a la vida: memórias de um militante / Cid Benjamin ; prefácio
           Milton Temer. – 2. ed. – Rio de Janeiro: José Olympio, 2014.
il. ; 23 cm

ISBN 978-85-03-01224-9

1. Marighella, Carlos, 1912-1969. 2. Movimentos de libertação nacional – Brasil. 3. Revoluções – Brasil – Filosofia. 4. Comunismo – Brasil. 5. Guerrilhas – Brasil – História. 6. Atividades subversivas – Brasil. 7. Brasil – Política e governo – 1964-1985. I. Temer, Milton, 1938-. II. Titulo.

14-04379   CDD: 981.063
                                                         CDU: 94(81).088

A meus pais, Ney e Iramaya

Agradecimentos

Pelo estímulo para que este livro fosse escrito
e pelas valiosas críticas e sugestões, ficam aqui
meus agradecimentos a Ângela Dias, Ary Miranda,
Cristina e Leandro Konder, Jander Duarte,
José Sérgio Rocha, Julita Lemgruber, Manuela
Oiticica, Milton Temer, Paulo Passarinho
e Teresa Sopeña.

Sumário

Prefácio 11

Apresentação 15

  E o cerco se fechou 21

  Na cova dos leões 43

  De tortura, torturados e torturadores 69

  A saída do inferno 87

  Um golpe de mestre 105

  A opção pela militância 123

  E o castelo de areia ruiu 143

  Das ilusões à aventura 164

  O exílio começa de verdade 182

  A hora e a vez da estrela 213

  A estrela perde o brilho 240

  A estrela se apaga 256

  Navegar é preciso 265

Epílogo 283

Anexo I 285

Anexo II 289

Cronologia 291

Prefácio

MILTON TEMER

Este livro de Cid Benjamin vem na esteira temática do excelente *Marighella*, de Mário Magalhães. Mas vai mais longe. Porque Cid, para além de jornalista de larga experiência, foi parte ativa da história recente do Brasil. Ou seja, viveu a pesquisa.

É o próprio banco de dados de um texto autobiográfico, mas, ao mesmo tempo, fundamental para o conhecimento do que se passou em nosso país e do que foi a vida no exílio de uma geração de brasileiros que não se dobrou ao assalto às instituições republicanas no golpe de 1964. E que, com o garrote político, parlamentar e sindical consequente do famigerado Ato Institucional nº 5, teve suas razões para enveredar pelo caminho da luta armada.

Tanto no combate à ditadura que nos assolou por duas décadas, quanto na transição — quando a afirmação de um Partido dos Trabalhadores (PT) e de uma Central Única dos Trabalhadores (CUT) nos encheu de alegria, posteriormente frustrada — e no marasmo que nos assola desde o período FHC, Cid viveu tudo com intensa atividade militante. Desde o guerrilheiro ousado — um dos mais importantes operadores do sequestro do embaixador norte-americano Charles Elbrick — ao ativista partidário e ao jornalista e professor universitário de nossos dias, sua memória nos garante estar diante de um dos mais consolidados e objetivos relatos sobre esses anos de nossa história recente.

Cid não renega seu período de luta armada, como vários dos que o precederam em balanços e avaliações literárias sobre o tema da guerrilha urbana brasileira. Não se preocupa em ser bem aceito pelo sistema que antes contestava, porque continua contestando-o. Ele faz compreender, até àqueles que já na ocasião não concordavam politicamente com a opção, porque o movimento foi legítimo e porque jovens não hesitaram em colocar suas vidas em jogo diante de um aparato de repressão monstruoso e cruel, no qual a implantação do terror de Estado operava como política preventiva. Nele, o terror era aplicado deliberadamente, mesmo de forma exagerada, com o objetivo de gerar o pânico antecipado. Cid consegue avaliar a razão dos equívocos com racionalidade e distanciamento. Não mitifica a valentia, nem supervaloriza os atos de coragem. Mas também não é um texto de arrependido ou derrotado.

Por isso passa inteira credibilidade aos relatos sobre os grandes confrontos e os principais personagens.

E por que ressalto essas características? Porque é isso que sinto diferenciar o relato de Cid das revisões históricas iniciais, prenhes de distorções do que de fato ocorreu naquele fim dos anos 1960 e início dos 1970. Obras que se tornaram até *best-sellers*, em que seus autores, como que olvidando leitores que com eles conviveram nos debates e divergências, renegam seu tempo de guerrilha como se nele não se inscrevessem entre os mais sectários.

Ridicularizam episódios, como se já naquela ocasião cumprissem tarefas sabendo-as absurdas. Falsidades que só concorrem para a desinformação histórica.

Se há, portanto, alguma crítica a fazer a Cid Benjamin, é não ter se proposto há mais tempo a cumprir a faina deste relato. Teríamos sido poupados de fábulas que chegaram a gerar filmes; de lendas sobre falsos autores de textos que a guerrilha impôs à ditadura ler em cadeia nacional, antes de libertar presos políticos por conta de sequestro de embaixadores. Teríamos sido poupados de autopromoção de falsos protagonismos nos episódios mais marcantes. Tudo isso se esclarece neste livro sempre acelerado, no ritmo de roteiro de filme de aventura, impedindo descanso ao leitor que o acompanha.

Testemunho o que afirmo por conta de ter vivido roteiro paralelo, em posição divergente de Cid. Ele, na célebre Passeata dos Cem Mil, gritava: "Só o povo armado derruba a ditadura!" Eu, militante do PCB, com o "Só o povo organizado derruba a ditadura!", palavra de ordem que, por incrível que hoje possa parecer, tinha um ar antipático, de freio num período histórico em que a Revolução Cubana, a luta armada em vários países da América Latina e a anunciada derrota norte-americana no Vietnã tornavam a ruptura pela luta armada algo aparentemente muito mais eficaz do que a paciente luta pela hegemonia nas condições adversas da ditadura feroz que se consolidava.

Tivesse Cid posto sua versão a público bem antes, reitero, a verdadeira versão do que foi, a despeito dos erros de avaliação, uma história real dos heroicos anos vividos por uma juventude corajosa e pronta a entregar a vida por uma causa, a realidade não teria sido agredida de forma tão bem-sucedida por autores de *best-sellers* que se projetaram por renegar aquilo do que deveriam se orgulhar, se não tivessem passado para o outro lado do alambrado.

Enfim, *last, but not least*, e fora do cenário específico da luta ideológica, Cid vai fundo em algo não divulgado de forma ampla em outros episódios importantes da história acidentada do PT na década de 1990. De pronto, com a recuperação da primeira denúncia contra atos eticamente duvidosos na vida do ex-presidente Luís Inácio Lula da Silva, por conta de comissão de investigação aberta no próprio partido, em 1995, para apurar denúncias feitas por Paulo de Tarso Venceslau, e dos fatos paralelos e comprometedores nos episódios dos assassinatos de dois prefeitos do partido — Toninho, em Campinas, e Celso Daniel, em Santo André. É quando o livro sai do roteiro da aventura e passa para o terreno do *thriller* policial.

O que torna, por conta do conjunto, *Gracias a la vida* uma leitura imperdível.

Apresentação

Desde que voltei do exílio, em 1979, amigos me cobravam um livro de memórias. Por muito tempo não me animei a escrevê-lo. Em primeiro lugar, porque a militância política e a necessidade de garantir a sobrevivência me ocupavam por completo.

Mas havia outro motivo para a empreitada ser adiada. Não queria me limitar a um mero relato do que tinha vivido. Isso teria sido fácil. Mas, em alguma medida, repetiria o que já tinha sido feito por outros. E não teria o ineditismo que atraiu a atenção para os primeiros livros do gênero. Achava que só valeria a pena escrever se pudesse ir além do factual e contribuísse para a reflexão sobre questões que me parecem instigantes e ainda atuais. Para tal, precisava decantar melhor as experiências.

Cheguei a me lembrar da resposta de Chou-En-Lai, um dos mais importantes dirigentes chineses, diante de uma pergunta sobre as consequências da Revolução Francesa de 1789 para a humanidade: "Ainda é cedo para uma avaliação mais precisa", respondeu ele, quase dois séculos depois dos acontecimentos.

Em certos momentos, cheguei a ter a impressão de que este livro nunca nasceria. A possibilidade não me incomodava. Se tivesse que ser assim, paciência.

Ele não é exatamente uma biografia. É uma espécie de memórias — precoces, porque ainda não estou me aposentando — em que aproveito passagens da minha vida para refletir a respeito de questões as mais variadas.

Os capítulos, em sua estrutura e conteúdo, são diferentes uns dos outros. Alguns apresentam, sobretudo, relatos de episódios vividos. Outros trazem uma reflexão mais teórica. Tenho consciência do risco ao optar por esse caminho. Relatos podem interessar mais a um tipo de leitor; análises, a outro. Espero não decepcionar um desses grupos. Ou ambos, o que seria pior.

Nos dois primeiros capítulos, por exemplo, há uma descrição da vida na clandestinidade e dos primeiros dias de prisão. O terceiro é uma reflexão sobre a tortura. Em outras partes do livro uso o mesmo mecanismo: relato e, depois, análise.

Não se espere, aqui, neutralidade. Tomo partido, explicito opiniões. E quando não tenho resposta para determinados problemas, digo abertamente.

Mas, se no livro não há neutralidade, há isenção, tanto nos fatos descritos como nas análises.

Trato de ter a mesma honestidade intelectual com que reflito sobre a experiência da luta armada ao analisar as trajetórias do PCB e do PT, ou ainda a do incipiente PSOL. Não escondo as críticas (ou as autocríticas) que considero pertinentes.

Tento fugir das armadilhas da memória. Muitos acontecimentos relatados datam de 40 anos ou mais. Nos casos em que tive dúvidas, consultei pessoas que viveram as experiências para confrontar lembranças e diminuir a possibilidade, sempre real, de equívocos.

Tenho especial cuidado para não cometer exageros. Mantive na lembrança algo que o mestre Graciliano Ramos recomenda em seu *Memórias do cárcere*: "Não caluniemos nosso pequenino fascismo tupinambá; se o fizermos, perderemos qualquer vestígio de autoridade e, quando formos verazes, ninguém nos dará crédito."

Esta observação pode parecer desnecessária, mas não é. Já vi militantes de esquerda exagerando — e, até mesmo, mentindo — em denúncias dos crimes da ditadura. Como se isso fosse preciso para mostrar as iniquidades que ela cometeu...

Não faço ajuste de contas individuais, até porque não tenho desafetos. Quando me reporto a situações embaraçosas para um companheiro, no mais das vezes omito seu nome.

Não procuro engrandecer meu papel, nem douro a pílula. Minha imaturidade política — assim como a de militantes próximos — demonstrada em alguns episódios, é retratada com tintas vivas.

Busco, ainda, fugir de um problema recorrente em certos livros, em que a crítica a posições equivocadas é feita sem ficar explícito que o autor foi também defensor delas em tempos pretéritos.

Deixo claro que as autocríticas foram fruto de um processo coletivo de avaliação e amadurecimento, e não resultado unicamente de reflexão individual minha. Ainda que isso, claro, não me exima das responsabilidades por erros, lacunas e insuficiências de posições apresentadas aqui.

Trato do exílio e de suas dificuldades. Não só das de ordem material, mas também das de caráter existencial, pouco lembradas pelos que não viveram a experiência.

Falo da volta ao Brasil, com a anistia — que significou o reencontro com tudo o que, ao longo de dez anos, tinha sido objeto de sonhos. A reinserção na política, num momento de intensa participação popular na vida do país, representou experiência muito importante para nós que estivemos exilados e, como tal, não poderia deixar de ser tratada.

Descrevo a minha participação, integrado de corpo e alma na construção do PT, num período rico, de atividade febril e prazerosa. Aquele

PT era algo romântico, mas decerto mais puro e idealista, e que não se parecia com a caricatura em que a legenda veio a se transformar depois.

Tenho consciência de que as análises que faço não agradarão a alguns. Mas, se contribuírem para um diálogo honesto e fraterno, destituído de preconceitos, meu objetivo terá sido alcançado.

Por fim, devo dizer que, apesar das críticas e autocríticas aqui apresentadas, não se deve esperar um livro derrotista ou de algum renegado — palavra que, aliás, me causa arrepios.

Tenho orgulho de fazer parte de uma geração que tentou alcançar as estrelas e mudar o país e o mundo, que viveu com ardor a política no seu sentido mais nobre. Que não hesitou em tomar partido e, de forma corajosa, se jogou em defesa das propostas mais generosas para a humanidade.

Política e ideologicamente moldada pelo exemplo então recente da Revolução Cubana, pelas lutas libertárias de 1968 e pela resistência à ditadura militar, essa geração viveu com enorme intensidade. Muitos de nós conhecemos a clandestinidade, a prisão, a tortura e o exílio. E, todos, tivemos amigos e companheiros de jornada que perderam a vida na flor da idade ou que ainda guardam sequelas das violências de que foram vítimas.

O fato de alguns, posteriormente, terem abandonado os ideais de outrora e passado a ver na política um caminho para a ascensão social e a realização de "negócios" não diminui o valor e a importância daquela geração.

Malgrado os erros políticos que cometemos, temos o direito de afirmar, com orgulho, que estivemos sempre do lado dos humilhados e explorados, lutando para construir uma sociedade em que as pessoas fossem respeitadas e vivessem com dignidade. E que, em todos os momentos, nos orientamos pelos ideais de justiça social e fraternidade.

Não restrinjo esse reconhecimento aos participantes da guerrilha. Estes costumam ser mais lembrados. No entanto, revolucionários que não optaram pela luta armada, por considerarem que, naquelas circunstâncias, esta não era o melhor caminho para derrubar a ditadura e caminhar para o socialismo — e, de fato, não era —, merecem tanto respeito quanto os que pegaram em armas.

Mantenho a opção socialista, mesmo admitindo não ter — e diria que ninguém tem — um modelo desse tipo de sociedade que vá além do previsto de forma teórica pelos clássicos. As diferentes experiências práticas de socialismo, por razões as mais diversas, não permitem que sejam apontadas como esse modelo. Pelo menos a mim elas não satisfazem integralmente — embora, na maioria dos casos, tenham representado inegáveis avanços se comparadas ao que antes existia.

Reconheço que essa falta de um modelo a apontar é uma séria lacuna. Mas, antes de ver essa insuficiência como um problema que impeça a opção pelo socialismo, prefiro vê-la como desafio, até por não acreditar que o capitalismo possa resolver problemas cruciais da humanidade — o que, aliás, é demonstrado a cada dia.

É verdade que, hoje, valorizo em grau muito maior a democracia do que em tempos pretéritos — e registre-se que nunca fui defensor de sociedades com partido único. Mas essa maior valorização da democracia não inibe a opção socialista. Ao contrário, a fortalece e qualifica.

A defesa da ética está também presente neste livro. A meu juízo, ela é condição para uma prática transformadora.

E não deve ser confundida com um legalismo despolitizado e desligado de situações históricas concretas. Assim, se rejeito peremptoriamente a concepção de que "os fins justificam os meios", pois uns e outros estão vinculados de forma indissolúvel, afirmo que a busca de direitos conduz, com frequência, a choques com legislações caducas e injustas.

Por isso mesmo, ao longo da história, lutas pelo aprofundamento da democracia muitas vezes se viram diante de um arcabouço legal conservador e autoritário, e forçaram o alargamento de suas margens e, mesmo chocando-se com a legalidade vigente, as empurraram para limites mais amplos.

A resistência à escravidão levou a revoltas e à formação de quilombos. A conquista do direito de greve exigiu a realização de paralisações ilegais. A batalha pela reforma agrária é impulsionada pela ocupação de terras improdutivas.

Todos esses exemplos configuraram, a seu tempo, ilegalidades. Mas, de todo, justificáveis. E que, por serem defensáveis do ponto de vista político, ético e moral, não impediram a indispensável luta pela hegemonia política e ideológica na sociedade. Muito pelo contrário.

E aqui chegamos a um ponto crucial: uma ação justa e necessária, com condições de ser justificada politicamente, pode ser desenvolvida, mesmo que se choque com a legalidade vigente. Que ela seja levada a cabo ou não é uma questão de conveniência política numa dada conjuntura.

Por outro lado, se determinada ação não pode ser abertamente justificada, com certeza ela será ilegítima e incorreta do ponto de vista político.

Eis aí uma diretriz sobre a qual o PT atual deveria refletir com mais profundidade.

Encerro esta apresentação lembrando algo dito por Darcy Ribeiro:

> Fracassei em tudo o que tentei na vida. Tentei alfabetizar as crianças, não consegui. Tentei salvar os índios, não consegui. Tentei construir uma universidade séria, não consegui. Mas meus fracassos são minhas vitórias. Detestaria estar no lugar de quem venceu.

E o cerco se fechou

"É o sonho que mostra o caminho."
GOFFREDO DA SILVA TELLES JR.

21 de abril de 1970.
Era um dia parecido aos anteriores. O *Jornal do Brasil*, o principal diário do Rio de Janeiro na época, trazia como manchete de primeira página uma declaração do general ditador de plantão. Sua frase, seja lá o que viesse a significar, perdeu-se no tempo: "Médici lança a política externa de mãos livres." Ainda na primeira página do *JB*, uma chamada, com foto, informava que Pelé recebera na véspera uma comenda do governo militar brasileiro. Outra chamada trazia a notícia de que Nixon retiraria mais 150 mil soldados do Vietnã. A seção de esportes destacava a escalação de Tostão e Rivelino no amistoso do Brasil contra a Bulgária, que seria disputado no dia seguinte e serviria de preparação para a Copa de 1970.
O feriado, pelo aniversário da morte de Tiradentes, não mudava minha rotina. Saía pouco do "aparelho" em que morava, um apartamento de sala e dois quartos no segundo dos quatro andares de um modesto prédio na esquina das ruas Pedro de Carvalho e Aquidabã, no Lins de Vasconcelos, bairro da Zona Norte do Rio. Vivia lá há pouco mais de um mês.[1]

---
[1] "Aparelhos", no jargão da esquerda, eram os locais usados para moradia de militantes ou guarda de materiais na estrutura clandestina.

No "aparelho" do Lins, passava os dias lendo, escrevendo e pensando no futuro — tanto o meu como o da organização da qual era dirigente: a Dissidência Comunista da Guanabara, que depois adotaria a sigla MR-8 (Movimento Revolucionário Oito de Outubro). Com este último nome tínhamos assinado, ao lado da Ação Libertadora Nacional (ALN), o manifesto cuja divulgação era uma das condições para a libertação do embaixador norte-americano Charles Burke Elbrick, quando ele foi sequestrado. O MR-8 tinha sido inicialmente o nome de uma organização armada destruída um ano antes pelo Cenimar (Centro de Informações da Marinha).[2]

Apesar de muito jovem — só completaria 22 anos seis meses depois, em outubro —, naquele momento eu era uma espécie de bola da vez. Para os não iniciados em sinuca, explico: bola da vez é aquela que deve ser encaçapada prioritariamente num dado momento do jogo. Depois dos golpes que minha organização tinha sofrido naqueles últimos meses, o DOI-Codi (Destacamento de Operações de Informações — Centro de Operações de Defesa Interna) —, o organismo policial-militar que centralizava o combate às organizações de esquerda, sabia que só eu tinha sobrado da última direção da organização, eleita em novembro de 1969.[3]

Os organismos de repressão dispunham, também, da informação de que a FTA (Frente de Trabalho Armado) da Dissidência fora

---

[2] O primeiro MR-8 era originário da Dissidência do Partido Comunista Brasileiro (PCB) no antigo Estado do Rio. O MR-8 do qual participei originou-se de outro setor do PCB, a Dissidência Comunista da Guanabara. Com base inicial no meio universitário, mais tarde expandiu-se para outros setores sociais e outros estados.
[3] O DOI-Codi era subordinado ao Exército, mas entre seus integrantes havia militares das três forças armadas, policiais federais, civis e militares, bombeiros e agentes oriundos de outras instituições. No Rio, contava com pouco mais de cem membros, divididos em quatro seções: investigação; informações e análise; busca e apreensão; e administração. Eventualmente recebia reforço de outros integrantes da polícia ou das Forças Armadas para alguma operação específica.

reorganizada e eu passara a chefiá-la. Isso, aos olhos dos militares, que valorizavam em especial os militantes da linha de frente na luta armada, me fazia mais importante ou, para usar a linguagem deles, de "maior periculosidade" — embora não necessariamente representasse a verdade.

Outro fator contribuía para que fosse muito procurado: a grande quantidade de ações armadas de que tinha participado. Na contabilidade que constava de um caderninho particular do tenente Dulene Aleixo Garcez dos Reis — um militar com veleidades de estatístico — eu era apontado como recordista na participação em ações de guerrilha urbana no Rio de Janeiro até o momento em que fui preso. Garcez mostrou-me esse caderno no fim de abril de 1970, no DOI-Codi.

Eu não poderia supor que 42 anos depois, no dia 19 de junho de 2012, ele seria denunciado publicamente como torturador por cerca de dois mil jovens, numa grande manifestação diante do prédio em que morava, à rua Lauro Muller, na Urca. Foi mais um dos chamados "escrachos".[4]

Esse recorde no número de ações de guerrilha urbana tinha explicação. Integrei o primeiro grupo armado do MR-8, que começou suas ações em fevereiro de 1969. Nos meses seguintes, o grupo passou por pequenas mudanças, mas continuou muito ativo. Depois do sequestro do embaixador norte-americano, em setembro, foi desfeito, e seus integrantes, transferidos para outros setores e locais, por estarem queimados. No entanto, para que a experiência acumulada não se perdesse, fiquei com a incumbência de reorganizar o setor armado da organização. A consequência é que, quando fui preso, tinha participado de

---

[4] Os "escrachos" são um tipo de manifestação importada da Argentina, na qual militantes, em sua maioria jovens, apontam à execração pública antigos torturadores e assassinos de presos políticos.

todas as ações de guerrilha do MR-8 até aquele momento — as realizadas pelo primeiro grupo, tanto o original como o modificado, e, ainda, as que se sucederam quando o setor foi reestruturado. E, na época, o MR-8 era a organização armada mais ativa no Rio.

Imagino que não tenha permanecido muito tempo com essa espécie de recorde e que, poucos meses depois de minha prisão, tenha sido ultrapassado no número de ações, não só por militantes do MR-8, como de outras organizações.

Só punha os pés na rua para encontrar os demais membros da direção, em geral umas duas vezes por semana; encontrar os responsáveis pelos três grupos da FTA, que se reportavam a mim, também umas duas vezes por semana; checar levantamentos para as ações armadas; e, depois, comandá-las. Essas ações eram realizadas, em média, a cada dez ou quinze dias.

Circulava sempre com uma pistola Colt calibre 45 e portando documentos que me identificavam como outra pessoa. A experiência de usar nome falso numa cidade em que fui criado trazia, muitas vezes, situações difíceis. De vez em quando cruzava com um conhecido que nem sempre tinha ciência da minha situação. Não podia deixar de dar-lhe atenção, mas o fazia sempre com um olho na missa e outro no padre.

A clandestinidade trazia, também, situações imprevistas, como quando, em fins de 1969, resolvi tingir os cabelos para me disfarçar. O resultado não poderia ter ficado pior: eles ficaram de cor acaju e chamavam a atenção por onde eu passava. Para remediar a situação, tive que cortá-los bem curtos e tingi-los outra vez de preto. Ainda assim, não ficaram com aparência natural.

Outro episódio curioso aconteceu quando fui me vacinar contra tifo, depois que as autoridades da área de saúde recomendaram que a população tomasse essa precaução, diante de um surto da doença. Fui a um posto médico na rua Barão de Bom Retiro, entre Grajaú e

Vila Isabel. Estava de terno e gravata e levava a arma numa pasta. Tinha recebido fazia pouco tempo um jogo de documentos falsos, cujos dados memorizara. Ao chegar a minha vez de ser atendido, sentei-me diante da auxiliar de enfermagem que anotava os dados das pessoas que se vacinariam. Era uma mulata gorda, simpática e expansiva, que, em meio ao serviço, aproveitava para conversar, em voz alta, com todo mundo.

Ela perguntou, entre outras coisas, a minha data de nascimento, que eu disse de pronto, e a minha idade. Percebi, então, que tinha memorizado os dados da carteira, mas não sabia quantos anos tinha. Respondi automaticamente. Ela parou, fez lá um cálculo e disse, em voz alta:

— Meu filho, já novinho assim você anda escondendo a idade. Se você nasceu em tal dia, tem tantos anos...

Fiquei com cara de idiota, dei um sorriso sem graça e respondi:
— Ah, é...

Mas nada aconteceu, a não ser as pessoas em volta rirem da situação.

Na época, estava sendo montado pela organização um esquema de proteção que tornaria mais difícil a minha prisão. Eu passaria a não entrar mais em pontos (assim eram chamados os encontros de rua entre militantes). Haveria um companheiro cuja única função seria ir nos meus pontos e me levar as pessoas quatro ou cinco quadras adiante. Como esse militante não era procurado e, na organização, teria contato apenas comigo, o risco de que viesse a cair e, na tortura, pudesse levar a repressão a mim diminuía muito. Como a maioria das quedas se dava em pontos e ninguém sabia meu endereço, salvo quem morava no mesmo "aparelho", a adoção desse procedimento me protegeria bastante.

Ainda assim, é forçoso reconhecer, dada a situação de cerco e aniquilamento que já começava a viver a esquerda armada, que provavelmente eu teria sido preso mais tarde, com ou sem esse esquema de proteção. E, com um agravante, se tivesse sido preso depois, é pouco provável que tivesse sobrevivido, pois os órgãos de repressão passaram, já em meados de 1970, a assassinar os militantes mais importantes, depois, claro, de interrogá-los sob tortura.

De qualquer forma, antes que esse esquema estivesse em funcionamento pleno, um companheiro foi preso na manhã daquele dia 21 de abril e, na tortura, abriu um ponto que tinha comigo no início da noite.

Na ocasião, eu morava com mais dois militantes: César, meu irmão mais novo, chamado por alguns de Menininho, por conta de seus parcos 16 anos; e Nelsinho Rodrigues, que era engenheiro e tinha vida legal, mas participava da guerrilha urbana.

César, uma das pessoas mais brilhantes que conheço, era bastante precoce. Desde a adolescência militava na política, assumindo responsabilidades muito acima do que seria de se esperar para alguém de sua idade. Chefiava um dos subgrupos do setor armado e, na minha ausência, assumia o comando geral da FTA. Quando foi preso, em setembro de 1971, integrava a Direção Geral do MR-8, embora tivesse apenas 17 anos.

É respeitado como economista, ainda que seja autodidata e não tenha nível universitário. Não completou sequer, de forma regular, o ensino médio, cujo diploma obteve fazendo uma prova enquanto estava preso.

Nelsinho era filho do genial dramaturgo Nelson Rodrigues, que combinava o conservadorismo político com uma enorme sensibilidade para a alma humana e um vanguardismo em sua obra. Com isso, desconcertava a esquerda. Nelsinho alugava em seu nome o imóvel em que morávamos. Apesar das diferenças políticas, tinha uma relação excelente com o pai.[5]

---

[5] Nelsinho seria preso dois anos depois, em março de 1972, tendo deixado a prisão em outubro de 1979, em liberdade condicional, depois de ter a pena reduzida

Nesse meu último período de clandestinidade, embora ainda tivesse Glória Ferreira como minha companheira, o que acontecia há três anos, desde os tempos de faculdade, não dividíamos o mesmo teto. Costumávamos nos encontrar na casa de uma amiga dela na praça São Salvador.

Antes de ir para o "aparelho" do Lins, eu tinha passado uma temporada com Glória, num quarto alugado em uma simpática casinha de vila na rua Conde de Leopoldina, em São Cristóvão. Saímos de lá porque eu não podia circular muito pela rua e, se ficasse tempo demais em casa, poderia despertar suspeitas nos donos do imóvel.

Ao sair, deixamos provisoriamente algumas roupas e meu violão. Quando Glória voltou para buscar nossas coisas, contou à senhoria, dona Maria, que éramos militantes e que eu tinha sido preso e estava sendo torturado.

— Que pena, gostei muito de vocês. Mas eu sabia que vocês eram subversivos e até comentei isso com meu marido — respondeu dona Maria.

— Mas, como? — perguntou Glória.

---

devido à reformulação da Lei de Segurança Nacional. Foi um dos presos que, por terem sido acusados do que os militares chamaram de "crimes de sangue" (participação em ações armadas em que houve feridos ou mortos), não foram beneficiados pela anistia. O general Médici chegou a oferecer ao velho Nelson Rodrigues, de quem era amigo, a liberdade de seu filho, desde que este saísse do país. Mas Nelsinho recusou o oferecimento. Não aceitou ser solto por conta da amizade do pai com o ditador. Depois da anistia, eu o visitei no presídio da Frei Caneca, no Centro do Rio, onde ele continuou por mais um mês, com outros presos. Hoje, Nelsinho é jornalista e diretor de teatro, tendo montado várias peças do pai. É, também, presidente do Barbas, um dos principais blocos de carnaval da Zona Sul do Rio. Evidentemente, na época da guerrilha não cultivava a enorme barba que deixou crescer em seus sete anos e meio de prisão e que mantém até hoje. Ela seria incompatível com a clandestinidade.

— Minha filha, ele se interessava demais pelo noticiário da TV. Lia jornais dando muita atenção à parte de política. E te tratava muito bem. Sempre chegava cedo em casa e não se incomodava se você chegasse mais tarde. Isso é coisa de gente que tem ideologia. De qualquer forma, se eu puder te ajudar em algo, conte comigo.

E eu e Glória tínhamos a certeza de que passávamos despercebidos.

No "aparelho" do Lins, além do fato de só nós, os moradores, conhecermos sua localização, tínhamos outras regras de segurança: contas de luz e gás não poderiam estar conosco, salvo no trajeto até o banco para pagá-las; eu e César, que éramos procurados e andávamos armados, deveríamos estar em casa impreterivelmente até as 22 horas; todos os moradores, ao chegar ao "aparelho", deveriam observar, antes de entrar no prédio, a posição de uma janela lateral: se ela não estivesse de determinada forma, era sinal de que o local tinha sido abandonado às pressas por razões de segurança. Normas como estas, simples, na época salvaram muita gente da prisão.

Mas dizer que aquele 21 de abril era um dia igual aos anteriores não significa que fosse tranquilo. Já não havia dias tranquilos. A sensação de estarmos numa situação cada vez mais difícil era crescente. E ela não se devia a qualquer paranoia; correspondia à realidade. A cada mês, novos companheiros eram presos ou mortos. As quedas faziam com que aumentassem as informações em poder dos órgãos de repressão política sobre quem éramos, como nos organizávamos e que métodos usávamos.

O cerco sobre a organização — e inclusive sobre seu núcleo dirigente — vinha se fechando nos últimos tempos. Desde o sequestro do embaixador norte-americano Charles Elbrick, o MR-8 ganhara importância aos olhos do DOI-Codi. Depois daquela ação, os órgãos de repressão política passaram a saber que tínhamos executado, também, mais de uma dezena de ações armadas — entre assaltos a bancos, a carros de transporte de valores e a sentinelas de instituições militares — até então de autoria desconhecida.

José Roberto Spiegner, Daniel Aarão Reis e eu compúnhamos o setor urbano da Direção Geral da organização. João Lopes Salgado era o responsável pelo trabalho no campo e se juntava a nós quando vinha ao Rio.

Zé Roberto tinha sido estudante de economia; Daniel, de direito; e eu, de engenharia. Todos da UFRJ. Salgado tinha sido estudante de medicina na Uerj. Nenhum de nós completara o curso.

Zé Roberto coordenava o trabalho político junto às camadas médias da população — estudantes, na sua maioria, e categorias profissionais, como bancários e jornalistas.

Daniel coordenava o trabalho operário. Este setor tinha como forma principal de ação a distribuição de panfletos em portas de fábricas, em horários de entrada, almoço ou fim do expediente. Às vezes isso era feito com segurança armada. Depois das panfletagens, nossos contatos dentro das fábricas puxavam conversa com colegas de trabalho sobre o teor dos panfletos, fazendo um trabalho de aproximação para, com o tempo, recrutá-los para a organização. Privilegiávamos fábricas metalúrgicas, que, em geral, reuniam os operários mais combativos e conscientes, embora o trabalho se expandisse por outros ramos. Mas tudo era ainda muito incipiente.

Na ocasião, desprezávamos a atuação em sindicatos, por considerá-los tomados pelos pelegos e muito vigiados pela repressão. Era uma avaliação equivocada.

Eu dirigia a FTA, naquela época composta por três grupos, cada um com quatro a cinco pessoas. Esses grupos agiam de forma unificada quando de ações mais complexas. A FTA se encarregava de obter dinheiro e armas para a organização, além de proporcionar a proteção para as iniciativas mais ousadas de propaganda em portas de fábricas. Ocupava-se também da preparação de sequestros de diplomatas que nos servissem para libertar presos.

Ex-sargento da Aeronáutica, Salgado politizou-se no processo de lutas estudantis de 1967 e 1968 e foi presidente do diretório acadêmico de sua faculdade. Naquela altura desenvolvia uma série de contatos, ainda num estágio inicial, que tinham o objetivo de, no futuro, permitir que a guerrilha chegasse ao campo.

Não só nós, do MR-8, tínhamos sido golpeados pela repressão nos últimos meses. O mesmo acontecera com as demais organizações armadas.

A ALN tinha perdido, entre o fim de setembro e o início de novembro de 1969, a maioria de seus quadros mais importantes — entre eles, Carlos Marighella, seu criador e líder maior, a principal figura da esquerda armada. Outras organizações armadas — VPR (Vanguarda Popular Revolucionária), VAR-Palmares (Vanguarda Armada Revolucionária — Palmares), PCBR (Partido Comunista Brasileiro Revolucionário) e Ala Vermelha — tinham sofrido também golpes expressivos em 1969 ou início de 1970.

Para o MR-8, o ano de 1970 começara difícil, confirmando que os tempos em que a repressão tateava, sem pistas ou informações sobre a guerrilha urbana, e sobre nossa organização em particular, estavam chegando ao fim.

Em janeiro, eu, Daniel e Zé Roberto escapamos por pouco. Depois de um rápido encontro na rua São Francisco Xavier, na Tijuca, entramos no velho fusquinha vermelho que eu usava e seguimos pela rua Jaceguai em direção à praça Varnhagen. Lá, paramos num sinal de trânsito. À nossa frente havia um carro, atrás de nós, outro e, em seguida, parou um camburão da Polícia Civil. Pelo retrovisor, eu acompanhava a movimentação desse último e percebi que um policial, com uma metralhadora Ina nas mãos, saltou e começou a caminhar em direção ao nosso carro. Não esperei para ver o que ia acontecer. Subi a calçada, ultrapassei o carro à minha frente e avancei o sinal. O policial gritou "Para, para" e deu uma rajada de metralhadora que não nos atingiu.

Segui o mais rapidamente que podia pela avenida Maracanã, mas, para não chegar à rua Barão de Mesquita e passar diante do quartel da Polícia do Exército (PE), onde ficava o DOI-Codi, virei à direita numa última ruazinha. Só então percebi que ela não tinha saída. Para complicar as coisas, nesse momento o cabo do acelerador do fusquinha se rompeu com o esforço. Abandonamos o carro e corremos para o fim da rua. Lá havia um muro, nos fundos do quintal de uma casa modesta, cuja frente dava para a rua Pereira Nunes. Atrás de nós, vinha o camburão com os policiais. E pelo menos um deles tinha uma metralhadora, o que lhes dava grande vantagem em poder de fogo.

Não bastasse isso, um cidadão saído de um dos prédios da ruazinha, ao nos ver fugindo da polícia com armas nas mãos, sacou um revólver e tentou nos render. Zé Roberto deu-lhe um tiro no peito. Depois, pelos jornais, soubemos que o sujeito era policial federal. Apesar de gravemente ferido, não morreu.

Fui o primeiro a chegar ao fim da rua, pulei o muro, passei correndo pelo quintal, enquanto a dona da casa, assustada, me olhava sem entender nada. Cheguei à rua Pereira Nunes, parei um táxi e mantive a pistola na cabeça do motorista até que Daniel e Zé Roberto chegassem.

Três meses depois, preso, soube a razão da aparição da polícia. Eu tinha sido reconhecido por um colega de turma da Faculdade de Engenharia da UFRJ, informante da repressão política. Ele telefonou para o DOI-Codi, que mandou uma equipe de imediato para o local. Mas, como logo entramos no carro para sair, o informante pediu ajuda a um camburão que passava.

Tivemos muita sorte em escapar.

Pouco depois, no dia 17 de fevereiro, de novo eu, Daniel e Zé Roberto enfrentamos uma situação ainda mais grave. Naquela noite, Zé Roberto seria assassinado.

Estávamos os três em reunião da direção num apartamento no segundo andar do prédio de número 391 da rua Montevidéu, esquina da rua Guatemala, na Penha, subúrbio da Leopoldina, no Rio. No local moravam Zé Roberto, sua companheira, Vera Sílvia Magalhães, que tinha sido da FTA e participara do sequestro do embaixador norte-americano, e Carlos Augusto Zílio, militante que tempos depois se tornou um respeitado artista plástico.

O edifício tinha quatro andares e era habitado por famílias de classe média baixa. A maioria dos moradores vivia lá há muito tempo, se conhecia bem e, de certa forma, acompanhava a vida dos vizinhos. Assim, a simples chegada de novas pessoas era notícia. Logo que se mudou, Vera Sílvia tratou de se tornar amiga de uma vizinha do mesmo andar. A moça, casada com um suboficial da Marinha, tinha um namorado policial civil. Vera, na qualidade de sua confidente, sabia disso.

Pois bem, naquele 17 de fevereiro, lá pelas 20 horas, em meio à nossa reunião que se realizava num dos quartos, a vizinha bateu à porta do apartamento e disse a Vera:

— Não sei o que houve, mas hoje à tarde passaram uns camburões do Dops por aqui, e os policiais ficaram olhando muito para as janelas do seu apartamento.

Vera fingiu que não dava importância à informação, mas, em seguida, interrompeu a reunião e nos contou o acontecido. A situação era inusitada. Como a vizinha sabia da existência do Dops (Departamento de Ordem Política e Social), a polícia política estadual? Em geral as pessoas não o conheciam. E como sabia que os camburões eram daquele órgão? Não era normal. Ainda que, no Rio, diferentemente de São Paulo ou do Rio Grande do Sul, o

Dops não fosse ativo na repressão à esquerda, ele existia e era polícia política.

Depois de nos avisar, Vera desceu, deu uma volta no quarteirão, mas não viu nada de anormal.

Enquanto isso, debatíamos se era caso de suspender a reunião. Como acontecia com frequência, fomos vítimas da suposta urgência das questões que compunham a vasta pauta de assuntos a serem tratados. Não há maior inimigo da segurança de um grupo clandestino do que o sentimento de urgência em relação a tarefas que serão deixadas de lado, caso os cuidados sejam tomados como deveriam. Só depois de uns 20 minutos de discussão, resolvemos sair.

Como não havia indícios de presença da polícia, não havia por que deixarmos o local de forma atabalhoada. Armas, documentos e papéis comprometedores foram recolhidos. Em seguida, partimos calmamente eu e Daniel, que não éramos moradores. Depois, sairiam os demais. O carro que eu usava estava estacionado a algumas quadras, na rua Lobo Júnior, a principal artéria do bairro. Tínhamos caminhado uns 50 metros pela rua Guatemala em direção a ela, quando uma caravana de três ou quatro caminhonetes C-14, um modelo muito usado pela repressão, passou por nós. Todas estavam repletas de policiais. Nada podíamos fazer, a não ser torcer para que os demais tivessem tido tempo de sair também.

Zílio escapou sem problemas, embora também notasse a polícia chegando.

Mas Zé Roberto e Vera, que deixaram o apartamento depois dele, foram abordados já fora do prédio. Reagiram, feriram gravemente o policial Daniel Balbino de Menezes, trocaram tiros com os demais e, por milagre, conseguiram escapar, um para cada lado.

Na correria, Vera perdeu a bolsa. Com isso, viu-se sem munição de reserva. Ainda assim, com o revólver já vazio, rendeu um taxista e fugiu do local. Ela conhecia o quarto para o qual eu tinha me mudado há pouco, com Glória, na Tijuca. Foi até lá, justificou para a dona da casa seu nervosismo com uma história de que tinha brigado com o marido e saiu do local com Glória. Quando cheguei, minutos depois, e a senhoria me contou o acontecido, concluí que Vera tinha se salvado, mas que, provavelmente, Zé Roberto, não.

No entanto, ele também conseguira fugir, ferido, em outro táxi, não se sabe como. Foi para a rua Taylor, na Lapa, onde vivia outro companheiro, José Ruivo. No entanto, depois de deixá-lo no local, o taxista o denunciou à polícia, provavelmente pelo fato de ele estar ferido a bala. O apartamento foi cercado, mas Zé Roberto escapou de novo. Por fim, foi encurralado em outro prédio, na rua Joaquim Silva. Ali, ao contrário da versão oficial, que o dá como morto num tiroteio, foi preso.

O corajoso laudo do Instituto Médico-Legal (IML), firmado pelos legistas Ivan Nogueira Bastos e Nelson Caparelli, comprova que Zé Roberto foi torturado, antes de ser assassinado. Um trecho desse laudo afirma:

> Na região temporal direita uma ferida estrelar de bordas escoriadas e queimadas com aspecto das produzidas por entrada de projétil de arma de fogo disparada com a arma encostada à cabeça. A forma das lesões localizadas na face direita da cabeça denota claramente execução, e ainda que as escoriações localizam-se em regiões do corpo humano que configuram tortura em pau de arara. Há ainda escoriações na região do punho, denotando que José Roberto foi algemado.

Assim, na roda-viva em que estávamos, num só mês a trinca que dirigia o trabalho urbano da organização esteve para cair duas vezes. E, na segunda vez, perdeu um de seus integrantes.

Zé Roberto era uma das mais finas inteligências que conheci. Quando morreu, tinha recém-completado 21 anos. Hoje dá nome a uma rua em Bangu, na Zona Oeste do Rio.

Dias antes de ser assassinado, ele havia comparado a nossa situação à dos antigos terroristas russos, os chamados *narodniks*:[6]

— Seremos nós os primeiros bolcheviques ou os últimos *narodniks*? — perguntou, com ironia.

Era uma brincadeira, pois — a partir de uma leitura equivocada e presunçosa da história — era comum considerarmos a nossa geração de revolucionários, formada com a reorganização da esquerda depois do golpe militar de 1964, como "os primeiros bolcheviques". A brincadeira de Zé Roberto mostrava que, àquela altura, já não tínhamos tanta certeza assim de nosso papel numa futura revolução brasileira.

Menos de um mês após a morte de Zé Roberto, no fim da tarde do dia 6 de março de 1970, sofremos outro duro golpe: Daniel foi preso, depois de uma panfletagem em porta de fábrica.

O fato de ele, na época o nosso dirigente mais experiente, estar participando de panfletagens mostra o quanto éramos amadores e como nos faltava uma política séria de preservação de quadros. Expúnhamos militantes da direção de maneira desnecessária, em nome de uma discutível política de combate à burocratização dos quadros.

Com Daniel, foram presos outros cinco militantes, entre os quais Vera Sílvia, Zílio e Regina Toscano, os dois primeiros, baleados. Ferida na cabeça por um tiro de raspão e, apesar disso, submetida a torturas, Vera, então com 21 anos, sairia da prisão numa cadeira de rodas, três meses depois, em junho de 1970, quando 40 militantes foram libertados em troca do embaixador alemão.

---

[6] Os *narodniks* eram grupos de revolucionários terroristas russos que foram dizimados pela Okrana, a polícia política do czarismo, no fim do século XIX e início do século XX, antes da onda que levou às revoluções de 1905 e 1917. Embora criticasse de forma dura suas concepções políticas vanguardistas, Lênin tinha por eles respeito.

Regina, que convalescia de uma cirurgia, teve os pontos abertos quando foi torturada.

Àquela altura, cada dia em liberdade era visto por nós como mais um dia em que tínhamos sobrevivido. Os simpatizantes, que, antes, mostravam-se solícitos e eram em número expressivo, se afastavam, com um natural temor diante da violência e da eficiência da repressão política.

Naquela situação de cerco, repúnhamos quadros em velocidade muito menor do que os perdíamos — o que, para qualquer organização, é fatal. Além disso, os que perdíamos eram mais experientes e com mais capacidade política e de organização do que os recém-recrutados.

Fotos de alguns de nós estavam em cartazes de "Procura-se", como no Velho Oeste norte-americano. Esses cartazes raramente levavam a prisões. As fotos, em geral, eram antigas e, nelas, os "terroristas" estavam muito diferentes. Mas o efeito psicológico sobre nós, que circulávamos pelas ruas, não era desprezível. Além disso, elas ajudavam a criar um clima de intimidação e medo na população.

Nesse quadro, uma pergunta se impunha: o que fazer?

O compromisso com a luta pela derrubada da ditadura e pelo socialismo — vista como se seu avanço dependesse essencialmente da nossa abnegação — nos fazia insistir numa situação que era mais e mais desfavorável.

O compromisso com os companheiros encarcerados nos empurrava para a continuação da luta e a preparação de novos sequestros de embaixadores que pudessem ser usados como moeda de troca para a libertação de nossos presos.

A guerrilha rural, objetivo estratégico de todas as organizações armadas, seria uma saída para a situação? Queríamos crer que sim e, com João Lopes Salgado, já começávamos a deslocar quadros para o campo, processo que se acentuou no ano seguinte. Mas um olhar um pouco mais lúcido constataria que esta era mais uma ilusão, uma forma quase desesperada de tentar vislumbrar luz no fim do túnel.

Uma historinha que demonstra bem a tensão em que vivíamos ocorreu no dia seguinte à prisão de Daniel. Ele tinha comigo dois pontos aos quais faltou. Pelo combinado, isso significaria que estava preso. Mas, e se Daniel tivesse sido impedido de aparecer por um acidente qualquer?

Havia um terceiro ponto. Resolvi tirar a prova. No entanto, naquelas circunstâncias, seria uma imprudência se eu próprio comparecesse. Expliquei a situação a meu irmão César e pedi-lhe que fosse ao ponto. Afinal, se tivesse sido aberto por Daniel, era a mim que a repressão estaria esperando. Além disso, como César era adolescente e, muitas vezes, usava um uniforme do Colégio Pedro II, com o qual circulava sem ser incomodado pela repressão nas batidas policiais, poderia passar despercebido.

Eu o orientei a ir até perto do local, a praça das Nações, em Bonsucesso, mas não entrar no ponto, ficando por perto para observar se Daniel chegava só. Em caso positivo, César não deveria abordá-lo logo, mas apenas se aproximar depois que ele estivesse indo embora sozinho.

César esperou e, como Daniel não apareceu, seguiu a pé, em direção à avenida Brasil. Depois de andar meia quadra, viu caminhando em sua direção um sujeito com uma aparência que lhe pareceu de policial: "Uns 35 anos, bigodinho, camisa para fora das calças."

Ao se aproximarem, o cidadão o abordou. César sacou o revólver e o rendeu. O sujeito não entendeu nada. Com os dois braços levantados, olhava perplexo aquele colegial que lhe apontava uma arma, em pleno meio-dia numa rua movimentada. Tentou se explicar: "Eu só ia te pedir uma informação..." César o mandou correr para um lado, enquanto saiu em disparada para o outro.

Os quadros mais capazes e experientes tinham consciência do buraco em que estávamos metidos. Depois da prisão de Daniel e da morte de Zé Roberto, a direção foi provisoriamente recomposta. Foram incorporados Carlos Vainer, designado para o trabalho com os setores de classe média, e Samuel Aarão Reis, irmão de Daniel, que o substituiu na assistência ao trabalho operário.

Numa das primeiras reuniões dessa direção provisória, creio que no início de abril de 1970, ao longo de um almoço num pé-sujo em Inhaúma, subúrbio do Rio, fizemos um balanço das perdas. Tratávamos de reorganizar o que restava, mesmo cientes de que, mais e mais, aquilo se assemelhava a um trabalho de Sísifo. Samuel vaticinou:

— Do jeito que vão as coisas, em mais um mês um de nós não deverá estar aqui.

Tiro na mosca.

Um mês depois estávamos os três no DOI-Codi.

Uma pergunta que me fazem é se eu não temia morrer. Por estranho que pareça, a resposta é não. A maioria de nós sabia que poderia não durar muito. Mas pensávamos que valia a pena viver aquela vida, mesmo que curta, desde que contribuíssemos para a derrubada da ditadura e a luta pelo socialismo. E acreditávamos estar contribuindo decisivamente para esses objetivos. Aquela militância tinha muito de sacerdócio.

Elio Gaspari, em seu livro *A ditadura escancarada,* afirma que o tempo médio de atuação de um guerrilheiro urbano no combate clandestino ao regime militar brasileiro era de um ano. O meu foi um pouco maior: vinculado a uma organização clandestina desde meados de 1967, comecei a participar de ações armadas em fevereiro de 1969 e fui preso em abril de 1970.

Ao longo desses 15 meses, participei de muitas ações, mas vivenciei duas situações radicalmente distintas. Até setembro de 1969, quando aconteceu o sequestro do embaixador norte-americano, vivia numa semiclandestinidade. Mesmo participando da guerrilha urbana, me dava ao luxo de trabalhar como professor de geometria no Colégio Brasil-América (que depois mudaria o nome para Princesa Isabel), em Botafogo. Na época, não morava com a família, mas encontrava meus pais e meu irmão Leo com frequência para jantarmos num restaurante qualquer.

A partir do sequestro do embaixador, porém, quando fui identificado como um dos participantes, cortei integralmente o contato com a família e caí numa clandestinidade absoluta até ser preso, oito meses depois.

Mas, como disse, aquele dia 21 de abril, que mudaria minha vida, começou igual aos outros.

Acordei, li os jornais, com particular atenção para as páginas com matérias de política e de polícia (nessas últimas eram publicadas notícias de ações armadas ou de mortes de "subversivos"), além das matérias sobre futebol. Prossegui a leitura de dois ou três livros (sempre gostei de ler mais de um livro ao mesmo tempo, alternando obras mais densas com romances ou livros policiais), almocei o que havia na geladeira e assim foi se passando o dia.

Pouco antes das 18h30, saí a pé para um rápido encontro com um companheiro. Deliberadamente marquei perto de casa para não ter que circular muito. Pelo combinado, nos veríamos num ponto de ônibus na rua Dias da Cruz, entre a Vilela Tavares e a Barão de São Borja, a cinco ou seis quadras de onde eu morava.

Como era feriado, não usei paletó e gravata, ao contrário do que fazia na maioria dos dias úteis. Explico: no Brasil, é raro a polícia incomodar nas ruas quem está de terno. Mais de uma vez fui tratado com deferência por policiais por estar trajado assim, enquanto pessoas malvestidas eram revistadas e tinham que mostrar os documentos.

Aquele era um horário bom para sair. O movimento maior, próprio da hora do *rush*, atrapalhava as batidas policiais. O lusco-fusco do início da noite dificultava o reconhecimento. Minha intenção era cobrir o ponto e estar de volta em, no máximo, 40 minutos.

Não havia anormalidade na rua Vilela Tavares, pela qual caminhei até a Dias da Cruz. De qualquer forma, não entrei no ponto. Fiquei observando de longe, e o companheiro que encontraria não apareceu. Essa possibilidade estava prevista. Ele tinha outro compromisso pouco antes e me alertara que talvez não chegasse a tempo. Por isso, tínhamos uma alternativa marcada para uma hora depois, às 19h30, no mesmo lugar.

Para matar o tempo, peguei um ônibus na Dias da Cruz em direção a Água Santa, contei de 20 a 25 minutos, saltei e tomei outro ônibus da mesma linha de volta. Pouco antes das 19h30, baixei perto do ponto. Lá havia algumas pessoas, mas nada que me parecesse suspeito. Depois soube que entre elas estavam, disfarçados, dois paraquedistas, com a incumbência de me agarrar até que os demais integrantes da equipe do DOI-Codi, dispersos na área, chegassem.

Fiquei numa padaria, na esquina de Vilela Tavares com Dias da Cruz, onde pedi um sonho e um guaraná. Dali poderia observar meu companheiro se aproximar. Eu o abordaria no próprio ponto ou um pouco adiante, depois que ele saísse.

Em frente à padaria, do outro lado da rua, um grupo de homens conversava de forma animada numa sorveteria. Parecia algo natural. Alguns tinham barba e cabelos grandes. Outros usavam bermudas e tênis. Ainda que parecessem descontraídos, quando o grupo atravessou a rua, em direção à padaria em que eu estava, senti algo diferente no ar. Abri a pastinha preta de plástico que levava, para ter à mão a pistola que me acompanhava até para ir ao banheiro. Eu a mantinha sempre destravada e com uma bala na agulha (o que era uma imprudência — mas isso só aprendi mais tarde, depois que passei a conhecer melhor o funcionamento de armas). Nesse momento, fui agarrado por trás numa gravata por um sujeito forte que gritou:

— Tá em cana!

Num reflexo, apliquei-lhe um golpe de judô. Sou faixa-preta e tinha sido campeão brasileiro juvenil e, quando ainda era pouco mais que adolescente, campeão carioca de adultos com outras faixas.

Meu oponente, um sujeito atarracado, cara redonda e cabelo escovinha, voou por cima de mim e desabou no balcão da padaria, espalhando vidro por todo lado. Ato contínuo, surgiram entre 15 e 20 agentes, a maioria com fuzis, e começou uma briga que durou vários minutos. A padaria ficou destruída.

Eles queriam me prender vivo, em busca de informações que pudessem ser extraídas na tortura. Por isso, não atiraram. Os fuzis foram usados como porretes, para me desferir pancadas, principalmente na cabeça.

Eu me senti como animal acuado. E reagi como tal. Apanhava, batia, levava e dava socos e pontapés. Claro que apanhava muito mais do que batia. Ao mesmo tempo, gritava coisas como "Abaixo a ditadura". Perdi os dois sapatos, do tipo mocassim, a camisa, o relógio e, claro, os óculos.

A superioridade numérica de meus oponentes era avassaladora. Lá pelas tantas, como não conseguiam me agarrar, subiram um carro Aero-Willys na calçada e abriram suas portas, tratando de me encurralar de forma que eu ficasse de costas para ele. Em dado momento, já encostado no carro e me defendendo como podia, levei o pé ao peito de um policial que me acertaria uma coronhada em cheio no rosto. Com isso, perdi a estabilidade e fui empurrado para dentro do carro.

Imediatamente caíram uns dois ou três agentes em cima de mim e me algemaram. Estávamos todos banhados em sangue que jorrava da minha cabeça em grande quantidade.

Um dos militares que participaram da prisão falou depois em 20 minutos de briga, o que, claro, é exagero. Mas ela durou muito tempo. Soube, anos mais tarde, por Regina Toscano — na ocasião internada no Hospital Central do Exército (HCE), depois de passar pela tortura —, que naquela noite chegou ao hospital um integrante do DOI-Codi que perdera dentes na briga.

Malgrado a decisão de não me deixar agarrar vivo, estava preso.

Em meio a gritos de triunfo, a caravana partiu em direção ao quartel da Polícia do Exército, na rua Barão de Mesquita, onde funcionava o DOI-Codi.

Eu sabia que seria muito torturado. Depois da prisão de Daniel, que foi bastante martirizado, o que se dizia é que, se eu fosse preso, sofreria ainda mais do que ele.

Se não temia a morte, eu temia a tortura. Mais do que o sofrimento físico, temia acabar dando informações que pudessem levar à prisão ou à morte de companheiros. Preferiria morrer.

Tinha me preparado para não me deixar prender vivo. Pensava que essa decisão bastaria.

Ledo engano.

Novos e duros tempos se avizinhavam.

Na cova dos leões

> *"Quem não vacila mesmo derrotado*
> *Quem já perdido nunca desespera*
> *E envolto em tempestade, decepado*
> *Entre os dentes segura a primavera."*
>
> João Ricardo e João Apolinário, Secos & Molhados

Noite de 21 de abril de 1970.

Mesmo depois de a caravana chegar ao quartel da Polícia do Exército e os carros estacionarem no pátio interno, fui mantido dominado no chão do Aero-Willys. Já tinha os pulsos algemados, e os integrantes do DOI-Codi tentaram prender algemas também nos meus tornozelos para me levarem carregado. Queriam evitar que eu voltasse a brigar quando fosse retirado do carro. Mas as algemas não fecharam. Meus tornozelos sempre foram muito grossos.

Alguém, então, deu ordem para que a corda usada para amarrar os presos pendurados no pau de arara fosse buscada. Achei que era hora de mudar de atitude. Preso, eu já estava. Agora o objetivo era outro: não dar qualquer informação.

Assegurei, então, ao oficial que me parecia comandar a operação, que aceitaria ir caminhando. Ele ordenou que os meus captores fizessem um grande círculo no meio do qual fui posto, já com as mãos algemadas para trás. Andamos, então, todos em direção a um prédio baixo no fim do pátio do quartel, que, depois, eu soube que era o tal PIC (Pelotão de Investigação Criminal). Colado ao muro que dava para a Avenida Maracanã, lá funcionava o setor operacional do DOI-CODI. Ao chegar, fui recepcionado com um soco em cheio na boca do estômago, dado pelo tenente Garcez, o comandante do PIC. Como tinha as mãos presas às costas, não pude me defender.

Fui levado para a principal sala de tortura, quase no fundo do corredor do primeiro andar, à direita, e imediatamente arrancaram o que me restava de roupa — as calças e a cueca.

O local era à prova de som e sem janelas. Encostado a uma parede ficava o pau de arara. No lado oposto, havia uma mesa, algumas cadeiras e um falso espelho que servia para que alguém, do lado de fora, pudesse acompanhar o que acontecia ali sem ser visto. A sala tinha umas luzes de cor roxa, decerto para lhe dar um ar ainda mais fantasmagórico. Isso fazia com que alguns torturadores se referissem a ela como "a boate".

Percebi sobre a mesa telefones de campanha, que funcionam com uma manivela. Sabia que eram usados para dar choques elétricos. Presos a cada um deles havia fios compridos, com as pontas desencapadas.

Havia, também, um capuz de lona grossa, preto. Ao me encapuzarem, senti que era malcheiroso e tinha resquícios de sangue, vômito e saliva. Logo aprendi como é desagradável estar encapuzado num ambiente hostil, levando pancadas sem contrair o corpo ao recebê-las. Na maior parte do tempo em que fui torturado, estive de capuz ou com os olhos tampados por uma venda, o que aumentava muito a sensação de desconforto e insegurança.

O DOI-Codi era o principal centro de tortura do Rio. Funcionava no I Batalhão da PE. No térreo ficavam as cinco celas solitárias e as salas de tortura, perto umas das outras. Das solitárias se ouviam os berros dos torturadores e, ainda mais, os gritos dos torturados. No segundo andar estavam as celas coletivas em que eram mantidos presos considerados pelos militares menos importantes ou os que não estavam sendo interrogados naquele momento.

Dias depois percebi na parede da principal sala de tortura dois cartazes rudimentares, desenhados à mão. Seus dizeres eram: "Aqui é o lugar em que o filho chora e a mãe não vê" e "Advogado aqui só entra preso".

Esse era o cenário que me esperava.

Só faltava mesmo a inscrição: "Deixai toda a esperança, ó vós que entrais" (Dante Alighieri, no seu *Inferno*).

Mal chegando ao DOI-Codi, ouvi uma conversa entre os torturadores sobre a conveniência de me levar ou não para o HCE (Hospital Central do Exército), pois continuava a sangrar muito na cabeça. Resolveram que não me levariam. Eu teria a cabeça costurada lá mesmo. Para isso, convocaram um médico, que depois soube se tratar do tenente Amilcar Lobo. Como era feriado e já de noite, ele não estava no quartel.

Enquanto Lobo não aparecia, já despido, tive os fios amarrados no pênis e no dedo mindinho do pé direito e, em seguida, começaram os choques elétricos. A manivela foi girada, primeiro, pelo policial civil Luiz Timóteo de Lima, cujo codinome era Padre. Ele se jactava de gostar de "dar choques no pau dos terroristas". Isso durou um tempo que não sei precisar. Logo os torturadores começaram a se revezar no manuseio da manivela. Ela era girada ora com maior, ora com menor velocidade. Eu, deitado no chão, tremia, saltava, urrava de dor e, no intervalo entre um choque e outro, xingava os torturadores de "filhos da puta" e todos os palavrões possíveis.

Em relação a Timóteo, há um episódio interessante ocorrido 19 anos depois. Em 1989, na última semana antes do segundo turno da eleição em que Collor e Lula disputaram a Presidência, quando parecia que o petista poderia vencer, o reencontrei numa situação curiosa. Depois de um dia estafante, eu, que integrava a coordenação da campanha de Lula no Rio, estava tomando chope com amigos no segundo andar do bar Amarelinho, na Cinelândia. Em certo momento fui ao banheiro e lá estava Timóteo. Ficamos os dois, lado a lado, no mictório. Não havia mais ninguém. Olhei para os seus olhos e perguntei:

— Tá lembrado de mim, Timóteo? Sou o Cid.

— Estou, sim — respondeu ele, visivelmente receoso do que eu pudesse fazer.

— Quem diria, hein. Você cansou de me dar choques no pau e, agora, o Lula vai ser eleito presidente da República.

— Vamos ver, vamos ver — disse ele, cauteloso.

— As coisas mudam, né? — retruquei, antes de voltar para a minha mesa.

Mas, voltando àquele 21 de abril de 1970, enquanto os choques se sucediam, os torturadores oscilavam entre a tentativa direta de intimidação e a galhofa, com frases do tipo "Esse vai ficar brocha pelo resto da vida" ou "Vamos ver se ele acende". Faziam, também, pilhéria com um bordão usado por Chacrinha, apresentador de programas de auditório na TV que, na época, era muito popular. Na *Discoteca do Chacrinha*, no momento dos intervalos para os comerciais, ele dizia "Roda, roda", as câmeras eram movidas em círculo, e os telespectadores viam a imagem girando até surgirem os anúncios. Pois o "roda, roda" era gritado em coro pelos torturadores como uma forma de incentivo àquele que, no momento, manuseava a maquininha do choque.

Além de fortes, os choques — chamados de "arrepios" pelos torturadores — eram longos, porque os fios ficavam amarrados no preso. Se a pessoa estivesse de pé, era derrubada de forma abrupta. Se estivesse no chão, dava saltos como vítima de uma convulsão. Se estivesse pendurada no pau de arara, corcoveava, numa espécie de rodeio às avessas.

Nos dias seguintes, fui submetido, também, ao que chamavam de "choque de parede". Aí, o telefone de magneto era dispensado. Os fios eram amarrados em partes do meu corpo e as outras extremidades enfiadas diretamente na tomada.

Os "choques de parede" eram ainda mais fortes do que os do telefone de campanha, mas não variavam de intensidade, como acontecia com este último, no qual os torturadores giravam a manivela e determinavam a velocidade. Depois constatei que, entre os presos, as opiniões se dividiam. Entre os que haviam levado o choque de parede, o que não era o caso de todos, havia os que o achavam pior, por ser mais forte. Outros, porém, consideravam o da maquininha mais insuportável, pois, nele, os torturadores brincavam com o preso, ora aumentando, ora diminuindo a intensidade do choque.

O fato é que esta era uma autêntica escolha de Sofia.[7]

Os choques, quaisquer que fossem, eram considerados pela maioria a pior forma de tortura. Mais até do que o afogamento. Já o pau de arara, que não deixava de ser, também, uma modalidade de tortura pelo incômodo e pelas dores no corpo que causava, era sobretudo uma posição na qual o preso era submetido a outros tipos de suplício.

Depois do primeiro dia, os fios passaram a ser amarrados apenas nos meus dedos mínimos da mão e do pé direitos. Logo compreendi que, assim, os choques eram piores do que se fossem aplicados nos órgãos genitais. Como a dor não é local, se a corrente elétrica percorre uma superfície maior no corpo da vítima, incomoda ainda mais. A preocupação de que os fios fossem amarrados do lado direito do corpo era para evitar que a corrente, ao passar do lado do coração, causasse algum "acidente de trabalho".

---

[7] A expressão tem origem num filme norte-americano de 1982, dirigido por Alan J. Pakula e estrelado por Meryl Streep. Conta a história de uma prisioneira de um campo de concentração, de nome Sofia, que recebe de um oficial nazista a possibilidade de livrar da câmara de gás um de seus dois filhos. Se ela não aceitasse a proposta, os dois morreriam. Diante da situação, ela escolhe um para sobreviver, decretando com isso a morte do outro. Daí tornou-se conhecida a expressão "escolha de Sofia", que deu nome ao filme.

Com o tempo, aprendi a perceber que tipo de tortura estava sendo aplicada num preso. Os gritos de quem está levando choques são longos e muito fortes. Quando são pancadas, os gritos que as acompanham não são contínuos. No caso de afogamento, não há gritos, mas soluços e tosse, muita tosse.

Depois de horas levando choques e gritando, a sede do torturado é descomunal. Sabendo disso, às vezes os torturadores cortavam a água nas celas ou obrigavam o preso a ingerir sal.

Os primeiros interrogatórios, logo em seguida à prisão, eram sempre sobre pontos e "aparelhos". Isso tinha a sua lógica: essas informações caducariam. Pontos não cobertos se perderiam e, como regra de segurança, os "aparelhos" que o militante conhecia eram abandonados tão logo se sabia que ele tinha sido preso.

Os dias iniciais eram muito duros. Os interrogatórios eram pau puro. Os torturadores ficavam gritando "Ponto, aparelho", dando choques ou pancadas e afogando o preso. Mas este tinha algo a seu favor, que era o fato de que aquelas informações caducavam. E os verdugos não tinham como saber se o torturado dizia a verdade. Um ponto falso a ser coberto no dia seguinte só se revelava falso quando nele não aparecia alguém. O mesmo acontecia com um endereço frio. Não havia como saber se era efetivamente de um "aparelho", a não ser enviando uma equipe ao local.

Essa violência enorme no primeiro momento tinha, também, o objetivo de amedrontar o torturado e mostrar-lhe que mentiras seriam severamente castigadas. Mas um preso disposto a enfrentar a situação e suas consequências tinha boas possibilidades de, nos primeiros interrogatórios, ganhar tempo e não abrir pontos ou "aparelhos" verdadeiros, o que, na época, já era meio caminho andado. Algumas dessas informações, de fato, caducavam depois de alguns dias.

Quanto às que não caducavam, aí não havia remédio. Ou melhor, havia: calar a boca e tratar de negar que sabia algo a respeito

Mesmo que os torturadores tivessem todos os motivos para crer que isso não era verdade.

Àquela altura, minha única preocupação era preservar o que conhecia. A cultura da luta clandestina estabelece que cada um é responsável pelas informações que detém. Imaginava que, provavelmente, depois da tortura seria morto. Mas o que me preocupava era não trazer um companheiro para aquele inferno.

A FTA, que não fora quase afetada pela leva de prisões que provocaram a minha queda, ficara sem contato com o restante da organização. Eu seria esse contato e estava preso, tendo sido o último a cair naquela sucessão de prisões. Como os integrantes da FTA temiam que eu fosse morto, cogitaram antecipar o sequestro do embaixador alemão, que já tínhamos decidido fazer. Para tal, chegaram a pensar em realizá-lo sem ter ainda a infraestrutura mínima necessária. O diplomata seria mantido na Floresta da Tijuca.

Um encontro casual, numa rua do Méier, de um dos integrantes do setor armado com João Lopes Salgado — o dirigente responsável pelo trabalho no campo, que, com a série de quedas, também ficara sem contato com a organização e voltara ao Rio para buscar retomar o vínculo — acabou levando à interrupção desse projeto. Com bom senso, Salgado o sustou.

Quando da minha prisão, aconteceu um tipo de solidariedade que ocorre, às vezes, de militantes em liberdade com o que está sob tortura.

Um ou dois dias depois que fui preso, meu irmão César dormiu por uma noite, com outros companheiros, na casa de um simpatizante que eu conhecia, na rua Santa Clara, em Copacabana, garantindo aos demais que eu não abriria o endereço.

Quando soube disso, anos depois, pelo próprio César, já tinha lido a *Autobiografia de Federico Sanchez*, do espanhol Jorge Semprún, e não pude deixar de fazer um paralelo com uma história que ele relata.

No livro, Semprún fala de sua experiência nos tempos em que era o mais importante dirigente do Partido Comunista na Espanha franquista, na década de 1950. Federico Sanchez era seu codinome na clandestinidade. Ele conta um episódio ocorrido quando reencontrou Simón Sanchez Montero, outro dirigente do aparato clandestino do PCE, preso em junho de 1959. Simón Sanchez conhecia a moradia de Semprún. Quando reviu o companheiro pela primeira vez ao deixar a prisão, dez anos depois, logo perguntou se este dormira em casa na noite em que soube que ele fora preso.

Diante da resposta afirmativa, Simón Sanchez disse, orgulhoso:

— É o que supus. Esperei que você voltasse para a sua casa. Deu-me forças pensar que você estava em sua casa.

Episódios como esses só são explicados pelo forte sentimento de solidariedade que, com frequência, se cria entre os participantes da luta clandestina — situação em que o destino de uns depende dos outros.

César conta outro fato que demonstra como essa solidariedade temerária (e meio irresponsável!) não era tão rara.

Quase dez anos depois de sua prisão, quando reencontrou Salgado, César ouviu a confirmação de que ele comparecera a um ponto que os dois tinham em meados de outubro de 1971. Ocorre que César estava já preso há 19 dias e, àquela altura, Salgado — uma figura humana excepcional e, na ocasião, um dos dirigentes de esquerda armada mais procurados do país — tinha todos os motivos para saber disso. Ainda assim, foi ao ponto.

Embora seja uma imprudência — e, como toda imprudência, na clandestinidade é criticável — colocar-se em situação de perigo talvez seja uma maneira subconsciente de solidarizar-se com o companheiro preso, compartilhando, de certa forma, seu sofrimento.

Às vezes, na raiz dessa imprudência está também uma confiança cega no outro militante, como se ele fosse uma espécie de super-homem, que jamais fraquejaria diante da tortura. Esse comportamento tem algo de desumano, pela carga de responsabilidade que coloca sobre o companheiro.

Na noite da minha prisão, eu estava muito excitado por conta da briga e de tudo o que aconteceu depois. De início, não aceitei sequer confirmar meu nome, embora os torturadores soubessem perfeitamente quem eu era. Dizia que me chamava Paulo Alves, nome que constava nos documentos falsos. E respondia às perguntas com xingamentos. Fui acareado com o companheiro que abrira o ponto comigo, trazido à minha presença, cabisbaixo, nu, puxado pelos cabelos e levando tapas no rosto. Quando ele confirmou quem eu era e, mais ainda, que, na semana anterior, tinha participado do assalto a um banco em Bonsucesso, comandado por mim, minha primeira reação foi acusá-lo de frouxo. Fiz menção, inclusive, de partir para cima dele. De imediato, os torturadores se ofereceram para me soltar e permitir que eu o espancasse. Caí em mim e voltei atrás.

Depois de muitas horas, os militares revistaram o que restava da minha calça, rasgada e jogada num canto da sala. Acharam uma chave escondida na bainha.

— Quem tem uma chave tem o endereço de uma porta que ela vai abrir — disse um torturador, vitorioso, com uma lógica que não podia ser contestada.

O interrogatório, então, passou a ser centrado no endereço correspondente àquela chave. Enquanto saíam equipes para averiguar locais falsos que eu informava, às vezes os choques paravam um pouco. Numa dessas ocasiões, o tenente Armando Avólio Filho, de codinome Apolo, algemou meus punhos aos pés do pau de arara, de forma que eu ficasse com o tronco curvado, e ordenou que um subalterno lhe trouxesse um cassetete de madeira. Alguém o lembrou que o espancamento de presos com aqueles cassetetes de madeira maciça tinha sido proibido. Explica-se: poderia levar a hemorragia interna e morte. E, como os próprios algozes gostavam de dizer quando algum torturado, no desespero, pedia que fosse morto, ali só morria quem eles queriam que morresse. E no momento em que quisessem.

Avólio requisitou, então, vassouras. Quebrou nas minhas costas umas quatro ou cinco delas. No fundo, pensava eu, a situação até que me era vantajosa. Melhor levar vassouradas do que estar pendurado no pau de arara, levando choques elétricos.

— Se dependesse de mim, você estaria pendurado de cabeça pra baixo, pra morrer sangrando como um porco — disse Avólio, em certo momento daquela noite, referindo-se ao sangue que jorrava aos borbotões da minha cabeça.

Abusado, cometi a imprudência de responder algo como:

— Mas não depende. Pelo visto você não manda muito.

Foi um erro. Avólio se tomou de um ódio especial em relação a mim. Nos dias posteriores, ele mostrou-se particularmente obcecado em me torturar.

Levei a sério aquela frase: "Para quem já está no inferno, não custa dar um tapa no diabo".

Não tive em conta que nenhuma situação é tão ruim que não possa piorar, verdade, aliás, que quem está tomando choques elétricos e vê um dos torturadores aproximando-se com um balde cheio d'água pode constatar na prática.

Outro erro foi, ainda nessa primeira noite, quando trouxeram Daniel Aarão Reis para mostrar-lhe que eu estava preso. Sentado numa cadeira, com as mãos algemadas para trás e todo arrebentado, eu lhe disse:

— Daniel, estou firme e não vou falar nada.

Ele me contou, posteriormente, que aquilo soou como música aos seus ouvidos, pois tinha havido muitas prisões de militantes naqueles dois dias e ele estava apreensivo com o futuro da organização. Minha reação, fruto da excitação que tinha tomado conta de mim, soou como um desafio desnecessário aos torturadores.

Passados 22 anos, voltei a ouvir falar em Avólio. No primeiro governo Fernando Henrique, já coronel, ele era adido militar na Grã-Bretanha. Isso chegou aos ouvidos do grupo Tortura Nunca Mais, que o denunciou como torturador. O Exército negava a acusação. Na ocasião, eu trabalhava no jornal *O Globo* e me ofereci para escrever um depoimento, na primeira pessoa, confirmando que tinha sido torturado por ele. O jornal aceitou e o texto foi publicado com razoável destaque, no alto de uma página no primeiro caderno na edição de 26/5/1995.

Naqueles dias, um repórter do *Globo* que cobria o Palácio do Planalto ouviu de Fernando Henrique que, depois do meu depoimento, tinha ficado impossível manter Avólio no cargo. Ele foi exonerado.

Os militares acharam, também, no bolso da minha calça a letra da música *Travessia*, de Milton Nascimento, que eu tocava ao violão. Acharam que aquilo era alguma espécie de código e me pressionaram muito para decifrá-lo.

Só me restou apanhar sem ter como convencê-los do engano. Afinal, como demonstrar que uma letra de música era apenas uma letra de música?

Nessa minha primeira noite no DOI-Codi, eu estava sujo de sangue, que coagulara sobre o meu rosto, formando uma espécie de máscara macabra. Em dado momento, resolveram me levar a um banheiro para que eu me visse no espelho. Tinha a cara machucada e toda tomada por uma crosta de sangue coagulado. O objetivo era me assustar. Mas tudo o que servisse para interromper a tortura eu via como positivo.

O interrogatório, com choques elétricos em todo o corpo, prosseguiu naquela noite por um tempo que não tinha como precisar. Eu dava pontos e endereços falsos, mas pela minha reação ficava claro que o que dizia não era verdade. Quem está se dobrando não fica xingando os torturadores de "filhos da puta".

Passado algum tempo, resolvi admitir meu nome e não negar a autoria da maioria das ações de que tinha participado, que já eram do conhecimento dos órgãos de repressão e tinham até sido noticiadas nos jornais.

Preocupei-me apenas em não abrir pontos ou endereços verdadeiros, insistindo que, devido ao fato de ser muito procurado, já quase não saía e, portanto, não tinha pontos para dar; não mencionar nomes que eles não conhecessem; e, por fim, não dar o endereço do "aparelho" que dividia com César e Nelsinho Rodrigues antes do dia seguinte.

Esta última decisão foi um cuidado para preservar Nelsinho, cujo nome verdadeiro eu nem sabia na época. Pelo combinado entre nós, se alguém fosse preso poderia abrir o endereço depois das 22 horas. Naquele dia eu sabia que, a essa hora, César, que estava em casa, abandonaria o "aparelho" se eu não chegasse. Mas Nelsinho — que, depois, se tornaria um excepcional quadro da luta clandestina — ainda era novo na militância, tinha vida legal e, muitas vezes, chegava mais tarde em casa.

Qualquer um de nós, ao se aproximar do prédio, deveria olhar a tal janela que servia como aviso. Se ela não estivesse de determinado jeito, não deveria entrar. Isso, em tese, impediria a prisão de Nelsinho depois que César deixasse o "aparelho". Mas tive receio de que a inexperiência na militância e a chatice das rotinas de segurança o levassem a ser descuidado. Não queria ser responsável pela sua prisão. Além do mais, a sala de tortura não tinha janelas e era impossível controlar o tempo transcorrido e saber as horas.

Registre-se que, naquela noite, Nelsinho chegou depois das dez da noite, mas foi cuidadoso. Conferiu a janela e não subiu ao apartamento. César abandonou o "aparelho" às 22 horas, como combinado.

Os dois tinham comigo um ponto de segurança às 8 horas da manhã seguinte, numa parada de ônibus perto do antigo Jardim Zoológico, entre Vila Isabel e Grajaú. Minha ausência deu-lhes a certeza de que eu estava preso. César telefonou para a casa de nossos pais e deu a Leo, nosso irmão, a má notícia. Disse, ainda, que era bem provável que eu estivesse no DOI-Codi, cujo endereço forneceu.

Na primeira noite de prisão, em certo momento as torturas foram interrompidas e o tenente médico Amilcar Lobo me costurou a cabeça. Foram ao todo 17 pontos. A frio, naturalmente.

Ainda nessa noite, Lobo me injetou pentotal na veia, o chamado "soro da verdade". Já imaginando o que seria aquela injeção, tentei resistir, mas tive os braços imobilizados e a droga foi aplicada.

O pentotal vai sendo injetado aos poucos. Ao mesmo tempo, os interrogadores fazem perguntas sem maior interesse, de forma amigável.

— Nome? Nome do pai? Nome da mãe? Em que cidade nasceu? Em que dia?

Enquanto isso, a droga vai fazendo efeito. O pensamento se turva, a língua fica presa e as palavras saem arrastadas. Em dado momento, vem uma pergunta em cuja resposta os torturadores têm interesse. Logo me dei conta desse jogo e vi que poderia acabar perdendo a consciência e dando alguma informação. Simulei, então, estar mais grogue do que estava. Comecei a responder às perguntas misturando coisas desconexas e deixando a voz ainda mais arrastada.

Quando confirmei um ponto falso que já tinha dado na tortura ("no cotovelo da rua do Bispo, à uma da tarde" do dia seguinte), eles se convenceram de que o pentotal tinha surtido algum efeito.

Aliás, a aplicação dessa droga tem um problema: se usada em dose insuficiente, o preso mantém a consciência; se em demasia, ele dorme. Isso impede que eles injetem uma dose forte demais.

Em outro momento, já bastante grogue pelo pentotal, lembrei-me que não tinha sido preso de terno. Na minha cabeça, isso significava que provavelmente estaríamos num fim de semana, pois, como já disse, nos dias úteis muitas vezes circulava de gravata e paletó.

Montei, então, uma história mentirosa que se assentava no fato de que aquele dia seria um domingo. Mas era uma terça-feira, só que feriado, o que explicava eu estar em mangas de camisa.

Aliás, sobre o costume de usar terno e gravata, há uma história interessante. Certa vez eu vinha com Vera Sílvia no banco de trás de um táxi e nos vimos no meio de uma blitz gigantesca da Polícia Militar, na altura do estádio do Maracanã. Trazíamos uma metralhadora desmontada, dentro de uma maleta do tipo 007. Todos os carros e seus passageiros estavam sendo revistados, sem exceção. Quando chegou a nossa vez, abracei e beijei Vera. Em seguida, me virei para o PM e dei um sorriso. Ele nos liberou. Certamente o fato de eu estar de paletó e gravata ajudou.

Mas, naquela primeira noite no DOI-Codi, ainda desorientado pelo pentotal, interrogado sobre a chave que tinha comigo, descrevi uma casa cuja porta ela abriria. Era um verdadeiro palacete, situado no chamado Jardim Pernambuco, uma parte do Leblon habitada por gente muito rica. Só mesmo o efeito da droga para explicar o fato de eu ter-lhes dado aquele endereço, porque era absolutamente inverossímil que o palacete servisse de "aparelho".

A explicação para isso só pode ter sido uma: entre os dez e os 17 anos morei no fim da rua Venâncio Flores, já próximo à Visconde de Albuquerque, o canal do Leblon. E, quando menino, brinquei muito por aquelas ruas com amigos de infância. Uma década depois, sob efeito do pentotal, o local ainda deveria estar no meu subconsciente e veio à tona.

Parece que os militares foram lá. No entanto, depois não me perguntaram mais pelo endereço. A tortura prosseguiu, mas em busca de outras informações.

Muitos dias depois, quando já não estava mais sendo torturado, Valter Jacarandá, um major do Corpo de Bombeiros lotado na repressão política, me disse ter ordenado a interrupção das torturas naquela primeira noite.

— Era perda de tempo te interrogar naquela hora. Você estava muito excitado. Não ia dizer nada mesmo. Mandei que te levassem pra cela, pra você refletir, ver em que merda estava metido e quanto ia apanhar ainda.

Apesar de oficial do Corpo de Bombeiros, e não das Forças Armadas, Jacarandá tinha razoável influência no DOI-Codi.

No primeiro governo de Leonel Brizola no Estado do Rio (1983-1986), ele foi nomeado chefe do Estado-Maior do Corpo de Bombeiros. Mas não chegou a assumir o cargo, por ter sido denunciado como torturador pelo deputado Brandão Monteiro (PDT), que estivera preso nos anos 1970. Diante da denúncia, Brizola revogou a nomeação.

Nessa primeira noite, já de madrugada fui largado numa das cinco solitárias no fim do corredor, ao lado da sala de tortura. A cela, com cerca de um metro e meio de largura por uns três metros de comprimento, tinha no chão um pequeno colchonete encardido e sujo de sangue, uma pia, um chuveiro e uma privada. Terem me deixado dormir, umas poucas horas que fossem, foi uma agradável surpresa. Não contava com isso.

O fato de a cela ter água corrente permitia alguma higiene. Verdade que, enquanto havia o risco de ser torturado, eu evitava tomar banho, a não ser nas noites em que não havia movimento dos torturadores. Não queria facilitar o serviço deles, que, às vezes, molhavam o preso para aumentar o efeito dos choques.

Depois, percebi inscrições nas paredes da solitária. Havia nomes e datas, e rabiscos que certamente serviam para a contagem dos dias transcorridos. Fiz o mesmo. Deixei gravados o meu nome e a data da prisão, aproveitando o ferrinho do zíper do que restava da minha calça. Escrevi também uma frase atribuída a Che Guevara: "Podem tentar arrancar todas as flores, mas não conseguirão impedir a chegada da primavera".

Numa determinada noite de especial calor para aquela época do ano, fim de abril, início de maio, ocorreu um fato inusitado: a invasão da cela por mais de uma dezena de baratas voadoras, grandes, cascudas, atraídas pelo sal de meu corpo suado e sujo. Como estava sem roupas ou sapatos, não tinha como matá-las. Esmagá-las com os pés ou as mãos seria asqueroso. Passei boa parte da noite me levantando para, com as mãos desnudas, afastá-las do meu corpo. Na manhã seguinte, as baratas sumiram e nunca mais voltaram. Nunca atinei com a razão do que aconteceu.

No segundo dia de prisão, ao cabo de outra sessão de tortura, que tinha começado antes do almoço, resolvi abrir o "aparelho" do Lins. Já tinha passado tempo mais do que suficiente para que César e Nelsinho o abandonassem. Disse, então, aos torturadores que os levaria onde morava, mas que não poderia dizer-lhes o endereço, porque não sabia. Depois de continuarem a tortura tentando me fazer, pelo menos, explicar a localização do "aparelho", uns 20 minutos mais tarde aceitaram que eu os conduzisse.

Eles tinham consciência de que, com certeza, eu poderia dar o endereço ou explicar como chegar ao "aparelho". Sabiam, também, que eu fazia aquele jogo para interromper as torturas. Não queria correr o risco de continuar levando choques, enquanto uma equipe era mandada lá. Mas, como também estavam cansados, depois de uma sessão que tinha durado sete ou oito horas, acabaram aceitando a minha proposta, apesar dos protestos de Avólio.

Antes de sairmos, me perguntaram pela chave que poderia abrir a porta do apartamento. Respondi que a tinham desde a madrugada anterior, quando a descobriram escondida na minha roupa. Eles se agitaram muito e uns dois ou três saíram correndo da sala. Aí percebi que a chave deveria ter aberto alguma porta do palacete que eu indicara na véspera, causando confusão. Entretanto, não tive mais detalhes do que aconteceu.

Levado ao "aparelho", fui deixado a uma quadra, numa Veraneio, vigiado por três agentes. Estava algemado com uma das mãos na frente do corpo e a outra nas costas, com as algemas passando pelo meio das minhas pernas. Se ficasse de pé, teria que estar sempre curvado. Vestia apenas o que me restava da calça rasgada, estava sujo, sem camisa, ensanguentado e com o rosto em petição de miséria. Quem me visse naquela situação, dentro do carro, ficaria espantado.

Ao sair para o "aparelho", o tenente Magalhães, um psicopata que comandava a equipe de busca, deu a seguinte ordem ao sargento que ficou comigo no carro, em companhia de mais dois agentes:

— Você assume o comando. Se ele tentar fugir, não vai longe algemado assim. Aí, você faz o seguinte: chega pelas costas e, bem de perto, dá um tiro na coluna, pra ele ficar paralítico.

Esse era o Magalhães.

Enquanto esperávamos, o sargento puxou conversa comigo. Disse que não participava dos interrogatórios, mas que, lotado no quartel da Polícia do Exército, era requisitado para ações de busca, como aquela. Assegurou que pediria transferência porque estava impressionado com a violência.

— Sou militar, mas não me sinto bem lá. Ouvi teus gritos o dia inteiro hoje e não gosto disso.

Ele me pareceu sincero.

Naturalmente, não havia ninguém no "aparelho". Mas quando voltou, Magalhães foi cruel. E me disse:

— Jacaré, você pensou que eles já tivessem saído, né? Pois ficaram lá e foram presos — dando em seguida os codinomes de César e Nelsinho.

Gelei.

Jacaré era como, de brincadeira, César e Nelsinho me chamavam, às vezes. Mas só nós três sabíamos disso. Como saía pouco e não tínhamos uma escrivaninha no apartamento, eu lia e escrevia deitado, passando muito tempo nessa posição. Daí o apelido. Mas, como Magalhães poderia conhecê-lo? E como poderia saber os codinomes dos dois?

Passados alguns minutos, o próprio tenente disse:

— Ficou nervoso, né? Mas eles não estão presos. Ontem à noite, quando um saiu e o outro não tinha chegado, o que saiu deixou um bilhete.

Foi um alívio. Percebi, então, que Nelsinho nem chegara a subir ao apartamento e, por isso, não viu o bilhete deixado por César antes de sair.

No "aparelho" foram descobertas anotações feitas num código para criptografar escritas que eu criara e que toda a organização passou a usar. Era um método simples, eficiente e seguro. Cada letra do texto era representada por outra letra diferente. Mas, para evitar que a maior incidência de uma determinada letra — como a letra *a*, por exemplo, a mais comum no português — fizesse com que sua substituta fosse descoberta, o modelo que montei fazia com que, a cada vez que aparecesse uma letra no texto original, ela fosse substituída por outra, diferente, no texto codificado. O texto só era decifrado se a pessoa tivesse o código específico.[8]

Pois bem, esse modelo foi ensinado a toda a organização, com a recomendação de que cada organismo o utilizasse, tendo seu próprio número de código.

As anotações no papel descoberto no "aparelho" do Lins tinham sido feitas por mim e passadas para César. Era uma relação de três

---

[8] Com a situação a seguir fica claro como funcionava esse código. Se a chave fosse, por exemplo, 123, a palavra casa seria escrita somando-se 1 na ordem alfabética à letra c; 2 à letra a; 3 à letra s; e, de novo, 1 à letra a. Teríamos, então, d (no lugar de c inicial, pois c+1=d), c (no lugar do primeiro a, pois a+2=c), u (no lugar de s, pois s+3=u) e, por fim, b (no lugar do último a, pois a+1=b). A palavra casa seria, então, escrita *dcub* no texto codificado. As duas letras A estariam sendo substituídas por letras diferentes. E, se mais adiante, aparecesse de novo a mesma palavra casa no texto, ela seria escrita de forma inteiramente diferente.

ou quatro agências bancárias que seu subgrupo no setor armado deveria visitar, fazendo o levantamento para uma possível ação posterior. A relação já não valia nada. E eu sabia o código: era o ano da tomada de Constantinopla pelos turcos, 1453.

O papel foi recolhido pelos militares, que lhe deram importância, achando que poderia conter informações relevantes. Fui muito torturado para decifrar o que estava escrito, mas, naquele momento, me deu um branco total. Embora soubesse o número do código, me esqueci por completo. Seria muito pior dizer-lhes que aquilo era apenas uma relação de agências bancárias, mas que eu não me lembrava do código.

Assim, me calei, assegurando que não sabia do que se tratava. Ao final da sessão de tortura, quando fui levado para a solitária, mal a porta foi fechada, me veio à cabeça o número-chave. Mas aí resolvi me calar em definitivo sobre aquilo.

No período em que estava sendo interrogado, temia que Glória, minha companheira, fosse também presa e a torturassem para que eu falasse. Não sei como reagiria. Uma coisa é a própria pessoa ser martirizada. Outra, muito pior, é ver alguém próximo sofrer, tendo a possibilidade de interromper o suplício.

O mesmo militante que abriu o ponto comigo abriu também um ponto que tinha com ela. Na hora aprazada, foi levado à rua para identificá-la. Deixado num carro com alguns agentes, em local próximo, teve a presença de espírito de dar-lhes uma descrição errada de Glória. Esta entrou no ponto, viu que o clima estava estranho, mas não se precipitou. Pediu um cafezinho num bar, acendeu um cigarro e, depois, saiu aparentando calma.

Os agentes chegaram a perguntar ao militante preso se aquela moça era ela.

— Não, ela é alta e loura — respondeu ele.

Glória, morena e mais para baixa, escapou.

Os militares sabiam que ela era minha companheira. Outro militante preso tinha dado a informação, sob tortura. Se tivesse sido apanhada, ela teria passado por poucas e boas.

Na noite em que levei os agentes do DOI-Codi ao "aparelho" em que morava, fui deixado em paz. No entanto, eles comemoraram o fato de eu ter-lhes fornecido duas informações. Uma era o endereço. A outra acabou sendo fornecida sem querer, por conta de um mal-entendido. Era a identidade do Menininho, que, como já disse, era um codinome do meu irmão César. Àquela altura, um guerrilheiro conhecido por esse nome já era procurado por participação em ações armadas.

Semanas antes da minha prisão, César tinha me avisado que a repressão descobrira que ele era o Menininho. E explicou: um preso tinha dito sob tortura que o Menininho seria meu irmão. Uma equipe do DOI-Codi foi à casa dos meus pais e prendeu Leo, meu irmão do meio. Perguntou se eu tinha outro irmão e minha mãe, esperta, disse que sim, havia o caçula, bem mais jovem, de nome César, mas que morava em Pernambuco, com a família do meu pai. A história foi aceita pelos militares.

Leo — que para os militares tornou-se suspeito de ser, então, o Menininho — foi levado ao DOI-Codi. Embora soubesse que César era o procurado, não deixou transparecer. E foi tão convincente em suas alegações de inocência que o acarearam com um preso que tinha estado com o Menininho. Naturalmente, este último não o reconheceu e Leo foi liberado no mesmo dia, sem chegar a ser torturado.

Informado do acontecido, César achou que a repressão concluíra que era ele o Menininho. E me avisou disso. Mas os militares não tinham feito essa ilação, o que só percebi depois de preso.

Assim, quando resolvi confirmar algumas informações sabidas pelo DOI-Codi, disse que Menininho era César. Os torturadores festejaram. Depois que fui posto na cela, já de noite, ao fim da sessão de tortura e depois de ter ido ao "aparelho" da Lins de Vasconcelos, um deles disse:

— Agora vai. Já abriu o irmão.

Na manhã seguinte, quando me retiraram da cela para ser torturado de novo, estava decidido a não lhes dizer mais nada. Senti que havia certa expectativa de que pudessem me extrair coisas a conta-gotas. E vi que, se abrisse algo, o que quer que fosse, certamente seria pior. Aquela história não chegaria ao fim.

Daí em diante, cumpri a decisão. Nem prestava muita atenção às perguntas que me eram feitas. Simplesmente urrava de dor diante dos choques.

Algo que interessava muito ao DOI-Codi era a origem da pistola Colt 45 que tinha comigo quando fui preso. Arma privativa das Forças Armadas, ela trazia gravado o brasão do Exército. Sua numeração fora raspada e, depois, os vestígios finais, apagados com ácido. Nos interrogatórios sustentei que Zé Roberto Spiegner a tinha conseguido com alguém que eu não sabia quem era. Como Zé Roberto estava morto, a versão não tinha como ser checada. Aliás, com frequência eu empurrava responsabilidades para ele, para irritação dos torturadores, que chegaram a me dizer mais de uma vez:

— Zé Roberto é um nome proibido aqui.

Revelo aqui a origem da pistola. Era a arma de meu pai, coronel da reserva, já falecido. Como todos os oficiais do Exército na época, ele tinha uma Colt 45. Num gesto de solidariedade, depois do sequestro do embaixador norte-americano, fez com que a pistola chegasse às minhas mãos. Antes, porém, minha mãe, química de profissão, apagou a numeração da arma. Os torturadores desconfiavam que a pistola fosse a dele e me torturaram bastante para que eu confirmasse a informação.

Na tarde do terceiro dia de prisão, tive a visita do comandante do quartel da PE, o coronel José Nei Antunes. Estava em plena sessão de tortura, deitado no chão, com os fios amarrados nos dedos da mão e do pé, quando entrou na sala um oficial mais velho. Tiraram meu capuz e pude ver que ele estava com o uniforme usado pelos militares no quartel: botas, calça verde e camiseta branca. Pela idade e pelo respeito com que era tratado, percebi que era superior hierárquico dos tenentes e capitães que, com policiais civis, participavam das torturas.

Ele se postou diante de mim, estufou o peito e perguntou, cheio de autoridade:

— Como é o meu nome?

— Como vou saber? — respondi.

— Lê aqui no meu peito — disse, mostrando a camiseta com seu posto e seu nome impressos.

— Sou míope e não consigo ler a essa distância.

— Meu nome é Nei. Quem se chama Nei também?

— Meu pai?

— Fui colega do seu pai. Ele esteve aqui hoje e conversou comigo. Eu confirmei que você estava conosco. Você quer parar de levar porrada e choques?

— Claro que quero.

— Pois então fala, porque senão isso vai continuar.

— Não tenho o que falar.

— Então, foda-se. Não posso fazer nada por você — despediu-se.

Nesse diálogo, o comandante da PE me deu uma informação importante: a prisão tinha sido admitida, pelo menos extraoficialmente, para a minha família, o que me permitia supor que não estava nos planos do DOI-Codi me matar. Ou, se estava, o coronel comandante da PE não sabia. Ainda que a possibilidade de morrer não fosse a minha maior preocupação naquele momento, e sim não dar informações aos carrascos, não deixei de registrar o fato.

Minha prisão só foi oficializada no dia 8 de maio, 18 dias depois, quando fui levado a uma sessão da I Auditoria do Exército, para ouvir em juízo a acusação de ter participado do sequestro do embaixador norte-americano. Ficou registrado como se tivesse sido preso nesse dia. Desde 21 de abril até ali, estive desaparecido. Se morresse durante as torturas, não haveria nada sobre a minha prisão — salvo o que constasse dos arquivos secretos da repressão que, quase três décadas depois de finda a ditadura, por incrível que pareça, ainda permanecem ocultos.

Para ser levado à auditoria, me vestiram com roupas e sapatos de outros presos. Os sapatos eram de um tamanho bem menor do que o dos meus pés, o que me fazia andar capengando, para preocupação da minha mãe, que, ao me ver, temeu que eu estivesse mancando por conta das torturas. Em seguida, me puseram na caçapa de um camburão do Exército e partimos. Eu não tinha ideia do que iria acontecer, nem do local para o qual estavam me levando. Percebi, apenas, que havia mais uns dois ou três jipes do Exército como escolta.

Fomos ao Campo de Santana, onde funcionava a auditoria militar. Lá chegando, vi meus pais e meu irmão Leo. Não os encontrava desde antes do sequestro do embaixador norte-americano, em setembro de 1969. Ao lado deles estava um advogado que eu conhecia de fotos em jornais, Augusto Sussekind, um dos mais competentes e corajosos defensores de presos políticos. Percebi, então, que aquilo deveria ser alguma sessão da Justiça Militar. Naquela ocasião, o único réu presente era eu.[9]

O tribunal era chefiado por um juiz togado, civil, ladeado por quatro oficiais do Exército. Reconheci um deles: o capitão José Bonetti, integrante da comissão técnica da seleção brasileira de futebol, que, naquela época, tinha alguns militares.

---

[9] A Justiça Militar existe desde 1808, tendo sido criada com a vinda de d. João VI ao Brasil para julgar integrantes das Forças Armadas. Mas, a partir da edição do Ato Institucional nº 5, editado pelos militares em 13 de dezembro de 1968, passou a julgar também civis acusados de delitos políticos.

Pus em prática, então, o que já tinha resolvido: assumir a participação no sequestro do embaixador norte-americano — fazendo uma defesa política daquela ação —, mas sem dar o nome de nenhum outro participante, e negar as acusações relacionadas com todas as demais ações armadas.

Ouvi a leitura, pelo promotor, da longa e detalhada peça de acusação sobre o sequestro. Quando o juiz-auditor me perguntou se o que nela estava contido era verdade, respondi que, no que me dizia respeito, sim, mas que não daria qualquer declaração em relação aos demais acusados.

Ao final, para minha surpresa, me foi facultada a palavra. Aproveitei para apresentar o sequestro como um ato de resistência anti-imperialista, denunciar a ditadura militar e relatar as torturas que sofrera. Informei que ainda tinha marcas de espancamento e queimaduras em várias partes do corpo, inclusive no pênis, devido aos choques elétricos.

Embora o juiz amainasse minhas palavras ao ditá-las para o escrivão datilografar, foi criada uma situação de constrangimento no tribunal. O mal-estar aumentou quando meu advogado solicitou que eu fosse submetido a exame de corpo de delito.

— Já que o preso alega maus-tratos, é necessário que seja realizado um exame médico para que as denúncias possam ser comprovadas ou desmentidas — argumentou Sussekind.

O promotor se agitou, contestando o pedido. Segundo ele, a briga que aconteceu quando da minha prisão poderia ter me deixado marcas. Por isso, pedia ao tribunal que não permitisse o exame de corpo de delito. Houve, então, mais uma demonstração da subserviência da Justiça Militar: por unanimidade o pedido de Sussekind foi negado.

Em seguida, o advogado solicitou a quebra da minha incomunicabilidade, pois em meu discurso eu advertira que provavelmente voltaria a ser torturado como represália às denúncias que fazia. De novo, por unanimidade, o pedido foi negado.

Assim era a Justiça Militar.

Os organismos de repressão controlavam inteiramente os julgamentos dos opositores políticos, em particular nos órgãos de primeira instância, as auditorias militares. Houve casos de sessões interrompidas para que os presos voltassem a ser submetidos a maus-tratos e espancamentos no próprio prédio da auditoria e, assim, admitissem as acusações que lhes eram feitas. Isso ocorreu em São Paulo, pelo menos em um caso: o do ex-cabo do Exército José Mariane Ferreira Alves, militante da VPR que desertara de um quartel em Quintaúna (SP), com o capitão Carlos Lamarca e outros três militares, para somar-se à guerrilha.

No Rio, dois presos da ALN já com condenações — Rômulo Noronha e Aton Fon Filho — receberam uma pena adicional de dois anos e meio de prisão por desacato à autoridade. A razão foi terem se recusado a se levantar num momento em que o juiz da auditoria militar entrou na sala.

A Justiça Militar foi palco, inclusive, de um caso muito mais escabroso do que o meu ou de outros relatados aqui: o de meu irmão César. Preso em agosto de 1971, ele tinha na época 17 anos. Não poderia, portanto, ser responsabilizado como maior de idade. O problema foi "solucionado" por um laudo de um tenente médico do Exército, de nome Leuzi, atestando que César tinha "idade mental" de 35 anos. Com base nesse laudo, ele foi considerado maior de idade e julgado como tal. Passou preso cinco anos, dos quais três anos e meio isolado.

Em seguida àquela sessão na auditoria militar, voltei ao DOI-Codi e continuei incomunicável. Devo dizer que, apesar das ameaças, não fui torturado de novo.

Mais ou menos uns 15 dias depois, fui transferido para o Dops, na rua da Relação, Centro do Rio. Na véspera já tinham ido para lá cerca de 20 presos, que estavam no DOI-Codi, a maioria deles militantes do MR-8, da VPR e da ALN.

No momento da saída do DOI-Codi, ocorreu um episódio que vale mencionar. O tenente médico Ricardo Agnese Fayad orientava o enfermeiro que passava mercurocromo nas partes do meu corpo marcadas por queimaduras, devido aos choques, ou ainda feridas por pancadas. Examinava também a minha cabeça, onde os pontos começavam a cair.

Fayad era o outro médico do quartel. Ele e Amilcar Lobo atendiam os presos e supervisionavam as torturas do ponto de vista médico. Sem os conflitos internos que afligiam Lobo por desempenhar aquele papel, Fayad tentava ser bem-humorado em seu cinismo. Fazia comigo gracinhas do tipo:

— Te maltrataram muito aqui, garotão...

Enquanto ele e o enfermeiro me atendiam, veio um sargento com um punhado de notas dentro de um saco plástico. Seria a devolução do dinheiro que tinha comigo quando fui preso. Não pude conter o riso. Eu andava sempre com uma boa quantia. Poderia precisar de dinheiro para viajar, me hospedar em algum hotel ou ter despesas inesperadas. Não me lembro a quantia exata que tinha, mas, com certeza, era cem vezes mais do que o que me devolveram. Protestei.

Fayad retrucou, então, rindo de forma sarcástica:

— Se você não assinar o recibo com esse valor, não sai daqui do DOI-Codi...

Olhei fixamente para ele e assinei.

De tortura, torturados e torturadores

> *"O problema não é ter medo.*
> *O problema é ter medo do medo."*
>
> Pedro Casaldáliga

O homem é o único animal que tortura seu semelhante. Essa prática sempre esteve presente na história da humanidade. Enquanto ela não for erradicada, não se poderá falar em sociedades civilizadas.

Em seu livro *A burrice do demônio*, o saudoso Hélio Pellegrino (1924-1988) traz importantes reflexões sobre a tortura, o torturado e o torturador.

"A tortura reivindica, em sua empreitada nefanda, uma rendição do sujeito. [...] Busca, à custa do sofrimento corporal insuportável, introduzir uma cunha que leve à cisão entre o corpo e a mente", afirma.

É isso. Na tortura, tudo o que a vítima deseja é o fim do martírio. Sabe que pode conseguir. Mas, a que preço? O mais alto que lhe poderia ser cobrado: a abdicação de princípios.

Como diz Pellegrino, o aspecto mais desumano da tortura é fazer do corpo um inimigo de seu dono. Assim, não é apenas um ato de violência, ao ter como objetivo causar sofrimento intenso a outro ser humano. É pior: é a tentativa de fazer com que uma pessoa renegue seu sistema de valores, justamente o que distingue os seres humanos. Em outras palavras, é uma tentativa de fazer com que a pessoa negue a si mesma.

Pellegrino lembra que, enquanto para o supliciado há uma alternativa para a afirmação do humano — a resistência —, para o algoz não existe saída. A este último está reservado um único papel: o de tentar esmagar a humanidade alheia. Derrotado ou vitorioso, não se afirmará como ser humano.

Por isso mesmo, para os segmentos progressistas e democráticos a defesa dos direitos humanos não pode ser apenas uma bandeira defensiva, confundindo-se com a denúncia da repressão. Precisa ser muito mais do que isso. É um princípio fundamental dentre os que norteiam a luta e a construção de uma nova sociedade, verdadeiramente humana e fraterna. Como tal, deve ser visto e valorizado.

Voltando à situação do torturado, pode ser feito um paralelo entre ela e o que afirmou Sócrates (469 a.C.-399 a.C.), há mais de dois mil anos: "Em determinadas situações, o difícil não é evitar a morte, mas evitar proceder mal."

É assim na tortura.

Não é incomum que alguém submetido ao martírio peça que os algozes os matem. Nessas horas, no DOI-Codi havia sempre um carrasco mais cínico que mandava interromper por um instante o suplício e lembrava ao preso que o torturado não era senhor do seu destino. Que só morreria se seus verdugos o quisessem e quando estes quisessem. Mas que, por enquanto, continuaria vivo e sofrendo. Pelo tempo que eles determinassem.

Isso aconteceu comigo.

Algo deve ser dito: o sofrimento de quem é quebrado pela tortura é o maior. A pior dor é a da alma. A dor física passa, por mais que o corpo tenha sido machucado. As sequelas físicas (no meu caso, uma surdez parcial) na maioria das vezes não são muito graves. Já a dor dos que não resistiram e entregaram informações que levaram à prisão ou à morte de companheiros os acompanha nos tempos futuros.

A disparidade de forças é imensa. O preso, muitas vezes amarrado e pendurado no pau de arara, e quase sempre vendado ou com capuz, tem o corpo à mercê dos carrascos. Opte ele pelo chamado "método turco" (fechar-se em copas), pelo "método francês" (dizer apenas o que não vai servir aos interrogadores, tratando de ganhar tempo e enganá-los) ou por uma mistura dos dois, a desigualdade é feroz. A dor, a sede, o cansaço, o sangue, a sujeira, muitas vezes as fezes e a urina, tudo isso está presente.

Os riscos de perda do controle são grandes. Mas a sensação de vitória quando se resiste é incomparável. Cada momento que passa e faz com que determinada informação caduque e deixe de ter valor é intensamente festejado no íntimo.

Antes de viver a experiência, achava que eram princípios ideológicos que faziam um torturado se calar. Já não penso assim. Ou, pelo menos, não creio que seja só isso. Muitas vezes é algo mais primário: o sentido de lealdade pessoal, a dignidade e — por que não? — o amor-próprio: a sensação de "com que cara vou ficar diante dos companheiros e de mim mesmo se entregar alguém?" Considerações de natureza política ou ideológica muitas vezes são atropeladas pela situação animalesca a que o supliciado é reduzido.

Essa questão do orgulho — no seu sentido positivo, de amor-próprio — foi percebida pelos meus interrogadores. Certo dia, o capitão Leão me disse:

— Cid, você é um cara respeitado na esquerda. Compreendo que não queira entregar alguém. Com que cara você ficaria se alguém caísse num ponto contigo? Mas eu te proponho uma coisa: você conversa conosco e nos dá informações, mesmo que nenhuma delas leve a qualquer prisão. Você topa?

Respondi que sim, com vistas a ganhar tempo. Mas, minutos depois, Leão viu que eu o enganava, ficando só em generalidades ou repetindo coisas já sabidas, e disse:

Você está de sacanagem comigo. Vai voltar pro pau.

E recomeçaram os choques elétricos.

No DOI-Codi, meu maior medo era ter medo. Percebi que quem enfrenta a tortura sem estar senhor de si mesmo, sem ter presente todo o tempo o que pode e o que não pode dizer, corre o risco de falar. Perder o controle, então, é pôr tudo a perder, porque os interrogadores, ao sentir que isso acontece, aumentam a pressão, tratando de desestruturar o preso e levá-lo ao desespero. Se obtêm êxito, conseguem em minutos as informações que lhes foram negadas durante horas ou dias. É como a situação de guerra que os militares chamam de "aprofundar o êxito": o aproveitamento de um momento de desorganização nas fileiras inimigas para intensificar o ataque e obter a vitória completa na batalha.

Logo tive consciência de que, se o medo me dominasse, estaria a um passo de ceder. Anos depois, me reconheci numa frase do admirável dom Pedro Casaldáliga que serve de epígrafe a este capítulo. Quando lhe foi perguntado se não sentia medo, ele respondeu: "O problema não é ter medo. O problema é ter medo do medo."

Historicamente, a tortura no Brasil esteve relegada a delegacias policiais, onde o método usual de interrogatório era o espancamento de presos comuns. Passou a frequentar a realidade da classe média nas duas ditaduras que o país viveu no século XX: o Estado Novo (1937-1945) e, sobretudo, o regime militar (1964-1985).

Nelas, presos políticos passaram a ser as principais vítimas. Já não eram apenas negros, pobres, favelados e ladrões os pendurados no pau de arara e submetidos a choques elétricos, afogamentos e pancadas. Passaram a ser o parente próximo, o vizinho, o amigo, enfim, pessoas tidas como respeitáveis na sociedade.

O fato de a classe média ter sido vítima da tortura ajudou que crescesse o repúdio a essa prática. Ainda assim, ela subsiste em delegacias ou presídios, vitimando gente pobre suspeita de ter praticado crimes comuns.

Note-se, porém, que nem todos os criminosos comuns estão sujeitos à tortura. Ela é aplicada apenas nos de baixa renda. Não se conhece um só caso em que criminosos de colarinho branco tenham sido martirizados.

Também nesse aspecto a sociedade de classes se mostra tal como é.

É de justiça reconhecer-se, porém, que a situação já foi pior. A democracia impôs certas travas à violência, mesmo contra os presos comuns. Ainda que a tortura subsista, quem a pratica corre risco maior do que nos tempos da ditadura. Há sempre a possibilidade de a violência ser denunciada e haver consequência para quem a pratica.

A vergonhosa decisão do Supremo Tribunal Federal, em abril de 2010, de estender a anistia a torturadores, estupradores e assassinos de presos políticos não ajuda a banir essa prática. Ao considerar esses procedimentos "crimes conexos" a delitos políticos, estendendo os benefícios da Lei da Anistia a agentes do Estado que os praticaram, o STF contribuiu para que a tortura não fosse extirpada em nossa sociedade.

Enquanto torturadores não forem punidos, haverá quem a pratique. Por isso, é importante que os executores diretos e, ainda com mais razão, os mandantes sejam levados ao banco dos réus.

Queiramos ou não, o futuro da tortura está ligado ao futuro dos torturadores.

Temos exemplos interessantes aqui perto de nós, na Argentina, onde até generais têm sido condenados a longas penas ou à prisão perpétua.

Digo isso sem sentimento de vingança em relação a meus torturadores. Penso, aliás, que uma frase de Sidarta Gautama, o Buda (560 a.C.-480 a.C.), é de grande sabedoria: "Cultivar a raiva é como segurar um carvão quente com a intenção de jogá-lo numa outra pessoa; você é o único que fica queimado".

A experiência da África do Sul é diferente, mas também ilustrativa. Nelson Mandela — que foi torturado e esteve preso durante 27 anos, parte dos quais em trabalhos forçados, quebrando pedras — tinha todas as razões para ser uma pessoa ressentida. No entanto, uma vez na Presidência da República, depois da extinção do odioso regime do *apartheid*, aceitou anistiar torturadores e assassinos de presos políticos. Mas com uma condição: eles teriam que vir a público e confessar seus crimes. Qualquer omissão poderia dar margem a processo criminal e condenação.

A sociedade sul-africana sabia que havia torturas, mas não tinha ideia da dimensão da barbárie. Pela comoção causada, tão cedo as atrocidades perpetradas pelo regime racista não se repetirão.

Na ditadura militar brasileira, a tortura foi uma política de Estado. Por isso, havia responsáveis maiores do que seus executores diretos. Ainda assim, é inaceitável considerar que estes últimos apenas cumpriam ordens. Que ninguém se iluda, pela própria natureza da tortura, militares ou policiais que a praticassem a contragosto não seriam obrigados a fazê-lo.

Há quem considere melhor esquecer o que houve. É um engano. A democracia só ganha se os carrascos e assassinos, assim como seus mandantes, forem punidos.

É preciso que venha à luz tudo o que ocorreu nos porões, que se saiba o que aconteceu com as centenas de desaparecidos, quem os matou e onde estão seus restos mortais. E que as responsabilidades se tornem públicas, deixando clara a cadeia de comando. Receber essas informações é direito inalienável não só das famílias das vítimas, mas também da sociedade.

É, também, direito dos parentes darem uma sepultura digna a seus entes queridos. Isso remonta à Antiguidade. A peça *Antígona*, de Sófocles (496 a.C.-406 a.C.), trata do tema. O rei Creonte, de Tebas, determina que o cadáver de Polinice, seu opositor, fosse deixado ao relento para ser devorado por aves de rapina e cães, mas Antígona, irmã de Polinice, se revolta. Ela acaba também assassinada pelo monarca.

Política de Estado depois do AI-5, a partir de 13 de dezembro de 1968, no Brasil a tortura se sofisticou ao longo dos anos 1970.

Quando levado ao DOI-Codi, em abril de 1970, fui visto por outros presos e acareado com alguns deles. Se fosse morto, haveria quem denunciasse o assassinato, a exemplo do que ocorreu em outros casos.

Tive, também, contato com soldados que prestavam o serviço militar obrigatório no quartel da Polícia do Exército. Esses jovens, cuja discrição o DOI-Codi não teria como assegurar, viam muito do que acontecia. Como evitar que contassem a amigos ou parentes?

Em noites em que os oficiais e superiores hierárquicos não estavam presentes, muitas vezes os soldados, de plantão junto às celas, conversavam com os presos, embora isso fosse proibido. E identificavam torturadores, que diante dos presos se tratavam sempre por codinomes.

Por eles, fiquei sabendo o nome de, pelo menos, uns seis ou sete militares lotados no DOI-Codi. Depois, cruzando as informações com as conseguidas por outros companheiros, identificamos a maioria dos torturadores.

Anos depois, isso mudou. Foi cortado o contato dos presos políticos com soldados no serviço militar. Ficaram apenas os "profissionais". E surgiram as "casas da morte" — centros clandestinos de prisão, martírio e assassinato de presos. Muitos dos que estavam marcados para morrer iam diretamente para lá.

Pelos relatos que ouvi, penso também que, com os anos, diminuiu o espaço para o estabelecimento de algum tipo de simpatia ou antipatia de torturadores em relação a presos, que ainda havia no meu tempo de DOI-Codi. O tratamento ficou mais impessoal, o que significa mais "profissional".

Os próprios métodos se aperfeiçoaram.

Meu irmão César, preso na Bahia em agosto de 1971, um ano e meio, portanto, depois de mim, nos primeiros dias passou pelas formas habituais de tortura, que eu conhecera: pau de arara, choques elétricos e afogamentos.

Depois, já no Rio, foi mantido durante 11 dias numa cela pequena, hermeticamente fechada, com uma aparelhagem que jogava todo o tempo para o seu interior um som altíssimo de turbina de avião, além de barulho de gritos ou tiros. A temperatura oscilava, sendo ora muito alta, ora muito baixa. Tudo isso tinha o objetivo de causar o máximo de desconforto ao preso e evitar que descansasse. Essa cela, ao que parece uma contribuição macabra da civilizada Grã-Bretanha, usada com os militantes do IRA (Exército Republicano Irlandês) presos, era chamada de "geladeira" ou de "caixinha de música" pelos militares.

Foi um inegável "avanço tecnológico" em relação à minha época.

Depois das sessões de tortura, eu era sempre levado para a solitária. Nela, embora durante o dia fosse proibido de deitar, podia sentar no chão. E, de noite, quando não estava sendo interrogado, dormia.

A questão do suicídio de um preso submetido à tortura também vale a pena examinar. Como disse, eu tinha a firme decisão de não me deixar prender vivo. Apesar disso, fui preso e logo levado para o martírio, mesmo ferido na cabeça. No momento em que entrei no DOI-Codi, a possibilidade de suicídio estava muito presente para mim.

Depois da primeira noite de tortura, percebi que talvez conseguisse não falar. E considerei que, quem sabe, não houvesse decisão de me matar, até porque os militares não tiveram a preocupação de me esconder de outros presos.

A rigor, nem sei se conseguiria me suicidar nas condições em que era mantido na cela: nu e tendo apenas um colchonete como companheiro. Mas o fato é que, com o passar dos dias, essa alternativa foi se afastando de meus pensamentos até desaparecer.

Quando nos reencontramos, anos depois, meu irmão César contou-me que viveu situação semelhante. Nos primeiros dias de prisão, num quartel em Salvador, no intervalo entre sessões de tortura ficava numa solitária, algemado e tendo um policial a vigiá-lo pelas grades. Em dado momento, cansado, o policial cochilou. César, então, conseguiu, com dificuldade, subir numa pequena mureta que havia na cela. Sua intenção era atirar-se de cabeça no chão. Uma vez no alto, desistiu. Achou que poderia suportar a tortura e que, no fim das contas, talvez não fosse assassinado.

Tal como a minha prisão, a de César não foi logo oficializada. Nos dois casos isso aconteceu cerca de 20 dias depois. No caso dele, o reconhecimento se deu depois que meu pai, coronel do Exército na reserva, surrupiou uma ficha da Superintendência da Polícia Federal na Bahia que comprovava sua prisão.

Como minha família soubera que César tinha sido preso naquele estado, meus pais foram a Salvador e começaram a bater de porta em porta em quartéis e órgãos policiais. Na chefia da Polícia Federal, meu pai encontrou um colega de turma, o coronel Luís Artur. Em nome da camaradagem da caserna, ele confirmou a prisão de César:

— De fato, ele foi preso e passou por aqui. A essa altura, não sei nem dizer se está vivo ou morto. Mas, no meio dessas fichas aí, deve estar a dele.

Ato contínuo, Luís Artur saiu da sala, deixando sozinho meu pai, que furtou a ficha de César. De volta ao Rio, passou a pressionar o Ministério do Exército, tendo em mãos cópias daquele documento, que continha foto e data da prisão de César. O Exército acabou reconhecendo que ele estava preso.

Uma questão presente nas discussões de organizações clandestinas que lutaram contra a ditadura é a avaliação do comportamento dos militantes diante da tortura. Não é um debate fácil. Mas, embora doloroso, é necessário para quem atua em condições em que existe a tortura. No entanto, ainda que seja fundamental valorizar a postura dos que resistiram e esse comportamento seja um indicador importante, não se pode afirmar que quem fraquejou num dado momento cederia de novo se a situação de prisão e suplício se repetisse. Da mesma forma, não há qualquer garantia de que os que resistiram o fariam em quaisquer condições ou a qualquer tempo.

De minha parte, prefiro não fazer julgamentos e me recuso a condenar os que deram tudo de si e acabaram dobrados de alguma forma pelo martírio nos porões da ditadura. Tenho amigos queridos, que respeito muito, nessa situação.

Além disso, é profundamente desumano se os que cederam, em vez de solidariedade e apoio, receberem dos companheiros de militância a incompreensão e um tratamento que ajude a aprofundar a destruição causada pelos torturadores.

> Frente a um militante que foi obrigado a ceder, estamos mais do que frente a uma vitória do inimigo. Estamos sempre diante de uma grande tragédia. E, por mais que possamos condenar o comportamento de um militante que cedeu, sob torturas, a seus algozes, não devemos jamais esquecer que a abjeção e sua origem não se situam neste militante que cedeu, mas, antes de tudo, naqueles que se utilizam da tortura, que aplicam a tortura.

Estas palavras, que subscrevo, são de Alípio Freire, ex-dirigente da Ala Vermelha, preso, torturado e condenado à prisão nos anos 1970, num texto que escreveu sobre a tortura.

A comparação entre comportamentos de presos supliciados é, também, difícil. Há gente que, por não ser considerada importante pelos órgãos de repressão, foi pouco torturada ou sofreu apenas maus-tratos e espancamentos, e não falou o que sabia. Outros falaram depois de dias de martírio. Como medir as duas situações?

Uma questão é importante ressaltar. O repúdio incondicional à tortura está menos arraigado na sociedade do que se pensa. Nos meus quase 20 anos de magistério, estimulava sempre discussões sobre temas polêmicos em salas de aula. Algumas vezes abri debate trazendo à baila a seguinte questão:

— Há situações em que se justifica a tortura de um ser humano?

Depois de uma primeira reação instintiva negando a possibilidade, logo surgia um aluno dando um exemplo em que supostamente a tortura se justificaria.

— Numa escola há uma bomba que vai explodir em duas horas e as crianças não têm como ser evacuadas. O responsável por ela está preso e se nega a colaborar. Não seria o caso de torturá-lo?

A busca de tais exemplos artificiais só demonstra que o repúdio à tortura, como questão de princípio, não está estabelecido de forma sólida.

Mas, e os torturadores? O que dizer de quem pratica esse crime abominável? Que espécie de pessoas são estas?

Evidentemente, os torturadores sofrem as consequências de sua prática e têm a personalidade deformada. A tortura desumaniza quem a pratica. Embora entre os carrascos haja psicopatas e sádicos, nem todos o são. Pelo menos, nem todos chegaram a se tornar pessoas assim quando eu os conheci nos porões do DOI-Codi. Pela impressão que tive, muitos até, na sua convivência social ou familiar, talvez se comportassem como pessoas normais.

Aqui chegamos a uma questão crucial. A tortura, infelizmente, não é praticada apenas por monstros. Antes que mil pedras sejam jogadas sobre mim, advirto: é muito mais grave que seja assim.

Seria muito mais cômodo — porém simplista — estigmatizar como monstros todos aqueles que torturaram.

As pessoas são muito mais complexas do que parecem à primeira vista — para o bem e para o mal. O ser humano é capaz de praticar os atos mais nobres e, também, os mais ignóbeis. Compreender isso é um ponto de partida para começar a compreendê-lo.

Em defesa dessa tese, recorro à escritora Hanna Arendt. Em 1963, ao escrever *Eichmann em Jerusalém*, a partir da cobertura jornalística do julgamento do criminoso de guerra nazista Adolf Eichmann, Arendt conclui que ele era alguém "terrível e horrivelmente normal", e não um demônio, como em geral era tido. E ela também advertia para o fato de que Eichmann não ser um monstro tornava as coisas muito menos simples, apontando para a complexidade da natureza humana.

É o que penso em relação aos torturadores da ditadura militar.
Qual seria, então, o seu perfil?
Penso não ser possível generalizar.
Havia, claro, sádicos e psicopatas.

Havia jovens oficiais obcecados pelo "combate ao comunismo", no melhor espírito da Guerra Fria, como se estivessem numa espécie de guerra santa.

Havia policiais civis experientes, que já tinham torturado presos comuns, passaram a torturar presos políticos e achavam a prática natural, não esquentando a cabeça com ela.

Havia, também, estupradores, ainda que o estupro não fosse prática habitual.

As diferenças entre eles faziam, até mesmo, aflorar rivalidades. Depois que eu disse onde morava, o tenente Garcez me perguntou, parecendo até meio contrariado:

— Quando você abriu teu "aparelho", sabia que não havia mais ninguém lá, não é?

Confirmei que sim, que sabia que estaria vazio e ninguém seria preso.

— Pois aquele babaca [referindo-se ao tenente Magalhães] está se gabando de que só ele arrancou essa informação de você — disse Garcez.

Havia, ainda, militares torturadores que se viam como combatentes e, à sua maneira, pensavam respeitar o "inimigo". Para quem se surpreende com essa afirmação, conto uma pequena história.

No avião em que segui para a Argélia, com outros 39 presos também libertados em troca do embaixador alemão, havia integrantes do DOI-Codi. Um deles, dos mais graduados, que participou da briga quando fui preso, e cujo nome não vou revelar aqui, sentou-se a meu lado durante parte da viagem. Em certo momento, me disse mais ou menos o seguinte:

— Você viu que não participei dos teus interrogatórios? Sou muito violento e gostei de você. Eu te respeito.

Efetivamente, eu o tinha visto várias vezes no DOI-Codi, mas não nas minhas sessões de tortura.

Dias depois, em Argel, comentei com Apolônio de Carvalho esse diálogo. Herói da Guerra Civil Espanhola e da Resistência Francesa, Apolônio, cujo comportamento heroico quando torturado no DOI-Codi se tornou lenda, me pediu uma descrição do militar. Uma vez identificando-o, contou que ele o tinha retirado da cela, certo dia, para dizer-lhe que teria uma regalia nunca oferecida a um preso no DOI-Codi: uma hora diária de banho de sol.

— Você é mais velho, está machucado e eu respeito a tua coragem.

Apolônio perguntou se a regalia seria apenas para ele. Ao saber que sim, que não seria estendida aos demais presos, agradeceu, mas declinou do oferecimento. O oficial perguntou-lhe, então, o que aconteceria com ele, caso a esquerda assumisse o poder.

— Não te vi torturando, mas, se você é torturador, vai ser fuzilado — respondeu Apolônio.

O oficial também não tinha participado de suas sessões de tortura.

Conto essa história não com o intuito de me comparar ao velho e saudoso Apolônio em qualquer terreno, mas para exemplificar as diferenças de personalidade dos torturadores.

Outro caso a ser examinado de perto é o do tenente médico Amilcar Lobo. Ele, assim como o outro médico do quartel, Ricardo Agnese Fayad, era chamado para avaliar se havia risco de os presos morrerem durante as sessões de tortura. Também aplicavam pentotal em alguns dos que estavam sendo submetidos a interrogatório. Ao contrário de Fayad, que depois chegou à patente de general, Lobo teve sérios problemas de consciência por ter cumprido esse papel.

Depois que deixou o Exército, tornou-se psicanalista, e seu nome veio a público numa matéria da *Veja*, na edição de 11 de fevereiro de 1981, sobre uma visita de oito ex-presos políticos ao seu consultório, em Copacabana. A visita foi organizada por Hélio Pellegrino e o advogado e então deputado Modesto da Silveira.

Quando Pellegrino me convidou para integrar o grupo de ex-presos, disse-lhe que não sabia o nome dos médicos que me haviam atendido no DOI-Codi e adiantei-lhe que, caso não reconhecesse Lobo, diria isso diante dos jornalistas. Pellegrino, pessoa extremamente ética, afirmou que era este o comportamento que esperava de mim, mas garantiu que eu me lembraria dele.

De fato, ao ver Lobo, logo reconheci o médico que, na minha primeira noite no DOI-Codi, me costurou a cabeça a frio e me ministrou pentotal. E que, nos dias seguintes, mais de uma vez, foi chamado em meio às torturas para me medir a pressão, auscultar o coração e voltar a me injetar aquela droga.

Num gesto instintivo, aproximei meu rosto do seu e, com o nariz a uma distância de menos de um palmo do dele, perguntei-lhe, olho no olho:

— O senhor se lembra de mim? Meu nome é Cid de Queiroz Benjamin. Fui preso no dia 21 de abril de 1970. O senhor foi chamado durante a sessão de tortura a que eu estava sendo submetido, me costurou a cabeça a frio e, depois, me aplicou pentotal na veia.

Lobo ficou desconcertado. Pediu para atender a um paciente que estava para chegar em seu consultório, prometendo receber nosso grupo em seguida, o que efetivamente fez.

Admitiu que tinha me costurado a cabeça a frio, mas se justificou:

— Fiz isso porque você estava se recusando a tomar injeção. Achava que poderia ser alguma droga que te levasse a falar.

Lembrei-lhe que ele estava tentando confundir as coisas. Que em momento algum me foi oferecida a possibilidade de anestesia quando minha cabeça estava sendo suturada. Admiti que, de fato, tentei resistir — inutilmente, diga-se — quando ele quis me dar uma injeção na veia. Imaginei que fosse pentotal. E era. Mas tive o braço imobilizado e a injeção foi aplicada.

Na matéria da *Veja*, Lobo, cujo codinome no DOI-Codi era Doutor Carneiro, reconheceu que atendia presos durante a tortura, mas sustentou que cumpria sua função como médico. A verdade era diferente: ao examinar os detidos para ver se eles podiam continuar sendo interrogados, sem risco de que viessem a morrer, Lobo era uma peça na engrenagem da tortura. Além disso, pelo menos em alguns presos ministrou pentotal, o que o fazia participante dos interrogatórios.

Na época, a matéria da *Veja* teve grande repercussão.

Amilcar Lobo voltou às manchetes quando, na edição de 3 de setembro de 1986 da mesma revista *Veja*, fez denúncias graves sobre o que tinha visto nos porões do DOI-Codi. Entre elas, uma importantíssima: tinha atendido o ex-deputado Rubens Paiva, um dos "desaparecidos".

Ele contou:

> Ele [Paiva] era uma equimose só. Estava roxo da ponta dos cabelos à ponta dos pés. Ele havia sido torturado, mas, quando fui examiná-lo, verifiquei que seu abdômen estava endurecido, abdômen de tábua, como se fala em linguagem médica. Suspeitei que houvesse uma ruptura de fígado ou do baço, pois elas provocam uma brutal hemorragia interna.

Ainda em 1987, deu entrevistas ao *Jornal do Brasil* e à revista *IstoÉ*, fazendo denúncias semelhantes.

E no dia 23 de abril do mesmo ano, prestou um depoimento na Ordem dos Advogados do Brasil — Seccional do Rio de Janeiro, na presença de Carlos Maurício Martins Rodrigues, presidente da entidade, e Celso Soares, presidente da Comissão de Direitos Humanos da OAB/RJ, entre outros.

Falou também nesses depoimentos, pela primeira vez, na existência da chamada Casa da Morte de Petrópolis, um local clandestino usado pelo Exército para torturar e assassinar presos.[10]

---

[10] A Casa da Morte é o nome pelo qual ficou conhecido um centro clandestino de tortura e assassinatos do Exército nos anos 1970. A única sobrevivente desse centro foi Inês Etienne Romeu, dirigente da VPR, que ficou três meses no local, antes de ser abandonada moribunda numa rua de subúrbio do Rio. A Casa da Morte era localizada na rua Arthur Barbosa, 668. Em agosto de 2012, o imóvel foi declarado de utilidade pública pela Prefeitura de Petrópolis, que é o primeiro passo para seu tombamento e transformação num centro de memória.

Nesse momento, Lobo já estava fora do Exército — saíra 12 anos antes, em 1974. Disse que por quatro vezes tentara deixar a carreira militar, mas seus pedidos não foram atendidos. Penso que isso pode ser verdadeiro. Imagino que seus superiores no Exército, cientes de seus problemas de consciência, temessem o que ele pudesse vir a contar e considerassem mais seguro mantê-lo em suas fileiras.

Por conta de sua participação no atendimento dos presos e da participação nos interrogatórios do DOI-Codi, Lobo perdeu o registro profissional de médico. Acabei contribuindo para isso quando, no dia 10 de agosto de 1987, prestei depoimento no Conselho Regional de Medicina (Cremerj) do Rio de Janeiro, no processo em que ele foi julgado sob a acusação de ter faltado com a ética médica.

O depoimento, ocorrido meses depois de Lobo ter dado entrevistas denunciando o que vira no DOI-Codi, está reproduzido como adendo, no fim deste livro. Ele selou a sorte do ex-tenente, que acabou proibido de exercer a medicina. Depois que isso aconteceu, Lobo mudou-se para um lugarejo no interior do Estado do Rio, com a mulher, onde ficou até o fim de seus dias.

Antes disso, porém, sofreu um atentado, praticado decerto por integrantes do aparato repressivo da ditadura, com vistas a silenciá-lo. Foi agarrado por alguns homens em trajes civis, que lhe aplicaram à força uma injeção, em seu consultório. A droga provocaria um ataque cardíaco, levando-o à morte. Lobo percebeu a situação, tomou um táxi às pressas e foi para o Hospital de Ipanema, onde chegou ainda lúcido. Lá, deu instruções aos médicos que o atenderam e recebeu a medicação que lhe salvou a vida.

Quando morreu, aparentemente de causas naturais, Lobo estava destruído. Perseguido pelos militares, era alvo também da hostilidade de militantes da esquerda, que não perdoavam seu passado e o acusavam, com razão, de não ter contado tudo o que sabia.

Considero que o comportamento desses militantes — entre os quais me incluo — foi errado. Houve nele algo de *vendetta*. Àquela altura, Lobo já era um farrapo e, ainda assim, foi acossado.

Embora ele tenha sido, sim, um integrante da máquina macabra de torturas, teria sido preferível se tivéssemos compreendido sua angústia e, a seu lado, tratássemos de recuperar tudo o que ele sabia a respeito dos porões da repressão.

Teria sido, também, mais humano.

No dia 24/5/2013, publiquei um artigo na seção de Opinião do jornal *O Globo* sobre Lobo. Nele, defendi as posições apresentadas aqui, afirmando que o tenente médico fora uma peça da engrenagem da tortura e, como tal deveria ter sido punido, mas que tinha demonstrado arrependimento pelos seus atos. Fui motivado por um artigo de sua viúva, Maria Helena Gomes de Souza, publicado dois dias antes no mesmo espaço, em que ela, em alguma medida, fazia a sua defesa.

Depois da publicação do meu artigo, Maria Helena me procurou e conversamos. Ela estava emocionada. Embora eu não tivesse absolvido Lobo em meu artigo, ela me agradeceu por tê-lo tratado como ser humano, e não como monstro.

Nessa ocasião, contou também — e não tenho motivos para duvidar do que disse — que os últimos tempos de Lobo com vida foram terríveis. Ele tinha pesadelos frequentes, imaginando-se sob tortura.

O encontro com Maria Helena só fortaleceu a minha percepção de que a maioria de nós, da esquerda, não agiu corretamente nesse episódio.

Amilcar Lobo deixou um livro em que fala de sua experiência no DOI-Codi: *A hora do lobo, a hora do carneiro*, editado pela Vozes.

A saída do inferno

> *"Eu quero ir, minha gente*
> *Eu não sou daqui*
> *Eu não tenho nada*
> *Quero ver Irene rir*
> *Quero ver Irene dar sua risada."*
>
> CAETANO VELOSO

Meados de maio de 1970.

Quando cheguei ao Dops do Rio, a maioria dos presos — quase todos ligados ao MR-8, à VPR e à ALN — também tinha recém-chegado do DOI-Codi. Fui acolhido com muito carinho. Até então, ficara sempre isolado e as notícias que eles tinham de mim eram poucas e preocupantes.

No início dos anos 1970, o Dops recebia os presos vindos do DOI-Codi para os depoimentos formais, em cartório, diante de um delegado e um escrivão de polícia. Esses depoimentos serviam para instruir os processos na Justiça Militar. Como no local, na época, não havia tortura, ele era considerado um verdadeiro paraíso por quem vinha do DOI-Codi.

O tratamento era bom, e os policiais, afáveis. Os presos ficavam distribuídos em quatro ou cinco celas coletivas, que davam para um corredor em forma da letra L. Durante o dia, suas portas ficavam abertas, sendo fechada apenas a que ficava no fim do corredor. Assim, se podia circular à vontade entre as celas e usar o único banheiro existente.

Havia visita de parentes e amigos, o que significava a possibilidade de se receber livros, frutas, doces e, para quem fumava, cigarros. Os jornais eram trazidos pelos policiais que desciam à rua de manhã para comprá-los, a nosso pedido. Muitas vezes, também era a partir do Dops que o contato com as organizações clandestinas era retomado pelos presos.

Na primeira cela, logo no início do corredor, estavam alojados policiais, à espera de julgamento ou já condenados. Como estariam expostos a represálias de presos comuns, eram separados deles e ficavam com os presos políticos. Mantinham relação cordial conosco.

Havia, também, duas figuras plantadas entre nós, pelos militares, como informantes. Uma era um suposto ladrão de carros. Outra, um mulato forte, contava ter sido preso na praça Mauá, por estar com uma pistola calibre 45. Nossas desconfianças de que era um agente infiltrado se transformaram em certeza quando ele contou que, por causa da arma privativa das Forças Armadas, fora levado "ao Codi". Na época, essa sigla era pouquíssimo conhecida.

Minha vida mansa no Dops durou pouco. Ao ser chamado para prestar depoimento, informei que não o faria. Justifiquei minha atitude dizendo que tinha consciência de que permaneceria na prisão durante muitos anos, mas não contribuiria para agravar a situação de outros, menos comprometidos, cujos nomes estavam nos inquéritos.

Na verdade, não acreditava que ficaria preso por muito tempo. Sabia da preparação do sequestro do embaixador alemão pelo MR-8 e contava que a minha prisão não a interromperia. E achava que, mesmo que outra organização realizasse um sequestro, o meu nome estaria na lista dos presos a serem libertados.

Com meu gesto de rebeldia no Dops, tinha outra intenção. Ao chegar lá, percebi um clima de relaxamento entre os presos, no estilo de "a guerra acabou". Isso era perigoso, porque a qualquer momento poderíamos voltar a ser interrogados. Resolvi dar o exemplo e endurecer o jogo.

Os policiais, então, me isolaram, sob o argumento de que minha atitude poderia "contaminar os outros". Fui posto numa solitária minúscula, sem grades, janelas, nem nada dentro. Tinha, mais ou menos, 1,20m por 0,80m. A porta era de ferro maciço, e ela era chamada pelos policiais de "ratão". Nela, eu dormia no chão, encolhido e na diagonal, devido ao espaço exíguo.

Quando estava escrevendo este livro, 43 anos depois, voltei ao prédio do Dops com o objetivo de fazer fotos do "ratão", autorizado pela chefe da Polícia Civil, a delegada Martha Rocha. Os dois amigos que estavam comigo — o ex-presidente da OAB/RJ Wadih Damous e o fotógrafo Eduardo Sarmento — ficaram impressionados. De fato, aquele é um local horrível.

No entanto, na época em que estive confinado nele, não o vi assim. Só o fato de não ser vítima de violência física era algo reconfortante. Para quem vem do inferno, o purgatório parece um paraíso.

Outros fatores contribuíram, na época, para minorar meu desconforto. Como o "ratão" ficava no mesmo corredor em L em que estavam as outras celas, os demais presos não podiam me ver, mas, do lado de fora, durante o dia, conversavam livremente comigo. Em certo momento, uma visita trouxe um violão, que me foi entregue, com a concordância dos policiais. Criou-se, então, uma situação inusitada: eu, trancado no "ratão", tocava violão e cantava, acompanhado por presos que batucavam do lado de fora, no corredor. Uma roda de samba *sui generis*.

Quando todos os demais presos já tinham completado seus depoimentos, começou um processo de negociação dos policiais do Dops comigo para que eu aceitasse depor. Meus processos eram em grande número: havia um por pertencer à organização partidária ilegal e mais outro para cada ação armada de que eu tinha participado.

Como continuasse inflexível, meus pais foram trazidos para me convencerem a ceder. Minha mãe, traumatizada com as torturas que eu sofrera no DOI-Codi, pedia, quase chorando, que eu aceitasse firmar os depoimentos. Meu pai, sempre de terno e gravata, acompanhava as negociações calado e circunspecto. Quando opinou, foi para me dizer:

— Meu filho, estou orgulhoso do seu comportamento. A decisão que você tomar terá meu apoio integral.

Poucos episódios exemplificariam melhor o tipo de educação que ele se preocupou em dar aos filhos. Para o velho coronel Ney, antes de tudo importava que as pessoas tivessem um comportamento digno, mesmo em situações adversas.

Os policiais me acenavam com a volta ao DOI-Codi, onde poderia voltar a ser torturado. A ameaça não era vã. Isso, de fato, era uma possibilidade.

Eu retrucava:

— No DOI-Codi, eu assino. Meu problema lá é não dar informação. Mas aqui não estou sendo torturado. Não vou assinar.

Havia algo de birra nesse meu comportamento, admito.

Em certo momento, um escrivão de nome Mazzini fez uma proposta que rompeu o impasse.

— Se você diz que não assina para não prejudicar outras pessoas, então topa assinar um depoimento que não tenha nome de mais ninguém?

Aceitei.

Fui, então, retirado do "ratão" e integrado à vida do coletivo. De manhã, fazíamos ginástica, que eu ministrava, lembrando os tempos em que era professor de judô para jovens e crianças. Depois, havia diferentes atividades. Carlos Vainer, que já na época tinha uma sólida base teórica, dava aulas de economia política, numa perspectiva marxista.

Na ocasião, aproximava-se a Copa do Mundo, disputada no México. O Brasil, depois de ter vencido em 1958 e 1962, fora um fiasco em 1966. Naquele ano, 1970, tinha formado um excelente time e entrava na competição com grandes chances de conquistar o título.

Os policiais presos na primeira cela tinham, entre outras regalias, um aparelho de TV. Era de um deles, um escrivão chamado Milton. Além da televisão, ele tinha também garrafas de uísque, um refrigerador pequeno, de onde tirava gelo, e algo pelo qual nutria particular apreço: um baralho com fotos de mulheres nuas. Milton — que, segundo jornais da época, era conhecido também por Milton do Pó — fora preso pelo célebre policial-bandido Mariel Mariscot, quando achacava um marginal que tinha relações com este último.[11]

Não sei como, mas Milton soube que eu era amigo de Mariel e me pediu que lhe encaminhasse um pedido de reconciliação. O fato de ele saber que eu conhecia Mariel me deixou desconfiado. Não havia explicação para tal. Eu e Mariel tínhamos praticado judô na mesma academia, embora não fôssemos exatamente amigos. Nossa relação era de camaradagem, mas nada além disso.

Devo dizer, no entanto, que, depois do sequestro do embaixador norte-americano, já muito procurado, certa vez encontrei Mariel. Cada um de nós dirigia um carro e paramos lado a lado num sinal da avenida Paulo de Frontin, no Rio Comprido. Trocamos sorrisos,

---

[11] Mariel Mariscot foi um policial que ganhou fama nas décadas de 1960 e 1970 por namorar atrizes famosas, ser amigo de jogadores da seleção brasileira de futebol e se destacar na caça a bandidos. Foi acusado de participar do Esquadrão da Morte e de praticar extorsão contra criminosos. Preso, chegou a ser condenado, mas fugiu da Ilha Grande. Acabou morto a tiros em 1981, quando se dirigia a uma reunião com bicheiros no Centro do Rio. Nunca se soube quem o matou, mas a suspeita recaiu sobre a cúpula do jogo, na qual Mariel estaria tentando forçar ingresso.

nos cumprimentamos com a cabeça e cada qual seguiu seu caminho. Eu estava armado e, com certeza, ele também. Mas a impressão que me ficou de Mariel era a de que ele não traía amizades, ou seja lá o tipo de relação parecida com isso que tínhamos.

No Dops, em troca da minha intermediação junto a Mariel, Milton se propôs a me fazer favores. Convidou-me para tomar uísque e participar das partidas de baralho que organizava com os policiais de sua cela. Expliquei-lhe que nós, presos políticos, na cadeia dividíamos tudo o que recebíamos das visitas. Assim, ou ele oferecia o uísque para meus companheiros também, ou seria constrangedor que eu bebesse com ele.

— Mas se eu convidar todo mundo, o uísque acaba — respondeu, com uma lógica irrefutável.

De qualquer forma, minha relação com Milton nos valeu. Consegui convencê-lo a emprestar a TV para que víssemos a Copa. Na hora do jogo de estreia do Brasil, contra a antiga Tchecoslováquia, no dia 3 de junho de 1970, ela foi instalada na maior cela, que chamávamos de Maracanã, e pudemos todos — presos políticos e policiais — acompanhar a partida. O Brasil venceu por 4 a 1.

Na ocasião, houve uma divisão entre os militantes a respeito de como se comportar. Os militares já ensaiavam a gigantesca campanha publicitária que teria como um dos lemas "Brasil, ame-o ou deixe-o". Ela tentava identificar o país com o regime ditatorial vigente e caracterizar seus críticos como maus brasileiros. E estava claro que uma vitória da seleção seria utilizada pela ditadura — como, de resto, costumam fazer todos os governos, inclusive os democráticos.

Daí ter surgido, entre alguns presos, a posição de que seria melhor que a seleção perdesse a Copa.

Estabeleceu-se, então, a polêmica: deveríamos ou não torcer pelo Brasil?

Havia argumentos dos dois lados.

Os que preferiam a derrota da seleção demonstravam, sem deixar de ter razão, que a conquista da taça serviria para aumentar a popularidade do regime militar.

Os que estavam dispostos a torcer pelo Brasil lembravam que a derrota ou a vitória independiam da posição assumida por 30 presos políticos no Dops do Rio. Ademais, afirmavam, a seleção era do país, do povo brasileiro, não dos militares.

Não por acaso, os que mais gostavam de futebol tendiam a torcer pela seleção. Já os indiferentes ao futebol em sua maioria racionalizavam a questão e preferiam a derrota na Copa. Eu me alinhava entre os primeiros.

A divisão foi mais ou menos ao meio. Mas alguns dos que não queriam torcer pela seleção viraram casaca e, ao final da partida, também festejaram a vitória.

Quando da partida final da Copa, em junho, repetiu-se essa polêmica. Já tinha havido a troca de 40 presos pelo embaixador alemão e eu estava na Argélia. Parte dos recém-libertados torcia pelo Brasil, enquanto outra parte torcia contra ou se dizia indiferente. Assim, a estreia e a final foram os dois únicos jogos do Brasil a que pude assistir ao vivo na Copa de 1970.

O Brasil foi o campeão e, como esperado, o regime militar capitalizou a vitória. Mais: na véspera da final, o ditador Médici, que gostava de futebol e acompanhava as partidas, fez uma previsão sobre o resultado. Seu palpite foi na mosca. Cravou 4 a 1 para o Brasil, justamente o resultado do jogo.

Por aqueles dias, Milton me veio com uma proposta suspeita: fugirmos, os dois, do Dops. Ele expôs seu plano. Minha família faria entrar uma serra dentro de um bolo e, depois, contando com a cumplicidade dos policiais presos em sua cela, ele serraria aos poucos as grades da janela. Terminado o trabalho, desceríamos em cordas feitas com lençóis até um pátio interno pouco movimentado no andar térreo e, de lá, trataríamos de pular o muro e ganhar a liberdade.

Resolvi dar-lhe trela. Mas não seria idiota de aceitar o convite. Não confiava um tostão furado no Milton. Já o fato de ele saber que eu conhecia Mariel tinha me deixado de sobreaviso, pois só poderia ter recebido essa informação dos militares. Com certeza seu plano era uma provocação e eu poderia ser morto na tentativa de fuga. Além disso, eu sabia que estava em andamento a preparação do sequestro de um embaixador.

Por fim, havia outra razão para que desconfiasse: se Milton queria fugir, não havia qualquer razão para me convidar a ir junto. Ele não precisava de mim. E, àquela altura, associar-se a um preso político só faria com que ele ficasse mais visado. Decididamente, aquela era uma canoa furada.

Disse-lhe que aceitava a proposta, mas que ele teria que fazer entrar a serra, porque minha família não aceitaria colaborar. E continuei a enrolá-lo. De qualquer forma, a coisa não caminhou. Acho que o próprio Milton ficou com medo de acabar sendo morto também na fuga, como queima de arquivo.

Ainda no Dops, em certo momento, chegou-me às mãos um maço de cigarros fechado. Em toda a vida, nunca fumei. Trancado no banheiro, abri o maço e, dentro, reconheci a letra miúda da Glória, minha companheira, num bilhete. Ela pedia, em poucas palavras e de forma cifrada, para que eu enviasse nomes.

Era evidente o significado disso: a preparação de um sequestro estava nos momentos finais e eu deveria ajudar a confeccionar a lista dos presos a serem libertados. Imaginei que o MR-8 estivesse envolvido diretamente, mas não. A VPR é que acabou executando a ação. De qualquer forma, o MR-8 estava em contato com aquela organização e contribuiu para elaborar a lista.

Eu não sabia quantos presos seriam libertados, mas mandei de volta, pelo mesmo canal, o maço de cigarros com uma relação de nomes. Fiz questão de que Cláudio Torres a encabeçasse.

Integrante da Direção Geral da organização, Cláudio tinha sido preso no dia seguinte à libertação do embaixador norte-americano, em setembro de 1969. O Cenimar sabia que participara da ação, por tê-lo fotografado saindo e entrando do cativeiro. Era um dos nossos melhores, se não o melhor quadro em atividade naquele momento. Muito seguro nas ações armadas, tinha excelente cabeça política. Eu tinha por ele não só amizade, como enorme respeito.

Cláudio fora decisivo quando começamos a fazer ações armadas, no início de 1969. Éramos todos inexperientes, apesar de contarmos com a participação de Salgado, ex-sargento da Aeronáutica. Cláudio contribuiu muito para dar segurança ao grupo e fazer com que as coisas caminhassem. Diria, mesmo, que foi a peça mais importante quando ainda engatinhávamos na guerrilha urbana.

Preso, foi muito torturado. Para a ditadura, era fundamental dar uma resposta imediata à humilhação sofrida com o sequestro, a libertação dos presos e a divulgação do manifesto. Tendo em mãos um quadro que supunha ser dirigente (e que efetivamente era, embora isso nunca tenha sido admitido por Cláudio nos interrogatórios) e que poderia levar à prisão de outros integrantes da ação, jogou todo o peso nisso. Cláudio aguentou firme.

Depois de sua prisão, porém, como foram publicados nos jornais nomes, codinomes e fotos de participantes do sequestro, alguns passaram a supor, de forma apressada, que ele tivesse cedido diante das torturas.

Desde o primeiro momento, ainda sem ter tido informações precisas sobre o que ocorrera, eu o defendi:

— Conheço o Cláudio. Se ele falou na tortura, não tenho segurança de que, no seu lugar, eu aguentaria. Por isso, até segunda ordem, me recuso a condená-lo.

Algumas informações publicadas nos jornais depois da prisão de Cláudio foram efetivamente dadas por ele. Mas, em sua maior parte, não tinham grande valor para os órgãos repressivos. Eram sobre ações armadas realizadas e "aparelhos" já desativados.

Ocorre que o cativeiro do embaixador norte-americano fora descoberto ainda durante o sequestro e muitos dos que entravam ou saíam da casa tinham sido fotografados. Como vários de nós éramos fichados na polícia, por termos sido presos no Congresso da UNE de Ibiúna, em outubro de 1968, ou por termos tido papel de destaque das manifestações estudantis contra a ditadura, não foi difícil nossa identificação.[12]

Quando estive com Cláudio pela primeira vez depois de nossas prisões, por um curto período no Dops, no início de junho de 1970, ele me contou que a primeira foto que lhe foi mostrada no Cenimar foi a de Franklin Martins. A segunda ou terceira foi a minha.

Cláudio não abriu um só local ainda usado pela organização — e não eram poucos os que ele conhecia, pois, na época, a compartimentação das informações no MR-8 era pouco mais do que ficção. Tampouco deu qualquer informação que pudesse levar à queda de quem quer que fosse — mesmo que de simpatizantes.

Ele tinha 24 anos e foi o primeiro militante da organização a ser torturado. Não sei quantos de nós — mesmo os que, mais tarde, falaram menos ou não falaram nada sob tortura — teriam tido um comportamento como o dele.

---

[12] O Congresso da UNE em Ibiúna foi cercado pela polícia no dia 13 de outubro de 1968. Na ocasião, cerca de mil estudantes, de todo o país, foram presos. O episódio serviu para os órgãos de repressão política terem uma radiografia completa dos líderes do movimento estudantil.

Quando fui preso, sete meses depois, estávamos muito mais endurecidos. A estrutura da organização era bem mais compartimentada, e seus militantes estavam muito mais preparados para a tortura do ponto de vista subjetivo. Era como se esses sete meses correspondessem a muito mais tempo.

Quando estive com Cláudio no Dops, eu lhe falei do sequestro em preparação e antecipei-lhe que seu nome tinha sido o primeiro da lista que eu enviara para fora da cadeia. Foi o único com quem compartilhei essa informação.

A relação que mandei chegou às mãos da direção do MR-8 e, depois, dos executores da ação. No entanto, o nome de Cláudio foi retirado da lista por Joaquim Câmara Ferreira, o Toledo, que, com o assassinato de Marighella no fim do ano anterior, tornara-se o dirigente máximo da ALN. A razão disso foram versões incorretas que circularam no primeiro momento a respeito do comportamento de Cláudio na tortura.[13]

Quando do sequestro seguinte, o do embaixador suíço, no fim de 1970, a verdade fora já estabelecida e seu nome voltou a ser incluído na relação dos presos a serem libertados. Porém, mais uma vez foi vetado. Só que, dessa vez, pelos militares, que àquela altura já se sentiam fortes o suficiente para não aceitar a libertação de determinados presos, conscientes de que, se naquele momento a guerrilha matasse o diplomata, só aumentaria seu isolamento.

Cláudio ficou na prisão durante sete anos. Saiu em setembro de 1976. Pouco depois, viajou à Europa e estivemos juntos na Suécia, onde eu estava exilado.

---

[13] Membro do PCB desde os 20 anos, Joaquim Câmara Ferreira, conhecido como Toledo, rompeu com o partido em 1967, tornando-se o segundo homem da ALN. Com a morte de Carlos Marighella, em 4 de novembro de 1969, assumiu o comando da organização. Preso em 23 de outubro de 1970, foi assassinado na tortura pelo delegado Sérgio Fleury, aos 57 anos.

Se ele tivesse fraquejado, a organização teria sido toda destruída — ou, pelo menos, abalada de forma decisiva — pela prisão ou a morte da maioria de seus principais militantes.

A ALN, que na época era maior do que o MR-8 e tinha um núcleo de militantes mais experientes, nunca se recuperou plenamente de um conjunto de quedas que começaram em 24 de setembro de 1969, apenas três semanas depois do sequestro do embaixador norte-americano. Perdeu quase todo o seu setor armado em São Paulo, denominado Grupo Tático Armado (GTA), aí incluído o melhor quadro militar, Virgílio Gomes da Silva, que comandara o sequestro. Perdeu também os dois lugares-tenentes de Virgílio. E foi puxando o novelo a partir da sucessão dessas quedas que a repressão acabou chegando a Marighella, assassinado no dia 4 de novembro.[14]

Segundo Mário Magalhães, no já citado *Marighella, o guerrilheiro que incendiou o mundo*, a ALN perdeu nessas semanas mais de 20 militantes da linha de frente e 13 "aparelhos", além de muitos simpatizantes. Era a nata da organização e o grosso da infraestrutura em São Paulo, o coração da ALN.

Não fosse o comportamento de Cláudio, coisa semelhante, ou pior, poderia ter acontecido conosco.

A VPR também já tinha sofrido um duro golpe no início de 1969, quando perdeu grande número de quadros e foi obrigada a antecipar a deserção do capitão Carlos Lamarca, na ocasião ainda na ativa no Exército. Ele era conhecido por alguns dos presos que estavam sob tortura.

Todos esses casos confirmam a máxima de que as normas de segurança só começam a ser aplicadas de forma estrita depois que as organizações clandestinas sofrem quedas importantes. Até porque

---

[14] Virgílio Gomes da Silva, o Jonas, foi preso em 29 de setembro de 1969 e assassinado na tortura no mesmo dia no DOI-Codi de São Paulo. Tinha 36 anos na época.

levar a sério essas normas significa ter muito menos agilidade no cumprimento das tarefas. Mas, contra um inimigo que utiliza a tortura em larga escala, uma estrutura clandestina de guerrilha urbana não compartimentada mostra-se muito vulnerável.

De qualquer forma, apesar do amadorismo da estrutura organizacional dos grupos que partiram para a luta armada, é preciso ficar claro que não foram falhas operacionais que os condenaram à destruição. Naquele momento, a guerrilha era uma estratégia equivocada e seria derrotada de qualquer forma.

Note-se que não faço condenação de natureza moral ou ética ao uso da violência para combater um regime ilegítimo e de opressão — possibilidade, aliás, aceita inclusive pela Declaração de Direitos Humanos da ONU. É questão de eficácia política naquela situação concreta.

Minha estada no Dops foi encerrada abruptamente. De um momento para o outro, fomos informados de que seríamos levados para o DOI-Codi. Vida de preso é assim. De repente alguém diz: "Você vai ser transferido". É como se isso não significasse mais do que uma mudança de objetos.

Lá fomos, então, umas 30 pessoas, socadas num "coração de mãe" — nome dado àqueles camburões usados para transporte de grande quantidade de presos, nos quais "sempre cabe mais um". Uma vez no pátio do DOI-Codi, a porta traseira do "coração de mãe" foi aberta e, do lado de fora, o tenente Avólio, com a lista dos que chegavam nas mãos, gritou: "Cid Queiroz!". Era assim como os militares me chamavam, usando apenas o primeiro sobrenome.

Desci do "coração de mãe", e ele disse, ameaçador:

— Agora vamos ter muito tempo pra conversar sem que ninguém atrapalhe.

Certamente se referia a uma ou duas iniciativas — frustradas, diga-se — de outros militares, de interromper sessões de tortura de que ele participava, com receio de que eu viesse a morrer.

Soube depois que Avólio substituíra Garcez no comando do PIC, o que, de alguma forma, lhe dava mais poder sobre os presos.

Fui posto numa das solitárias do térreo, ao lado das salas de tortura. Eu já as conhecia do período anterior em que tinha estado no DOI-Codi. Todos os demais presos foram levados para celas coletivas no segundo andar do pequeno prédio.

Confesso que este foi o momento em que mais tive medo. Talvez mesmo o único momento em que isso aconteceu. Apesar de, ao chegar ao Dops uns 20 dias antes, ter me preocupado com o clima de "a guerra acabou" reinante entre os presos, percebi que eu próprio tinha me deixado contagiar por ele. E, depois das intensas torturas sofridas antes no DOI-Codi, tinha também relaxado. Era como se tivesse sido submetido a uma prova difícil e passado por ela. Ninguém, fosse militante ou simpatizante, fora preso a partir de meus interrogatórios. Ao ser trazido de volta para o DOI-Codi, de forma abrupta, me senti inseguro. Temi não suportar nova série de torturas. Apesar do tempo transcorrido desde a minha prisão, eu ainda tinha inúmeras formas de chegar à organização.

Nada me aconteceu, porém, além das ameaças de praxe. E, depois de um ou dois dias, voltei a me sentir seguro. Senti que, se voltasse a ser torturado, estava pronto para aguentar o tranco.

Tempos depois, li em algum lugar que a Gestapo, a polícia política da Alemanha nazista, depois de submeter os presos a algumas sessões de tortura, muitas vezes ensaiava uma trégua. Mais tarde, de um momento para o outro, retomava os interrogatórios violentos. Com frequência, o método funcionava.

Desde que voltei para o DOI-Codi até a libertação, contava as horas para que o sequestro fosse realizado. Mas nada aconteceu durante alguns dias.

Certa noite, fui retirado da cela para refazer os depoimentos em cartório, diante de um delegado chamado Newton Costa, que foi especialmente para isso ao DOI-Codi, acompanhado de um escrivão. Estava implícito que, se eu me recusasse a firmá-los, voltaria a ser torturado. Achei que não valia a pena insistir na negativa.

Enquanto estava depondo, chegaram dois militares lotados no DOI-Codi, o capitão Gomes Carneiro e o sargento Torres. Eu lhes disse:

— Não estou mais sendo interrogado. Por que vocês não me tiram da solitária e não me botam numa cela com outros presos?

Gomes Carneiro respondeu, impaciente:

— Cid, não enche o saco. Você já vai ficar com um monte de gente.

Tinha havido o sequestro e eu não sabia.

No dia seguinte de manhã, fui examinado por um sujeito em trajes civis, que, pela autoridade com que se comportava e a idade, supus ser um militar mais graduado. Ele queria saber se eu ainda tinha marcas de tortura. Àquela altura, eu já tinha camisa, calça e sapatos, trazidos pela minha família nas visitas ao Dops. Esse militar confiscou as meias de outro preso e me mandou vesti-las. Pensei comigo: o sequestro aconteceu.

Pouco depois, fui levado à sala de tortura. Pelo fato de ter sido apenas um soldado a me retirar da solitária e pelo clima descontraído, percebi que nada de grave aconteceria. Para minha surpresa, lá estava um barbeiro. A segunda surpresa veio em seguida.

— Que tipo de corte você quer? — perguntou ele, com gentileza.

— Corte francês, baixinho, tudo por igual — respondi, sorrindo.

Ele tratou, então, de nivelar meu cabelo, que tinha sido cortado de qualquer jeito com tesoura para que o couro cabeludo fosse costurado pelo médico, quando cheguei ao DOI-Codi.

Meia hora depois, fui, mais uma vez, retirado da solitária. Puseram-me uma venda nos olhos e me conduziram a um local que percebi ser um banheiro. Descalço, senti a temperatura fria dos ladrilhos molhados nos pés. Não sabia onde estava, mas cheguei a pensar que poderiam voltar a me dar choques. Porém, havia sempre alguém me segurando pelo braço, o que me tranquilizou. Enquanto estivessem me segurando, estaria protegido. Além disso, os choques eram dados sempre com fios amarrados no corpo do preso. E ninguém fazia menção de me amarrar qualquer fio.

Em certo momento, um deles me disse:

— Estamos fazendo uma limpa. Se você quiser ficar vivo, vai ter que entregar alguém. Uma pessoa que seja.

— Estou preso há quase dois meses e não tenho mais como entregar nada — respondi.

O cidadão, então, afirmou que, se era assim, eu morreria. E deu a voz de comando:

— Preparar, apontar, fogo!

Em seguida, levantou a venda de meus olhos e me deu um barbeador. Idiota, ele achou a brincadeira engraçada. Não levei a sério a ameaça. Em outros momentos, achei que seria assassinado no DOI-Codi. Mas não nessa hora.

— Vai ali na pia e faz a barba — disse ele.

Determinação cumprida como possível, com o barbeador velho e apenas água, sem sabão, fui levado de volta à cela. Àquela altura, estava convencido de que o sequestro tinha sido realizado.

Passei o resto do dia esperando novidades. Em vão.

Às dez horas da noite, o corneteiro tocou o silêncio. É um toque bonito, com uma melodia triste, mais elaborada do que as dos demais toques militares. Pensei cá comigo: "É melhor esquecer isso de sequestro e me preparar pra continuar na cadeia por um bom tempo".

De madrugada, porém, fui despertado por gritos e pontapés na parte inferior da porta da cela, que era uma placa de metal. Mandaram que eu calçasse os sapatos e saísse para o corredor. Lá, fui mantido de pé, com o rosto virado para a parede e as mãos na cabeça, ao lado de outros presos. Tinha aprendido que essa era uma posição de agrado dos torturadores. Volta e meia passava um deles e empurrava a nuca do prisioneiro, de forma que este batesse com o nariz na parede.

Pude ver outros presos, alguns dos quais não estavam antes no DOI-Codi. Aí, tive a certeza de que o sequestro tinha sido feito. Era o dia 15 de junho de 1970.

Algumas horas depois, embarquei, com mais alguns presos, na caçapa de um camburão do Exército, a caminho da base aérea que fica ao lado do Aeroporto Santos Dumont. Pelos companheiros que foram comigo fiquei sabendo que o alvo fora mesmo o embaixador alemão e seriam libertados 40 presos.

Na base aérea, recebemos sanduíche e refrigerante. Em seguida, fotografaram o grupo, que posou numa formação assemelhada à dos times de futebol, e embarcamos para a Argélia.[15]

Uma nova etapa se abria. Minha intenção era fazer um curso de guerrilha rural em Cuba e voltar clandestinamente, integrando-me a um processo de luta armada que já estaria em estágio mais avançado.

O tempo se encarregaria de demonstrar como estava enganado. A rigor, já naquela ocasião eu tinha elementos mais do que suficientes para supor que a luta armada no Brasil estava condenada ao fracasso. Mas, muitas vezes, as pessoas só veem o que estão mesmo dispostas a ver.

Efetivamente, quando eu estava pronto para voltar, um ano e meio depois, já no Chile com os documentos falsos com que ingressaria no Brasil, o retorno foi abortado. A guerrilha tinha sido praticamente aniquilada e vivia seus estertores.

Ainda a respeito desse último período no DOI-Codi, vale lembrar uma história. Quem me contou foi um companheiro, também

---

[15] Os sequestradores listaram três países para os quais poderíamos ser levados: Argélia, México ou Chile.

banido, depois que chegamos à Argélia. Em seus últimos dias de DOI-Codi, ele estava numa cela coletiva no segundo andar do PIC quando um preso afirmou conhecer um cabo carcereiro que tinha as chaves das celas e aceitara abri-las para uma tentativa de fuga em massa. Os demais presos aceitaram a proposta. Antes, porém, que a fuga fosse tentada, um soldado boquirroto comentou que um embaixador fora sequestrado. A expectativa da libertação fez com que se resolvesse abortar o plano.

Quando soube da história, fiquei com a nítida impressão de que a coisa fora montada para permitir o assassinato em massa de presos na tentativa de fuga. Tenho quase certeza de que aquilo era uma provocação.

Aliás, penso que a repressão teve interesse em que a tortura aparecesse sempre como a sua principal e quase única arma no combate à esquerda. Claro que ela teve papel decisivo. Mas as infiltrações policiais — a respeito das quais não se conhece muito — foram muito mais importantes do que se pensa. Acontece que este é um terreno sensível e não se pode divulgar suspeitas não comprovadas sob pena de, em caso de erro, cometer-se injustiças indesculpáveis, como já andou acontecendo.

De qualquer forma, imagino que, se um dia os arquivos dos organismos das Forças Armadas envolvidos na repressão política forem abertos integralmente, essa minha suspeita se confirmará.

Um golpe de mestre

*"Audácia, audácia ainda,
Audácia sempre!"*

Danton (1759-1794)

Dia 4 de setembro de 1969.

Depois de esperarmos pelo embaixador Charles Burke Elbrick das 10 da manhã até perto das 13 horas, suspendemos por um instante a operação e fomos fazer um rápido lanche. Logo em seguida, retomamos nossas posições. Sabíamos que, se nosso alvo não passasse por ali naquele dia, o pegaríamos no seguinte. Estávamos tranquilos, apesar de termos consciência de que aquela era uma cartada para ficar na história.

Nossos levantamentos tinham confirmado que, todo dia útil, no meio da manhã, Elbrick saía de sua residência, à rua São Clemente, dobrava na rua Marques (uma rua curta, com apenas dois quarteirões, margeando o que é hoje a Cobal de Botafogo), indo até a Voluntários da Pátria. De lá, seguia em direção à praia de Botafogo e à embaixada dos Estados Unidos, no Centro da cidade. No carro oficial, com o diplomata, seguia apenas o motorista.

O que aconteceria nesse dia teve origem numa casualidade. Umas duas semanas antes, eu estava com Franklin Martins na rua Marques quando passou o carro do embaixador, devidamente ornamentado com uma bandeirinha dos Estados Unidos de cada lado do capô.

A falta de cuidado nos chamou a atenção. Meses antes, o embaixador norte-americano na Guatemala fora metralhado por guerrilheiros urbanos. Ao ver seu colega no Brasil circular de forma tão despreocupada, não passou pela nossa cabeça um atentado contra sua vida, mas capturá-lo para servir como moeda de troca por Vladimir Palmeira.

O mais importante líder das manifestações estudantis contra a ditadura em 1968, Vladimir era, talvez, o principal quadro político de nossa organização na época. Estava preso há 11 meses, desde outubro do ano anterior, quando da queda do Congresso da UNE, em Ibiúna, São Paulo.

Libertá-lo era um objetivo que tínhamos em mente desde que estruturamos um setor armado na organização, no fim de 1968. Por conta disso, eu já tinha feito, inclusive, uma viagem a São Paulo para um levantamento externo do Quartel da Polícia do Exército do Ibirapuera, onde ele esteve preso. Mas tive o bom senso de concluir que seria uma loucura tentar uma ação de comando para libertá-lo dali.

Naquele dia em que vimos o embaixador passar, percebemos, eu e Franklin, a possibilidade de sequestrá-lo, trocando-o por Vladimir. Logo em seguida, porém, nos demos conta de que poderíamos pedir bem alto, dada a importância do refém.

Aprovada a proposta pela Direção Geral da organização — formada na ocasião por Daniel Aarão Reis, Cláudio Torres e Franklin Martins —, passamos aos preparativos para a operação.

Na época, tínhamos a intenção de promover ações conjuntas com outras organizações, por considerar que isso ajudaria a unir a esquerda armada. Nossa prioridade era a aproximação com a VAR-Palmares, que, por força de maior identidade política, era vista como aliada preferencial. Mas ela estava imobilizada, com problemas internos sérios, depois da prisão de alguns dirigentes.

Surgiu, então, a opção de convidarmos a ALN. Cláudio Torres expôs a possibilidade a um militante daquela organização no Rio ligado a Joaquim Câmara Ferreira, o Toledo. A partir daí, ficou acertada uma reunião em São Paulo, para onde viajei poucos dias depois. Lá, estive com Câmara Ferreira e com o comandante do setor armado da ALN, Virgílio Gomes da Silva, o Jonas, que viria a comandar o sequestro. Também participou da reunião, realizada num carro em movimento, um dos dois lugares-tenentes de Virgílio, Carlos Eduardo Fleury. Nela, ficou acertado que realizaríamos a ação na semana seguinte.

Da ALN vieram de São Paulo para participar do sequestro Câmara Ferreira, Virgílio, Paulo de Tarso Venceslau e Manoel Cirilo de Oliveira. Do MR-8 participaram Cláudio Torres, João Lopes Salgado, Vera Sílvia Magalhães, Franklin Martins, Sérgio Rubens Torres, José Sebastião Rios de Moura, Fernando Gabeira e Antônio Freitas, além de mim.

O levantamento das informações necessárias já tinha sido concluído por nós, do MR-8. Eu e Vera Sílvia costumávamos passar diante da casa do embaixador, às vezes acompanhados de um sobrinho dela, na época com três anos, no carrinho de bebê. Ele é hoje o advogado André Barros, um destacado integrante da Comissão de Direitos Humanos da OAB/RJ.

Em outro momento, Vera foi sozinha à porta da casa do embaixador, numa hora em que presumíamos que ele sairia. Entabulou conversa com um segurança, dizendo-se uma mineira recém-chegada ao Rio de Janeiro, desejosa de conhecer melhor a cidade. Logo o sujeito se ofereceu para ser seu cicerone. Quando surgiu o carro de Elbrick, Vera perguntou, fazendo-se de ingênua:

— Quem é esse bacana num carro com bandeirinhas?

— É o embaixador americano — respondeu o segurança.

— Ele sai assim, só com o motorista?

— Sai, mas eu já disse pra ele tomar cuidado. Aqui tem muita gente anti-imperialista — foi a resposta do segurança.

Sem dificuldades fechamos o levantamento. A imprudência do diplomata não se manifestava apenas no fato de ele circular sem segurança. Fazia também, todos os dias, o mesmo trajeto, no mesmo horário.

Restava a questão de onde guardar o refém. Tínhamos a intenção de realizar o sequestro na chamada Semana da Pátria. Já estava programada pelos militares uma série de eventos de propaganda em torno do Sete de Setembro. Era um ensaio da gigantesca campanha publicitária que aconteceria depois com a história do "Milagre brasileiro", do "Pra frente, Brasil" e do "Brasil, ame-o ou deixe-o".

Dias antes, o general Artur da Costa de Silva tinha tido uma isquemia cerebral e deixado a Presidência. O vice era o ex-senador Pedro Aleixo, um antigo udenista filiado à Arena, o partido criado pela ditadura militar para dar-lhe sustentação no Congresso. Apesar da biografia confiável de Aleixo, os militares não o aceitaram na chefia do governo, pelo fato de ser civil. Assumiu o poder, então, uma junta militar composta pelos ministros do Exército, Aurélio de Lira Tavares; da Marinha, Augusto Rademacker; e da Aeronáutica, Márcio de Sousa e Melo. A trinca ficaria conhecida posteriormente como "os três patetas", devido a um bem-humorado comentário de Ulysses Guimarães, o principal líder do MDB — o partido que fazia oposição parlamentar à ditadura.

No prazo curto que tínhamos até a Semana da Pátria, não conseguimos alugar um local em condições de ser o cativeiro. Teria que ser uma casa, com garagem fechada. Não poderia estar próxima demais do local da captura, mas tampouco deveria ser muito longe, para não termos que circular com o embaixador num carro pela cidade depois do sequestro.

Assim, ou adiávamos a ação, deixando de realizá-la na Semana da Pátria, ou buscávamos um imóvel já usado por outro setor da organização. O desejo de realizar logo a operação não nos fez vacilar: escolhemos como cativeiro uma casa já utilizada como "aparelho", na rua Barão de Petrópolis, 1.026, numa das subidas do Catumbi para Santa Teresa. Ela estava sendo preparada para abrigar uma gráfica clandestina e tinha acabado de receber uma impressora *offset*, usada para a confecção de jornais e panfletos.

No local morava Fernando Gabeira, que editava um jornal intitulado *Resistência*, voltado para setores de classe média. Também na casa, aparecendo para os vizinhos como caseiro, vivia Antônio de Freitas, o Baiano, um operário que ficara queimado em seu estado natal devido à militância política e fora transferido para o Rio pela organização. Baiano operava a impressora.

Com a escolha daquele local para cativeiro, rompemos uma importante norma de segurança: a compartimentação entre os diferentes setores de uma organização clandestina. Não foi a primeira vez que o sentimento de urgência nos fazia atropelar uma regra fundamental da clandestinidade. Tampouco seria a última.

Gabeira e Baiano foram informados do uso que a casa teria apenas na antevéspera do sequestro, sendo orientados a manter a rotina diante dos vizinhos. Embora nunca tivessem participado de ações armadas, portaram-se com tranquilidade.

Reconhecendo a maior experiência militar da ALN, oferecemos a ela o comando operacional da ação. A condução política da operação ficou a cargo de Câmara Ferreira e Franklin Martins.

Apresentamos também à ALN uma proposta de manifesto, cuja divulgação ampla em jornais, revistas, rádio e televisão seria uma das condições para a libertação do embaixador. Redigido por Franklin, o texto sofreu pequenas modificações a partir de sugestões de alguns de nós e de Câmara Ferreira.[16]

Em seguida, passou-se à confecção da lista dos presos a serem libertados. Foi consenso que tivesse um caráter amplo, contendo

---

[16] Esse manifesto está reproduzido na íntegra ao final do livro.

integrantes de vários partidos e organizações. Foi aceita por Câmara Ferreira, com entusiasmo, nossa proposta de que a relação fosse aberta com o nome de Gregório Bezerra, veterano militante comunista preso desde 1964 e que enfrentara as torturas com bravura. A lista continha, também, os nomes dos mais importantes líderes estudantis das manifestações de 1968 ainda presos e de militantes de organizações da luta armada. A falta de informações precisas nesses últimos casos fez com que tivéssemos certa dificuldade em montar uma relação muito criteriosa.

A ideia inicial era pedir dez nomes, mas, à medida que eles foram sendo sugeridos, chegamos a 11. Na tentativa de arredondar para 12, fomos a 13. Agregamos, então, os nomes de dois militantes do MR-8 que tinham sido presos quando se preparavam para uma panfletagem nas vésperas do 1º de maio: Maria Augusta Carneiro Ribeiro e Ricardo Villas-Boas. Os dois eram militantes de base, sobre eles não pesavam acusações sérias e era provável que fossem libertados em pouco tempo. Não chegaram a ser torturados, nem sequer foram levados ao DOI-Codi, pois a repressão não os tinha como vinculados a organizações clandestinas. Foi um erro seus nomes entrarem na lista, pois os dois acabaram expostos sem necessidade. Mas, assim, foi fechada a relação com 15 nomes.[17]

O fato de Elbrick não ter saído de casa na parte da manhã no dia do sequestro não foi o único imprevisto. Em meio à espera, na

---

[17] Os presos libertados eram: Gregório Bezerra (PCB), Vladimir Palmeira (MR-8), Luís Travassos (AP), José Dirceu (Dissidência do PCB em São Paulo), Flávio Tavares (MAR — Movimento Armado Revolucionário), Onofre Pinto (VPR), Ricardo Zaratini (ALN), Rolando Fratti (ALN), Argonauta Pacheco (ALN), José Ibrahim (VPR), Mário Zanconatto (ALN), Ivens Marchetti (MR-8 antigo), Leonardo da Silva Rocha (ALN), Maria Augusta Carneiro Ribeiro (MR-8) e Ricardo Villas-Boas (MR-8).

rua Marques, recebemos o aviso dos dois companheiros que estavam na esquina com a São Clemente, José Sebastião Rios de Moura e Sérgio Rubens de Araújo Torres. O jornal elevado acima da cabeça significava que o alvo se aproxima. Franklin, que dirigia o Volkswagen em que eu estava como copiloto, portando uma metralhadora Ina, simulou estar manobrando para estacionar numa vaga na rua Marques. Com isso, fechava a passagem. Eis que, de repente, vemos novos sinais, desesperados, de Rios e Sérgio Rubens. Não era o embaixador norte-americano quem vinha, mas outro carro diplomático muito parecido.

Por pouco o embaixador português não foi levado por engano. Seria um prato cheio para piadas.

Como tivemos que ficar muito tempo esperando Elbrick, a moradora de um prédio da rua, mulher de um oficial da Marinha, acabou desconfiando. Da janela de seu apartamento, ela nos observava e ligou para a polícia dando os números das placas de carros que usávamos. Ocorre que os carros eram roubados, mas as placas não eram as originais. Eram frias e, portanto, não de veículos roubados. A polícia não checou se as placas correspondiam aos modelos dos carros e tranquilizou a denunciante, afirmando que estavam em situação legal.

No início da tarde, retomamos nossas posições. Em torno das 14 horas, surgiu o carro do embaixador, que teve a passagem bloqueada pelo nosso Volks. A captura foi fácil. As portas do carro diplomático sequer tinham trancas. Cláudio Torres entrou pelo lado esquerdo, pôs na cabeça seu quepe e assumiu o volante do carro. Virgílio foi pela outra porta, mantendo o motorista entre os dois.

Atrás, entraram Cirilo e Paulo de Tarso, deixando Elbrick no meio.

Efetuada a captura, partimos. O nosso carro à frente, o carro do embaixador em seguida e um terceiro, de cobertura, dobraram à esquerda, na rua Capistrano de Abreu e, depois, na Conde de

Irajá, pegando de novo a São Clemente. Depois do quartel dos bombeiros da rua Humaitá, entramos à direita na Vitório da Costa, passando por cima do túnel Rebouças. Já na rua Maria Eugênia, abandonamos o carro oficial e passamos o diplomata para o chão da Kombi que ficava normalmente no "aparelho" da rua Barão de Petrópolis e era usada para transportar estoque de papel e o material impresso. Nesse momento, Elbrick se assustou, talvez achando que seria morto, e tentou se atracar com Jonas, mas uma coronhada de Cirilo o fez aquietar-se. Ficou com a testa cortada e a camisa manchada de sangue.

Depois de libertado, o embaixador nos absolveria de qualquer responsabilidade pelo ferimento:

> Eles não tinham a intenção de me fazer mal algum, mas eu ignorava isso e, por este motivo, resisti quando me disseram para fechar os olhos enquanto me transferiam para outro carro. Eu não estava disposto a fechar os olhos para ninguém naquele momento. (*Última Hora*, 8/9/1969)

O motorista de Elbrick deveria ser posto para dormir com clorofórmio embebido em um lenço. Mas, no momento, o responsável por neutralizá-lo não se lembrou da providência, e ele foi solto na rua. Assim, viu o embaixador sendo levado numa Kombi. Isso acabou ajudando as investigações.

Eu tinha conseguido o clorofórmio dois dias antes com a minha mãe, química do Laboratório Nacional de Análises do Ministério da Fazenda. Claro que ela não sabia a que se destinaria. Mas as notícias nos jornais do dia seguinte a respeito de um vidro de clorofórmio abandonado no carro do embaixador fizeram com que ela deduzisse que eu estava envolvido no sequestro, como conta em seu livro *Ofício de mãe*, escrito em 1982.

No carro do diplomata foi deixado o manifesto, cuja publicação em jornais e revistas e leitura nas rádios e TVs era uma das condições para a libertação do embaixador. Nele, informávamos, também, que divulgaríamos os nomes dos presos a serem soltos logo que os militares se comprometessem publicamente a aceitar nossas condições.

Dez minutos mais tarde, já tendo atravessado o túnel Rebouças, estávamos com Elbrick no "aparelho" da Barão de Petrópolis.

A sorte estava lançada. A mais espetacular ação da guerrilha urbana no Brasil tinha sido realizada.

No entanto, ao contrário do que imaginávamos, ainda estaria por vir a parte mais complicada da operação.

Na mesma noite, a ditadura anunciou que, "por razões humanitárias", aceitava as exigências. Para dar cobertura legal à saída dos presos, editou o Ato Institucional nº 13, criando a pena de banimento perpétuo do país, à qual seriam "condenados" os presos libertados.

No dia seguinte de manhã, uma sexta-feira, Gabeira — que, por ser morador da casa, era quem entrava e saía com mais frequência — deixou na caixa de correspondência de um supermercado, no Leblon, a lista dos presos a serem soltos. Em seguida, telefonou para o *Jornal do Brasil* dando a indicação. Era nossa intenção que a imprensa tivesse em mãos a relação antes dos militares. Isso diminuiria o risco de represálias.

Na manhã do sábado, porém, aconteceu um episódio que nos fez acender a luz amarela: um carro parou diante da casa em que estava o embaixador e um de seus dois ocupantes abriu o portão, começando a subir a pequena escada. Abordado por Manoel Cirilo, que naquele momento estava de guarda na entrada, perguntou por um suposto morador, dando um nome qualquer. Posto para fora, saiu sem criar problemas. Mas, ao voltar para o carro, se pôs a falar por um rádio, enquanto se afastava do local.

A partir dali, redobramos os cuidados. Pouco depois, percebemos que uma Rural-Willys, com quatro homens, ficava sempre estacionada uns 200 metros acima, perto de entrada para o túnel da rua Alice.

Não é difícil imaginar o quadro de tensão criado. Mas os dados tinham sido lançados: o embaixador estava em nosso poder e os militares tinham aceitado nossas condições, já tendo divulgado o manifesto. Só nos restava seguir em frente.

Cortamos, então, o contato com os demais setores da organização, para evitar que, sendo seguidos, levássemos a repressão a eles. E nos preparamos para o pior. Uma boa dose de sorte e outra de incompetência dos órgãos repressivos acabaram contribuindo para que tudo corresse bem até o fim.

Há controvérsias sobre se os militares teriam ou não descoberto o cativeiro. Na época, quando anunciaram isso, pouca gente acreditou. Mário Magalhães, em sua já citada biografia de Marighella, sustenta que não. Para ele, o carro descaracterizado, com agentes, perto do túnel da rua Alice, não visava especialmente à casa em que estava o embaixador. Seria parte de um esquema mais geral de vigilância na cidade, implantado depois do sequestro.

Não penso assim. Creio que os organismos de repressão tinham quase certeza de que Elbrick estava na casa. Se mais não fizeram, foi por terem recebido ordens expressas da Junta Militar para não intervir.

Sustento essa opinião por varias razões.

Primeira: caso se tratasse apenas de uma vigilância mais geral nas proximidades de túneis, ela teria sido feita por integrantes da Polícia Militar, ou mesmo da Polícia Civil, não do Cenimar.

Segunda: só depois que os agentes apareceram na casa e se viram diante de Cirilo, é que surgiu o tal carro na saída do túnel que aparentemente vigiava o "aparelho".

Terceira: depois de preso ouvi de um oficial lotado no DOI-Codi a versão de que, na vizinhança, morava um almirante que, antes mesmo do sequestro, estranhando o tipo de movimento da casa, informara o Cenimar. Este último já estaria, então, vigiando o imóvel, de forma discreta. Assim, seus agentes teriam visto quando chegou a Kombi que levava o diplomata (ainda que este último, deitado no chão, não pudesse ser percebido), acompanhada dos dois carros de cobertura. Como o motorista de Elbrick informara que este tinha sido levado numa Kombi, não foi difícil fazer a associação.

Quarta: em seguida à libertação do embaixador, a casa foi tomada por fuzileiros navais. Meia hora depois, passei de carro diante dela e sou testemunha disso.

Há, ainda, um quinto elemento para sustentar essa minha suposição: quando eu estava preso no DOI-Codi, um oficial tentou me provar que o plano que idealizara para invadir a casa libertaria Elbrick ileso. A operação seria desencadeada a partir dos fundos do quintal, que dá para um morro. Acho pouco provável que o esquema tivesse sido elaborado se não houvesse, pelo menos, uma forte suspeita de que o embaixador estava ali.

De qualquer forma, diferentemente do que me afirmava o oficial, penso que os militares não conseguiriam libertar o diplomata vivo. Estávamos dispostos a morrer e a matar se houvesse uma invasão. Não sairíamos vivos, mas Elbrick não seria resgatado.

Por fim, há fotos de alguns de nós entrando ou saindo da casa, feitas ainda durante o sequestro. Os jornais publicaram pelo menos uma foto de Baiano nessas condições. Outras foram mostradas a Cláudio no Cenimar. Alguns de nós já tínhamos sido identificados quando ele foi preso, no dia seguinte à libertação de Elbrick.

De qualquer forma, por mais rígida que tenha sido a determinação da Junta Militar para que os órgãos da repressão não interviessem enquanto o embaixador estivesse conosco, evidentemente poderia ter sido organizado um discreto esquema de vigilância que permitisse a nossa prisão depois da libertação de Elbrick. Penso que houve incompetência em alto grau. Este erro não teria sido cometido tempos depois, quando os militares adquiriram mais experiência no combate à guerrilha.

Sobre a Kombi usada para levar o diplomata ao cativeiro, há uma história curiosa. Ela tinha sido comprada em nome de um jornalista, simpatizante da organização, chamado Chico Nelson. Ele era repórter da revista *O Cruzeiro,* por coincidência estava de plantão no domingo em que Elbrick foi libertado e foi enviado, com um fotógrafo, à casa que serviu de cativeiro. Chico não conhecia o "aparelho", mas, chegando lá, constatou que a Kombi usada no sequestro era a que tinha comprado em seu nome para a organização. Avisou ao fotógrafo que sairia para dar um telefonema e não voltou.

Conheci Chico Nelson quando, em 1975, cheguei à Suécia, onde ele já estava exilado. Lá, moramos na mesma casa, enorme, com dois andares, de propriedade de um jovem casal sueco que alugava quartos para pessoas recomendadas. Chico era uma das mais doces figuras que conheci e nos tornamos grandes amigos. Ele morreu precocemente, em abril de 1998, de um infarto fulminante, no Rio de Janeiro.

Durante o sequestro, a relação com o embaixador foi melhor do que poderíamos imaginar. Tendo servido em Portugal, ele falava bem o português, com forte sotaque lusitano. E, para nossa surpresa, não era um defensor da política do governo norte-americano, que, assentada nos preceitos da Guerra Fria, fomentava golpes de Estado e apoiava ditaduras de direita na América Latina. Tinha mais o perfil de um diplomata de carreira, com traços de humanista.

Ao ser libertado, recebeu de nós, como presente, uma edição em português do livro *Poemas do cárcere,* de Ho Chi Min. Franklin escreveu uma dedicatória, mais ou menos nesses termos: "Ao nosso primeiro prisioneiro político, com cumprimentos pela forma digna como se comportou. Assinado: ALN e MR-8".

Sem que Elbrick percebesse, chegamos a gravar conversas nas quais ele elogiava o trabalho de dom Helder Câmara e se dizia contrário à censura, à imprensa e à tortura de presos políticos.

Essas gravações, às quais tencionávamos dar uso político, caíram nas mãos da repressão. E foram tratadas como segredo de Estado. Quando eu estava sob tortura, um dos militares perguntou sobre elas. Vi a chance de poder discorrer a respeito do assunto e, com isso, interromper os choques elétricos. Quando comecei o relato, o tenente Magalhães voltou a me espancar afirmando que eu mentia. Outro oficial interferiu, dizendo:

— Não, não, deixa ele falar. Parece que era isso mesmo.

Uma demonstração das boas relações estabelecidas entre nós e o embaixador foi o fato de ele, depois de libertado, recusar-se a nos descrever ou a nos identificar por fotos, sob a alegação de que sempre aparecíamos de capuz. Isso não era verdade.

Nas entrevistas à imprensa, Elbrick afirmou que éramos "jovens idealistas, que arriscavam a vida desejando o melhor para o Brasil", ainda que, claro, frisasse que não concordava com os métodos que usávamos.

> Fui muito bem-tratado. Eles até me deram charutos e lavaram a minha camisa, disse aos jornais. (*Última Hora*, 8/9/1969)

Naturalmente seu comportamento desagradou os militares brasileiros e ele foi substituído poucas semanas mais tarde.

Depois, fiquei sabendo que o sequestro tinha mudado a sua vida. De volta aos Estados Unidos, Elbrick desligou-se do serviço diplomático e passou a circular nos meios intelectuais progressistas de Nova York.

Quando estávamos exilados na Suécia, já na segunda metade dos anos 1970, Gabeira me disse que tinha sido contatado por um jornalista norte-americano interessado em promover um reencontro do embaixador com alguns de seus captores. Aceitei de bom grado a proposta. Elbrick já concordara com ela também, mas estava um pouco doente e sem condições de ir à Europa. E nós, sequestradores, não podíamos entrar nos Estados Unidos. Assim, o encontro acabou não se realizando.

Mesmo vigiando a casa, a ditadura cumpriu o que prometera. Divulgou o manifesto e, no sábado, libertou os presos. As agências internacionais de notícias distribuíram no mundo inteiro fotos dos presos chegando à Cidade do México, que foram publicadas nas edições de domingo dos jornais brasileiros.

Há, ainda, um fato pouco conhecido que poderia ter modificado o rumo das coisas. Por muito pouco a troca não foi impedida por um grupo de paraquedistas do Exército que tomou a Base Aérea do Galeão. Mas, quando os paraquedistas chegaram, o avião com os presos tinha acabado de decolar. Restou-lhes, então, ocupar uma dependência da Rádio Nacional e, no ar, dar declarações criticando o que consideraram uma "demonstração de fraqueza" da Junta Militar. O objetivo dos paraquedistas era capturar os presos e lançar um desafio: se o embaixador não fosse solto imediatamente, eles seriam enforcados, um a cada hora, em plena Cinelândia. Maior loucura, impossível.

Com a chegada dos presos ao México, a bola voltou a estar conosco. Tínhamos que libertar Elbrick e tratar de escapar ilesos.

Esta foi, de longe, a parte mais difícil da operação.

Câmara Ferreira, Gabeira e Baiano foram dispensados e saíram da casa ao longo do domingo. Não eram quadros militares e o confronto era uma possibilidade real. No caso de Câmara Ferreira havia ainda a questão de sua importância como dirigente da ALN. A rigor, não deveria sequer ter ficado no cativeiro. Como a casa não estava cercada, mas apenas vigiada de longe pelo Cenimar, todos saíram sem problemas.

Cláudio Torres pediu a Gabeira que levasse seu paletó, confeccionado sob medida num alfaiate, pois, a partir dele, poderia ser identificado. Por descuido, o paletó foi esquecido e apreendido pelo Cenimar. O alfaiate foi interrogado, e Cláudio, que tinha vida legal, acabou preso em casa na noite seguinte.

Baiano, por sua vez, cometeu uma imprudência, fruto da inexperiência na vida clandestina. Recebeu certa quantia em dinheiro e a orientação de buscar um quarto para alugar nos classificados de um jornal. Mais tarde encontraria a organização num ponto de rua. Viu alternativas de quartos a alugar e levou consigo os endereços recortados, mas deixou o jornal com os buracos nas páginas numa lata de lixo. O Cenimar o procurou nos endereços que faltavam nos jornais recortados, e ele foi preso.

No domingo à tarde, pouco antes de sairmos com o embaixador, fui sozinho, a pé, até a Rural-Willys do Cenimar que vigiava a casa. Minha intenção era tentar saber quantos eram os agentes e que armas tinham. Tinha consciência de que, embora tivessem me visto saindo da casa em que estava o embaixador, não me fariam nada para não pôr em risco a vida de Elbrick. Mas, com isso, os cinco agentes me viram a uma distância de três ou quatro metros e puderam dar elementos para um retrato falado que ficou muito parecido comigo.

Os jornais do dia seguinte, segunda-feira, trouxeram em suas primeiras páginas retratos falados dos sequestradores. O meu encabeçava a coluna e, por ele, houve gente que me identificou, tal a semelhança. Já os demais retratos falados não se pareciam tanto com os outros participantes.

O diplomata foi no banco de trás de um primeiro carro, dirigido por Cláudio Torres, no qual estava ainda Virgílio. Num carro de cobertura, dirigido por mim, levávamos duas metralhadoras e granadas caseiras. Não confiava muito nestas últimas e achei ótimo que não tivéssemos precisado usá-las. Nesse segundo carro estavam Manoel Cirilo, Franklin e Salgado. Atrás de nós, veio a Rural-Willys do Cenimar.

O que se passou foi digno de um filme de ação. Em alta velocidade, os carros avançavam sinais vermelhos e subiam calçadas, com seus ocupantes exibindo as armas. Isso tudo assustava os transeuntes, que viam aquela cena de cinema sem entender nada. Mas ninguém deu o primeiro tiro. Eles, temendo pela vida do embaixador. Nós, porque não chegou a ser necessário, embora tivéssemos cogitado a possibilidade de abrir fogo caso a perseguição se estendesse. Os agentes se comunicavam por rádio e, com certeza, outros carros do Cenimar logo se somariam à perseguição. Isso tudo no fim da tarde de um domingo, horário em que havia grande movimento nas ruas, aumentado pelo trânsito dos carros que saíam do jogo entre Fluminense e Cruzeiro no Maracanã.

Em dado momento, perdemos o contato visual com o carro que levava o diplomata. Os agentes que estavam na Rural do Cenimar ficaram em dúvida sobre se vinham atrás do carro que eu dirigia ou se tentavam alcançar o veículo conduzido por Cláudio. Na confusão, todos nos perdemos de todos.

Meia hora depois, com o embaixador libertado nas cercanias do Maracanã, nos encontramos num ponto previamente marcado na rua Haddock Lobo, na Tijuca, e festejamos o sucesso da empreitada.

Não resisti a dar, ainda, uma última passada de carro diante do cativeiro. Ele estava ocupado por dezenas de fuzileiros navais. O trânsito em frente fluía de forma um pouco lenta, mas os carros passavam sem maiores problemas. Reconheço que foi uma imprudência, ainda que a chance de ser parado fosse mínima.

Depois me lembrei daquela história de que o criminoso sempre volta ao local do crime.

No documentário *Hércules 56*, de Silvio Da-Rin, integrantes do sequestro se dividem diante da pergunta sobre se a ação teria sido ou não acertada do ponto de vista político. Penso que, dentro de uma estratégia geral equivocada, pois a luta armada não tinha condições de prosperar, foi um verdadeiro gol de placa. Tornou-se incorreta porque estava inserida numa concepção estratégica geral errada e condenada à derrota.

Além da libertação dos presos, obtivemos a mais ampla divulgação do manifesto e submetemos a ditadura a uma enorme humilhação, passando inclusive para o país a imagem de uma força que a guerrilha não dispunha.

Dois casos curiosos espelham bem o que foi esse momento no Rio de Janeiro.

Num dos dias em que o embaixador estava em nosso poder, um simpatizante da organização ouviu do motorista de um ônibus a seguinte frase, dita em voz alta:

— Hoje o Brasil é independente. Quem manda aqui são os americanos, mas agora o chefe deles está preso. Então hoje quem está mandando são os brasileiros.

Outro fato ocorreu com outro militante, que ouviu de um taxista:

— Dois tipos de gente têm culhão. Os americanos que foram à Lua e esses caras que pegaram o embaixador deles. Os que foram à Lua iam ficar por lá mesmo se alguma coisa desse errado. E os que pegaram o embaixador vão virar picadinho se forem presos.

Foram, sem dúvida, dias com clima de Copa do Mundo.

Ao contrário do que alguns consideram, não creio que o sequestro de Elbrick, em si, tenha sido responsável por um aumento da repressão contra a esquerda armada, em particular, e a oposição em geral. Já havia um processo de acirramento da repressão desde a edição do AI-5 e o início das ações de guerrilha. Ele se aprofundaria com ou sem o sequestro.

Mas sem dúvida para nós, do MR-8, a operação foi um divisor de águas. A partir dali entramos na alça de mira dos órgãos repressivos como um de seus alvos prioritários.

Se o ingresso na luta armada já tinha representado uma travessia do Rubicão, o sequestro do embaixador aprofundou as consequências daquela opção.

Não só eu, mas os demais militantes da organização tinham consciência disso.

Tal fato não nos amedrontava. Pelo contrário, nos empurrava para a frente, dando-nos a sensação de que estava a caminho uma guerra revolucionária que derrubaria a ditadura, rumo ao socialismo.

A opção pela militância

> *"Não venci todas*
> *As vezes em que lutei*
> *Mas perdi todas as vezes*
> *Em que deixei de lutar."*
>
> MÁRIO QUINTANA

Comecei a me tornar militante depois de ingressar na universidade, em 1967, como estudante da Escola de Engenharia da UFRJ. Mas essa opção não nasceu inteiramente aí. Tinha antecedentes.

Meus pais eram de centro-esquerda. A política, no seu sentido mais nobre, sempre foi valorizada na minha casa. Nunca se viu por lá a tendência de depreciar essa atividade, o que acaba funcionando como desestímulo à participação das pessoas.

Oficial da arma de infantaria que se formou engenheiro químico pelo IME (Instituto Militar de Engenharia), meu pai, Ney Benjamin, era uma espécie de nacionalista socializante, coisa rara no Exército naqueles tempos de Guerra Fria. Via com simpatia o governo de João Goulart, o Jango, admirava Miguel Arraes e votou em Leonel Brizola quando este último se candidatou a deputado federal pelo antigo estado da Guanabara, em 1962. Eu era garoto, mas recordo vê-lo festejar o recorde de votos recebidos pelo ex-governador do Rio Grande do Sul, 269 mil, "nas barbas do Carlos Lacerda", então governador da Guanabara.

Ney tinha um nível cultural acima da média de seus colegas da caserna. Gostava dos clássicos gregos, que conhecia razoavelmente e dos quais nos falava na mesa do jantar, quando ainda éramos crianças. Tinha o hábito da leitura e — ao lado de minha mãe, Iramaya — tratou de incuti-lo nos três filhos. O livro que mais me marcou na infância, *Winnetou*, de Karl May, foi recomendado por ele e fora também um de seus preferidos quando garoto. Depois de lê-lo um sem-número de vezes, a cada aniversário eu recebia de presente outras obras do mesmo autor, um alemão que escrevia romances de aventura para a juventude. No Brasil, os mais de 30 títulos que compunham sua extensa obra eram publicados pela Editora Globo, de Porto Alegre. Eu os tinha todos. Encomendados, chegavam pelo correio e eram lidos com avidez.

Meu pai valorizava muito atributos como honestidade, lealdade, coerência e coragem. Nunca passou para os filhos a ideia de que "vencer na vida" era ganhar dinheiro. Exaltava os lutadores sociais e falava com admiração de Gregório Bezerra, pernambucano de origem militar, como ele, que enfrentara com valentia bárbaras torturas depois de preso em abril de 1964.

Com a prisão — e, sobretudo, com a tortura — de dois de seus filhos, Ney tomou-se de uma profunda desilusão pelo Exército, que representava muito para ele. Órfão de mãe muito cedo, ingressara na Academia Militar das Agulhas Negras aos 18 anos e construíra toda a sua vida no Exército, que era como sua segunda família. No fim dos anos 1970 e início dos 1980, começou a perder o ânimo de viver. Morreu em 17 de junho de 2001, com a saúde corroída pelo álcool. Estava separado da minha mãe desde o fim da década de 1970, mas mantinham boa relação.

Iramaya também era progressista, mas sua principal característica era o espírito inquieto. Professora primária, por ser casada com um oficial do Exército, durante muitos anos foi obrigada a viajar para acompanhar o marido em suas transferências. Tinha tudo para se acomodar, mas não deixou que isso acontecesse. Depois de casada, formou-se em Química e, mais tarde, foi aprovada em concurso público para o Ministério da Fazenda, onde trabalhou até se aposentar. Em 1967, com a educação dos três filhos encaminhada e o marido na reserva remunerada (militar pode passar para a reserva com 25 anos de serviço, a contar da entrada na academia de formação de oficiais), matriculou-se no curso de filosofia da UFRJ, concluído no início dos anos 1970. Na faculdade em 1968, embora com idade de ser mãe de seus colegas, participou ativamente de assembleias e manifestações estudantis.

Depois da prisão e do exílio de dois de seus filhos, sua politização se acentuou. Foi fundadora e presidente do Comitê Brasileiro pela Anistia (CBA) no Rio de Janeiro. Acabou como uma das principais figuras da luta pela anistia no país, no fim da década de 1970.

Com a criação do PT em 1980, tanto ela, como meu pai filiaram-se ao partido. Um pouco pela influência dos filhos, um pouco por verem nele um projeto de mudanças que merecia ser fortalecido. Minha mãe chegou a ser candidata a deputada federal pelo PT em 1982, não se elegendo.

Nos cinco anos em que César esteve preso, Iramaya foi incansável. Pode ser creditada à sua luta a saída do isolamento a que o filho caçula, preso ainda menor de idade, foi submetido durante três anos e meio — numa tentativa criminosa e explícita dos militares de destruir sua personalidade. Ela chegou a se postar na porta do gabinete do chefe do Estado-Maior do I Exército, no antigo Ministério da Guerra, recusando-se a sair dali enquanto não fosse recebida para tratar da situação de César.

Tanto fez que César foi retirado da solitária. Mas, ainda assim, os militares não o deixaram ficar logo com os presos políticos. Ele foi para o presídio Muniz Sodré, onde esteve um ano em companhia de presos comuns jovens. Só depois, seis meses antes de ser libertado, é que foi transferido para o presídio da rua Frei Caneca, onde estavam os presos políticos.

Do período em que ele ficou em companhia dos presos comuns há muitas histórias interessantes. Uma delas ocorreu quando César foi procurado por um dos internos no intervalo da pregação feita por um pastor que, todo fim de semana, ia evangelizar os presos. Como muitos deles não recebiam visitas da família, assistiam aos cultos como forma de quebrar a rotina. Pois o pastor tinha iniciado uma campanha contra a masturbação, descrevendo o inferno em cores vivas e garantindo que quem se masturbasse iria arder pela eternidade. Para dar suporte às ameaças, assegurava: "Deus é onipotente, pode tudo"; "Deus é onisciente, isso quer dizer que Ele sabe de tudo, por isso, não adianta se masturbar coberto por lençóis, porque Ele vê".

O preso, amedrontado, procurou César — que era conhecido no presídio como Da Mente, uma abreviação de Poder da Mente, apelido que fazia alusão a seus vastos conhecimentos e a sua inteligência considerada superior. Externou a preocupação com o que o esperava no inferno. César o orientou sobre como proceder.

No reinício da pregação, o preso pediu a palavra e perguntou ao pastor:

— Mas Deus pode tudo mesmo, pastor?

— Claro que pode, meu filho.

— Então Ele pode criar uma pedra tão grande, mas tão grande e tão pesada, que Ele não consiga carregar?

— Pode, sim, meu filho.

— Mas então Ele não pode carregar a pedra — respondeu o preso, provocando risos generalizados dos demais, que perceberam a armadilha.

O pastor ficou desconcertado. Prometeu consultar seu superior e, no fim de semana seguinte, vir com a resposta.

Mas, acabada a pregação, abordou de forma agressiva o preso que tinha feito a pergunta:

— Quem te ensinou isso?

— Foi o Da Mente — entregou o preso.

O pastor, então, procurou César:

— Como você faz uma coisa dessas? Estamos aqui com uma mensagem de paz e de esperança para esses jovens e você está atrapalhando nosso trabalho.

— Vamos fazer um acordo. Você deixa a nossa punheta em paz e eu deixo teu Deus em paz — propôs César.

Acordo feito, e cumprido pelo pastor, a masturbação pôde voltar a ser praticada sem culpa.

Antes de ir para esse presídio de jovens, César tinha ficado isolado na maior parte do tempo dos três anos e meio em que esteve preso. Tinha direito a apenas uma visita semanal, de parentes próximos, com uma hora de duração. Mas, sempre, com um sargento gravando a conversa. Para facilitar a transcrição posterior, cada pessoa que falava deveria dizer seu nome antes. Pode-se imaginar a humilhação que isso representava para o velho coronel Ney.

As formas de opressão e achincalhe eram variadas. Num dos quartéis em que ficou, era permitida a entrada de uma só fruta a cada visita. Não se imagine que fosse um só tipo de fruta. Era mesmo uma fruta, fosse ela uva, jabuticaba, melancia ou jaca. Isso só se explica pelo desejo de espezinhar o preso e sua família.

Diante dessa sucessão de iniquidades, Iramaya reagiu de múltiplas formas. Por exemplo, tratando de burlar a censura sobre os livros que César podia receber. Depois dos vetos ao *Pequeno príncipe*, de Saint Exupéry, "porque César poderia ler nas entrelinhas", e do *Coronel e o lobisomem*, de José Cândido de Carvalho, "porque é desrespeito associar um coronel a um lobisomem", ela resolveu enfrentar os militares encarregados da censura com as armas de que dispunha.

Convenceu-os a deixar César receber a *Análise crítica da teoria marxista*, de Roger Garaudy, porque era "uma análise crítica" do marxismo. Dado esse passo, toda a obra de Garaudy passou a ter livre trânsito no quartel, porque era "daquele autor crítico ao marxismo".

Sua maior façanha foi conseguir que César recebesse *Sobre a prática* e *Sobre a contradição*, ambos de Mao Tsé Tung. Para tal, apagou o nome do revolucionário chinês como autor do livro e colou em seu lugar Gustavo Corção — um pensador católico ultrarreacionário.

Essa briga de gato e rato rendeu outras histórias. Vou me limitar a contar mais uma.

Certa vez, aproveitando uma sessão da auditoria militar, a única situação em que podia falar com a família livremente, ainda que por pouco tempo, César encomendou a Iramaya uma tinta invisível. Ela serviria para que escrevesse cartas aos companheiros do MR-8 em liberdade. Iramaya, química de profissão, preparou a tinta e a levou num frasco de desodorante. Mas, quando a entregou, na visita seguinte, não pôde dizer que ali estava o produto pedido, porque não esteve a sós com César.

Resultado: o composto foi usado como desodorante. No outro fim de semana, César reclamou:

— Mãe, que diabo de desodorante é esse que você me trouxe? Mal começo a fazer ginástica, fico com o sovaco todo preto.

Ocorre que a tinta se tornava visível quando submetida ao calor, como, por exemplo, a proximidade com uma lâmpada. E, com o exercício físico, o corpo humano se aquece...

Um episódio, ocorrido já no fim de sua vida, ilustra bem quem era Iramaya. Funcionária pública aposentada, ao se ver numa gigantesca fila de idosos da agência do Banco do Brasil na avenida Bartolomeu Mitre, no Leblon, sentou-se no chão. Logo as pessoas se mobilizaram para ajudá-la, pensando que estava passando mal.

— Estou bem. Sentei no chão para protestar porque só há um guichê para idosos — disse.

Logo veio um gerente, oferecendo, primeiro, atendimento prioritário e, depois, uma cadeira para que ela pudesse continuar na fila, mas sentada.

— O senhor não está entendendo. Estou no chão para protestar. Há outras pessoas idosas aqui. Não vou me sentar na cadeira.

À medida que a fila ia andando, ela também avançava, arrastando o bumbum.

Quase foi aplaudida.

Dias depois, ao contar o acontecido, me relatou, orgulhosa:

— O melhor é que, quando voltei lá, na semana seguinte, havia dois guichês para idosos. E um deles, perto da parede, tinha um banco de madeira longo para que quem estivesse naquela fila não precisasse esperar em pé.

Iramaya morreu aos 88 anos, em 19 de junho de 2012, placidamente, enquanto dormia, devido a uma parada cardíaca. Manteve a lucidez até o fim da vida.

Apesar do exemplo em casa, foi no Colégio de Aplicação (CAp) da UFRJ — no qual, tanto eu, quanto meus irmãos fizemos os antigos cursos ginasial e científico — que comecei a me envolver um pouco mais com política. Ainda assim, na época ela não estava no centro das minhas preocupações. Fui diretor de esportes do grêmio estudantil, numa gestão que tinha como presidente Franklin Martins, que depois foi ministro de Lula e desde aquela época tornou-se meu grande amigo. No entanto, as atividades esportivas (judô e futebol) tomavam grande parte do meu tempo, mais do que a política ou mesmo os estudos.

Na época, o CAp reunia certa elite intelectual e política da juventude do Rio. Tinha um ensino bastante puxado, combinado com muitas atividades extraclasse. Até nos esportes o colégio se destacava:

nosso time de futebol de salão fazia frente aos melhores da cidade. Quando anos depois fui preso, os militares se referiam ao CAp como "celeiro de subversivos e terroristas". Com efeito, na época havia pelo menos uns cinco ou seis militantes de linha de frente da luta armada que tinham passado por lá.

No entanto, foi ao ingressar na Escola de Engenharia que me envolvi de forma mais direta com a política. Estudei pouco e assisti às aulas muito menos do que deveria, coisas, aliás, de que me arrependo. Dediquei-me quase integralmente à militância. Fui recrutado para a Dissidência Comunista da Guanabara, ainda no primeiro semestre de 1967, poucos meses depois de ingressar na universidade.[18]

No ano seguinte, 1968, passei a integrar a diretoria da UME (União Metropolitana de Estudantes), cujo nome é herança dos tempos em que o Rio de Janeiro era a capital federal. A UME equivalia ao que, depois, seria a União Estadual de Estudantes (UEE). Como o Rio era o maior centro da agitação estudantil no período, ela chegava a ter mais importância do que a própria UNE (União Nacional dos Estudantes). Tanto assim que o principal líder das movimentações estudantis foi Vladimir Palmeira, presidente da UME, e não Luiz Travassos, da UNE.

A diretoria da UME era composta por Vladimir e quatro vice-presidentes: Franklin Martins, eu, Belvedere (os três da DI-GB) e Clênia Teixeira (da Polop).[19]

Como dirigente estudantil, uma das minhas funções era dar assistência à Universidade Rural, aonde ia quatro ou cinco vezes por semana.

---

[18] A Dissidência Comunista da Guanabara (DI-GB) era uma cisão do setor universitário do PCB. Era hegemônica no movimento estudantil do Rio nos anos de 1967 e 1968 e deu origem ao segundo MR-8, o que se tornou mais conhecido.

[19] As manifestações intensas de 1968 forjaram vários líderes estudantis de destaque. Depois de Vladimir, os mais importantes foram Luiz Travassos (AP), Marcos Medeiros (PCBR), Elinor Brito (PCBR), Carlos Alberto Muniz (DI-GB) e Jean-Marc (AP), além de Franklin (DI-GB).

Nas passeatas, chefiava um esquema de segurança para Vladimir, que eu próprio organizara. Era uma coisa meio artesanal, mas funcionava.

Em outubro de 1968, fui preso no Congresso da UNE de Ibiúna (SP), com cerca de mil outros estudantes. Foram todos libertados em mais ou menos uma semana, com exceção dos tidos como os principais líderes: Vladimir, Travassos, Franklin, José Dirceu e mais uns quatro ou cinco. Esse último grupo foi sendo solto aos poucos, mas Vladimir, Dirceu e Travassos só saíram quase um ano depois, libertados em troca do embaixador norteamericano.

A tentativa de realização de um congresso clandestino reunindo mil delegados conhecidos de antemão pela polícia, por terem sido eleitos em assembleias nas universidades, foi uma loucura. Era impossível que a reunião não fosse descoberta.

A rigor, haveria duas alternativas: ou se mantinha a perspectiva de um congresso clandestino, mas reduzindo-se de modo significativo o número de delegados, ou se realizava o congresso amplo, mas de forma aberta, num *campus* universitário, convocando a imprensa e apostando numa defesa política da reunião. É preciso lembrar que o AI-5 (Ato Institucional nº 5), que tornou a repressão escancarada, só teria lugar dois meses depois.

A responsabilidade pela decisão de fazer um congresso clandestino com mil delegados costuma ser jogada nos ombros da UEE de São Paulo, comandada por José Dirceu e encarregada da organização do encontro. Mas é uma injustiça. Ela não teria sido posta em prática se não tivesse sido respaldada pela diretoria da UNE. E — é preciso que se diga — na época foram poucas as vozes que alertaram para a imprudência que estava sendo cometida.

Penso que a decisão pode ser explicada, em parte, pela conjuntura, que nos empurrava para atividades fechadas, devido às dificuldades crescentes de um trabalho aberto. Mas houve outro fator muito forte, de caráter subjetivo: já estávamos tomados por uma espécie de apego exagerado à clandestinidade, meio que picados pela mosca da luta armada e da guerrilha.

O movimento estudantil, nas formas em que tinha se desenvolvido até então, estava num beco sem saída. Depois das grandes manifestações do primeiro semestre de 1968 — culminando com as passeatas dos Cem Mil, em 26 de junho, e dos Cinquenta Mil, uma semana depois, no Rio —, vieram as férias escolares de meio do ano e o movimento refluiu. Embora as manifestações não reunissem apenas estudantes, eles eram a sua vanguarda e seu núcleo mais ativo.

Mas havia outro elemento para o impasse, além das férias. O movimento estudantil tinha batido em seu teto. Isso demorou a ser percebido pela maioria de nós, líderes.

Os estudantes foram para as ruas, desafiaram a ditadura e enfrentaram a polícia. Conseguiram agrupar, em torno de si, outros setores sociais, ainda que na maioria de classe média. Juntaram cem mil pessoas, num protesto vigoroso contra o regime militar. Mas, e depois? Que desdobramento dar àquilo?

Achar que as manifestações cresceriam ininterruptamente seria uma ilusão. Tentar transformá-las numa luta insurrecional estava fora de questão.

O impasse se acentuou quando, no segundo semestre, a polícia mudou o comportamento e começou a usar armas de fogo na repressão às passeatas. A cada manifestação havia um ou dois feridos por tiros de revólver. Assim, a uma certa sensação de que o movimento já não tinha mais como, nem para onde, crescer, somou-se outra interrogação: tinha sentido ir para as ruas enfrentar tiros?

A saída que encontramos foi mudar a forma das manifestações, dando-lhes quase um perfil meio de guerrilha. Grupos pequenos, organizados previamente, eram avisados em cima da hora das atividades, cujo local só era conhecido por um responsável. E elas passaram a ser rápidas para não dar tempo que a polícia chegasse.

Assim, as manifestações e passeatas que, no primeiro semestre, cresciam de forma espontânea, incorporando apoio popular não organizado, chegaram ao fim. Isso diminuiu muito seu impacto político.

Além disso, a vantagem que tínhamos nos confrontos — quando as pedras portuguesas arremessadas por centenas de estudantes eram mais eficientes do que bombas de gás, cassetetes ou cavalaria da PM — chegara ao fim com o uso de armas de fogo pela polícia.

As manifestações passaram a ser menores, mais fugazes e quase sem impacto político, até porque já não eram noticiadas pela imprensa. E caminhavam para minguar cada vez mais.

Como parte da escalada repressora, a polícia passou também a entrar nas faculdades e prender líderes estudantis, o que não acontecia no primeiro semestre, quando aqueles espaços eram relativamente respeitados em nome da autonomia universitária. Assim, nossos laços com o conjunto dos estudantes também começaram a se enfraquecer.

A isso tudo se somou a prisão das principais figuras do movimento estudantil, no Congresso da UNE de Ibiúna. Mesmo tendo sendo soltos quase todos no prazo de uma semana, a ditadura pôde ter uma radiografia completa dos líderes em todo o país.

Quando veio o AI-5, em 13 de dezembro de 1968, o quadro já era muito diferente do que tínhamos vivido até a metade do ano. A partir daí, a repressão alcançou outro patamar: promoveu novas levas de cassação de mandatos de parlamentares progressistas; fechou o Congresso por tempo indeterminado; instituiu a censura prévia generalizada à imprensa; fez uma limpa no Judiciário, aposentando magistrados não alinhados com o regime militar; e — algo que deu luz verde à tortura de presos — proibiu a concessão de *habeas corpus* para acusados de crimes políticos, que passaram a ficar incomunicáveis, à disposição de seus carcereiros, pelo tempo que estes desejassem.

Além disso, ao contrário dos atos institucionais anteriores, o AI-5 não tinha data para acabar. Aliás, durou quase nove anos, até

13 de outubro de 1978, quando foi extinto pelo general Ernesto Geisel, o ditador de plantão.

Em fevereiro de 1969, veio ainda o Decreto 477, que permitia a expulsão sumária de estudantes das faculdades, impedindo uma nova matrícula em qualquer outra escola no prazo de cinco anos.

A combinação do esgotamento dos movimentos de rua, com o aumento da repressão e a mudança do quadro político geral, com a decretação do AI-5, pôs fim às passeatas e manifestações. E ajudou a radicalizar uma minoria de militantes, que acabaram aderindo à guerrilha, que começou a ser vista, por muitos, como a única forma de resistência possível à ditadura.

Vale a pena abrir um parêntese para ressaltar a relevância e o significado de se reunir cem mil pessoas numa manifestação proibida e ameaçada de repressão violenta, num quadro de ditadura militar. Não é pouca coisa. Só na noite da véspera da passeata dos Cem Mil, diante da dimensão que o movimento tomara, foi anunciada pela ditadura a permissão para que ela se realizasse, "por razões humanitárias". Mas, ao mesmo tempo, foi decretado feriado no Rio de Janeiro no dia da passeata, com o objetivo explícito de esvaziar o Centro da cidade.

Essa situação nada tem a ver com as manifestações apelegadas, tão comuns posteriormente, em que os participantes vão de ônibus alugados pelo poder público ou por sindicatos, recebem lanche, almoço e até ajuda de custo. Isso, quando não são funcionários públicos pressionados pelas chefias para engrossar o movimento.

Voltando à questão da dificuldade para o trabalho político, cabe uma reflexão. Os impasses enfrentados pelo movimento de massas não poderiam ter levado, de forma automática, à conclusão de que a guerrilha era o caminho. Não há razão para supor que uma coisa conduzisse inevitavelmente à outra.

É verdade que Che Guevara afirmou, certa vez, que, enquanto houvesse expectativas da população na disputa democrática numa sociedade, as condições para a guerrilha não estariam dadas. Mas, além do fato de que nem tudo o que grandes revolucionários dizem deve ser tomado como texto sagrado, o fim das expectativas no jogo democrático pode ser condição necessária, mas não é condição suficiente para o caminho estar aberto para a guerrilha. Ele não cria de forma automática as condições para a luta armada.

No caso brasileiro, em fins dos anos 1960, início dos anos 1970, tentamos responder à ofensiva da ditadura com uma ofensiva da esquerda, desconhecendo a correlação de forças. Teria sido mais sensato refluir e trabalhar, com paciência, a construção da resistência democrática numa perspectiva de médio prazo.

Isso implicaria a necessidade de uma plataforma democrática e uma proposta ampla de alianças, numa frente que a esquerda ajudasse a construir, ainda que, em seu interior, agisse com independência, buscando a hegemonia.

Dado o relativamente baixo nível de disposição de luta dos segmentos que se opunham à ditadura naquele momento, era inevitável o isolamento da luta armada. Muitos desses segmentos, embora contrários ao regime militar, não estavam dispostos a se incorporar à luta armada — mesmo que em tarefas de apoio. A guerrilha era uma forma de luta muito radical, que não se dispunham a engrossar, ainda que os êxitos iniciais tenham criado um clima de simpatia em relação a ela.

É interessante registrar, ainda, que cada vez mais nossa relação com as chamadas frentes de massa tinha o objetivo de recrutar quadros ou simpatizantes para a guerrilha, não de ajudar a que elas se desenvolvessem. É verdade que, devido à conjuntura desfavorável, o movimento de massas estava em refluxo, mas nós não ajudamos para que houvesse um processo de acumulação que, mais adiante, revertesse esse quadro.

A minha organização, a DI-GB, viveu claramente esse processo de atração pela guerrilha a partir das dificuldades crescentes do movimento de massas. Num prazo curto, retirou a maior parte dos militantes do trabalho no meio estudantil e na classe média em geral, transferindo-os para uma frente em que não poderia haver resultados imediatos: o meio operário. A essa transferência abrupta que desenraizava os ativistas, somava-se outro problema: por conta dos nossos desvios esquerdistas, não participávamos dos sindicatos. E, bem ou mal, apesar do controle exercido por pelegos na maioria deles, lá estavam os operários mais conscientes e dispostos a algum tipo de participação.

Os diversos grupos mantidos por nós, com estudantes que ainda não eram militantes plenos da organização, mas atuavam sob sua direção no movimento estudantil, começaram a voltar seu trabalho para panfletagens em fábricas. A soma dos integrantes desses grupos chegou a ser três ou quatro vezes superior ao número de militantes da organização. No primeiro semestre de 1968, tínhamos grupos de três níveis na periferia da DI-GB: as chamadas OPPs (organizações para-partidárias, que eram o último estágio antes do ingresso na organização); os grupos de estudo nível 1, formados por iniciantes; e os grupos de estudo nível 2, que estavam num patamar acima, imediatamente anterior às OPPs.

Na maior parte das vezes, esses grupos desconheciam que, por trás deles, havia uma agremiação clandestina. A estrutura, apesar de parecer burocrática, funcionava bem e nos permitia levar, de forma capilarizada, influência ao conjunto de estudantes e a outras categorias das camadas médias.

Ao retirarmos esses militantes de seu meio natural e os empurrarmos para um trabalho externo, nas camadas operárias, a médio prazo a maioria acabou se dispersando.

De um momento para outro, a organização, que tinha sua origem preponderantemente nas camadas médias, deixou no trabalho político junto a elas uma minoria de quadros. Ao mesmo tempo, não conseguiu construir influência real entre os operários. Ficamos um pouco como aquele português da piada, que queria aprender chinês e, para isso, deixou de falar o idioma natal durante anos. Esqueceu o português e não aprendeu plenamente o chinês.

Uma valorização maior do trabalho operário não seria, em si, negativa. Mas, da forma como foi realizada, significou o abandono das raízes que tínhamos na sociedade sem que plantássemos outras.

No fim de 1968, criamos um setor armado. Não era fácil começar do zero a guerrilha urbana. Ela não poderia ser montada com quaisquer militantes. A exigência passava a ser de outro nível. Para aquele setor foram deslocados alguns dos quadros mais experientes, decididos e abnegados, também retirados do trabalho diretamente político.

Nosso primeiro grupo armado, depois de fazer um treinamento inicial de tiro no sítio da família de um simpatizante em Teresópolis, sofreu duas defecções às vésperas daquela que seria nossa primeira ação: o assalto a uma loja de armas na Baixada Fluminense. Dos cinco integrantes originais, sobramos Cláudio Torres, Salgado e eu

Recomposto o grupo com a entrada de dois quadros experientes, Daniel Aarão Reis e Stuart Angel, por fim começamos as ações armadas.[20]

As primeiras foram no restaurante Castelinho, em Ipanema, de onde levamos toda a féria de um fim de semana, e no Hospital da Aeronáutica, no Rio Comprido, quando tomamos a metralhadora Ina do sentinela, seguidas de uma agência bancária em Bonsucesso

---

[20] Stuart Edgar Angel Jones foi preso pelo Cisa (Centro de Informações da Aeronáutica) em 14 de junho de 1971, aos 25 anos. Há testemunhas de que foi amarrado e arrastado por um jipe no pátio da Base Aérea do Galeão. Depois teve a boca encostada no cano de descarga, enquanto o jipe era acelerado. Morreu intoxicado. Seu nome está nas listas dos desaparecidos políticos. Foi casado com Sônia Morais Jones, também militante, que tinha saído do país e regressou clandestinamente, tendo sido presa e morta sob tortura dois anos depois. A mãe de Stuart, Zuzu Angel, uma conhecida estilista que denunciava sem descanso o assassinato do filho, morreu num acidente de carro suspeito em 1976. Em 1998, a Comissão Especial dos Desaparecidos Políticos julgou o caso e reconheceu a ditadura como responsável pela morte de Zuzu.

Na época, numa demonstração incrível de despreparo, as Forças Armadas e a Polícia Militar deixavam os sentinelas na calçada, diante dos locais que guardavam. Isso os fazia ficar expostos. Depois de perderem umas tantas metralhadoras, modificaram a forma de agir.

Depois de algumas dificuldades naturais, nos acertamos e, em poucos meses, nos transformamos no grupo armado mais ativo na guerrilha urbana no Rio. Daniel e Stuart foram designados para outras tarefas, ligadas ao trabalho operário, e se somaram ao grupo outros cinco ou seis outros companheiros.

Recomposto e ampliado o setor, ele se transformou na Frente de Trabalho Armado, que atuou até o sequestro do embaixador norte-americano.

Com o sucesso inicial das ações de guerrilha e as dificuldades nas frentes operária e de camadas médias (o trabalho no campo, àquela altura, era quase inexistente), cada vez mais o setor armado ganhava corpo e importância política na organização. Era ele que dava resultados visíveis. Mesmo que não tivesse o maior número de militantes, foi se tornando o coração da organização. Muitos dos melhores quadros acabavam sendo alocados para lá.

Processo semelhante ocorreu na ALN, e até de forma mais radical. No seu início, aquela organização chegou a ter um setor voltado para o trabalho operário, mas logo ele se atrofiou, até desaparecer por completo.

A ALN se nutriu principalmente da Dissidência Estudantil do PCB de São Paulo. Segundo Jacob Gorender, em seu excelente *Combate nas trevas,* dali saíram 70% de seus militantes naquele estado — o mais importante na sua estrutura.[21]

---

[21] Jacob Gorender era um dos mais importantes intelectuais marxistas de nossa época. Foi dirigente nacional do PCB e, depois, do PCBR. Morreu no dia 11/6/2013, aos 90 anos.

Ela não tinha direções coletivas, nem escalões intermediários. Compunha-se de grupos com inteira liberdade de ação, que só se articulavam eventualmente, para ações de maior envergadura.

Marighella era o dirigente máximo da organização e centralizava a preparação da guerrilha rural. Depois que foi assassinado, em 4 de novembro de 1969, parte da rede construída por ele se perdeu.

Nesse período inicial, a repressão tateava diante da guerrilha urbana. Acostumada a enfrentar bandidos, custou um pouco a se preparar para combater os grupos de esquerda. Além de nossa forma de organização ser diferente, o *modus operandi* nas ações armadas também era outro.

Enquanto bandidos assaltavam bancos com poucos participantes, pois mais gente envolvida significa uma quantidade menor de dinheiro para cada um, a guerrilha tinha preocupação inversa. Quanto mais militantes, maior a segurança da ação.

Usávamos dois grupos. Além daquele que entrava num banco, deixávamos outro do lado de fora, disfarçado, que só intervinha se chegasse a polícia. Nesses casos, esta última, então, se via atacada pela retaguarda, de surpresa, por pessoas que tinham a função de garantir a saída de quem estava na agência bancária. Por isso tudo, contam-se nos dedos os assaltos em que houve prisões de guerrilheiros.

Nas ações que comandei, sempre entrava no banco. Na concepção dominante, como chefe tinha que estar no centro da operação. Mas levava comigo o pessoal mais verde e inexperiente. Os quadros mais rodados e as melhores armas — aí incluídas as metralhadoras — ficavam sempre do lado de fora. Eu preferia assim. Dentro, teria que lidar com bancários. Já o pessoal de fora provavelmente não teria que entrar em ação, mas, se fosse preciso intervir, poderia ter que enfrentar policiais armados. Além disso, se não fossem de total confiança, poderiam se omitir caso houvesse problema.

Outra diferença marcante: enquanto, em caso de confronto, bandidos correm cada um para um lado (o que leva quase sempre à prisão de alguns), a guerrilha agia sob comando e como grupo, tal como fazem unidades militares, o que aumentava muito a eficiência.

Mais: bandidos, depois de assaltar um banco, continuavam com os carros usados na ação, que poderiam ter sido descritos por testemunhas ou terem tido as placas anotadas. Isso, às vezes, fazia com que fossem presos tempos depois, longe do local da ação. A guerrilha usava carros roubados, com placas frias, que eram abandonados três ou quatro minutos depois da ação, quando seus participantes se dispersavam.

Dois elementos contribuíam, ainda, para a relativa facilidade dos assaltos a bancos. As agências não tinham portas giratórias com detector de metais, como passou a ocorrer mais tarde. Como única medida de segurança, algumas contavam apenas com um guarda, armado de revólver. Até preferíamos assaltar essas agências. Além do dinheiro, levávamos a arma do guardinha. No caso dos carros de transporte de valores, a situação também era diferente. A maioria não era blindada, o que favorecia a abordagem.

Ao longo de 1969, participei de mais de dez assaltos a bancos ou carros de transporte de valores, além da tomada de metralhadoras de policiais ou sentinelas das Forças Armadas, e do roubo à mão armada de dezenas de carros.

Comandei ainda, em novembro de 1969, a tomada do posto do Instituto Félix Pacheco em Madureira, Zona Norte do Rio. De lá levamos centenas de cédulas de identidade em branco, que mais tarde foram usadas para confeccionar documentos falsos, tanto para militantes de nossa organização, como de outras, a quem repassamos cédulas em branco.

Estive, também, numa ação na residência do deputado federal do MDB Edgard Guimarães de Almeida, na avenida Atlântica, em

A solitária chamada de "ratão" no DOPS, Rio de Janeiro.

Cid (o segundo da esquerda para a direita) preso no Congresso da UNE, em Ibiúna, São Paulo, outubro de 1968.

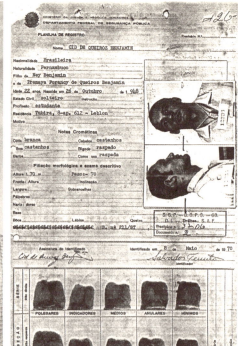

Cid preso, maio de 1970.

Ficha policial de Cid.

Presos políticos trocados no sequestro do embaixador alemão Von Holleben e banidos para a Argélia. Cid é o primeiro à direita em pé. Rio de Janeiro, 1970.

PRESOS POLÍTICOS BANIDOS PARA O MÉXICO PELO GOVERNO BRASILEIRO

01-MARIO ROBERTO GALHARDO ZANCONATO (Chuchu) MG
02-LUIZ TRAVASSOS (SP)
03-JOÃO LEONARDO DA SILVA ROCHA (SP)
04-JOSÉ DIRCEU (SP)
05-GREGÓRIO BEZERRA (PE)
06-ARGONATO PACHECO DA SILVA (SP)
07-JOSÉ IBRAIM (SP)
08-VLADIMIR PALMEIRA (GB)
09-ONOFRE PINTO (SP)
10-IVES MARCHETTI (SP)
11-RICARDO VILAS BOAS SÁ REGO (GB)
12-MARIA AUGUSTA CARNEIRO (GB)
13-FLAVIO TAVARES (GB)
14-RICARDO ZARATINI (SP)
15-ROLANDO FRATTI (SP).

Presos políticos trocados no sequestro do embaixador norte-americano Charles Elbrick e banidos para o México.

Cid ampara a companheira de militância Vera Sílvia Magalhães no dia em que foram libertados, junho de 1970.

O prédio do DOPS, Rio de Janeiro.

Cid volta ao "ratão" em 2013.

Cid com Isolde Sommer e a filha do casal, Ani, na Suécia, 1975.

Cid, Astrid e o filho do casal, Felipe, na Suécia, dezembro de 1982.

Cid, Glória Ferreira, César (irmão de Cid) e Ani na Suécia, 1976.

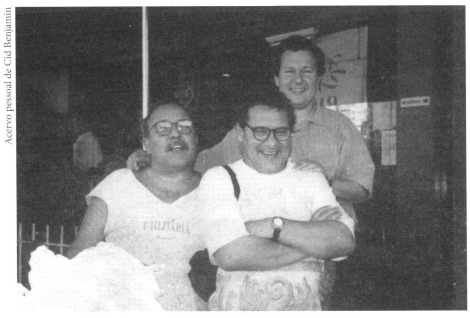

Vladimir Palmeira, César, Cid e Carlos Vainer no Brasil, novembro de 2008.

Cid com os irmãos Leo e César no Brasil, início da década de 1990.

Cid, no Galeão, ao voltar ao Brasil, com Ani e as ex-presas políticas Jessie Jane e Iná Meireles, setembro de 1979.

Iramaya, mãe de Cid, em visita a Cuba, com Fidel Castro em 1992. Ao fundo, de camisa branca, Frei Betto.

Copacabana, de onde levamos 60 mil dólares que ele tinha guardados em casa.

Esta foi uma operação interessante. De posse da informação de que uma grande soma estava num cofre do apartamento, por telefone agendamos com o deputado uma suposta entrevista para uma matéria da revista *Manchete* sobre grandes colecionadores particulares de quadros, como era o seu caso. Vaidoso, ele ficou feliz. No dia marcado, fomos ao apartamento, levando inclusive equipamentos de fotografia. José Sebastião Rios de Moura vestiu uma camisa estampada com flores e, fumando um cachimbo, passou por crítico de artes plásticas. Em dado momento, reunimos a família num sofá da sala e rendemos todo mundo.[22]

Não subi ao apartamento, tendo ficado embaixo, com Franklin Martins, para garantir a retirada dos demais, caso houvesse necessidade. Mas o relato de quem subiu, ao descrever a cara de surpresa do deputado, foi engraçado.

Apenas uma das ações de que participei redundou em troca de tiros. Foi quando tomamos a metralhadora de um PM que fazia a guarda de um gasômetro na rua Carlos Góis, no Leblon, Zona Sul do Rio. Tínhamos feito o levantamento, e a ação parecia fácil. O PM ficava na calçada, diante do gasômetro, e poderia ser abordado com facilidade.

Fomos Cláudio Torres, Vera Sílvia, Salgado e eu. Cláudio e Vera abraçados, como um casal, aproximaram-se do policial. Eu e Salgado chegamos caminhando de direções opostas, de forma a estarmos perto do PM quando ele fosse abordado. Vera, com um cigarro na

---

[22] José Sebastião Rios de Moura era um respeitado artista gráfico. Procurado pela repressão depois do sequestro do embaixador norte-americano, saiu do Brasil, por decisão própria, no início de 1970, exilando-se na Argélia. Em 1983, já depois da anistia, foi assassinado a tiros de revólver em Salvador, aos 36 anos, em circunstâncias não esclarecidas.

mão, pediu fogo ao policial. Quando ele pegou a caixa de fósforos, foi rendido por Cláudio, que tentou tomar-lhe a metralhadora. Mas o PM reagiu. Deu um passo atrás e engatilhou a arma para disparar. Quando percebi o que acontecia, dei um tiro à queima-roupa no peito do policial.

Ele caiu, Salgado pegou a metralhadora e tratamos de correr em direção ao carro para sair do local. Mas surgiu outro PM de dentro do gasômetro, também armado de metralhadora. Não sabíamos que os policiais trabalhavam em dupla e um deles ficava sempre dentro do gasômetro.

Começou um tiroteio que levou alguns minutos. Não tínhamos como chegar ao carro sem correr o risco de sermos baleados. Só quando o PM parou de atirar, talvez por ter se esgotado a munição do pente de sua metralhadora, é que conseguimos fugir.

Acompanhei, depois, pelos jornais a evolução do quadro de saúde do policial baleado, torcendo para que não morresse. Ele sobreviveu.

Mas não tive sentimento de culpa. Se não tivesse atirado, Cláudio e Vera provavelmente teriam sido mortos. Cláudio, que estava na linha de frente, foi o primeiro a destacar isso.

Não sei por que cargas-d'água o PM ferido achou que Vera, uma jovem muito feminina e bonita, era um travesti. A consequência é que uns quantos travestis da rua Augusto Severo, na Glória, pagaram o pato. Foram presos e interrogados sobre o caso.

Este acabou sendo o meu batismo de fogo.

E o castelo de areia ruiu

> *"Glória a todas as lutas inglórias*
> *Que através da nossa história*
> *Não esquecemos jamais."*
>
> Aldir Blanc e João Bosco

16 de junho de 1970

Foi num domingo. Partimos para a Argélia, os 40 presos políticos libertados em troca do embaixador alemão, Von Holleben. Por exigência dos sequestradores, fomos num voo especial da Varig, servidos pela tripulação da empresa. Em sequestros anteriores, os presos tinham sido levados amarrados uns aos outros no chão de aviões da FAB. Creio que nenhum de nós estava mais sob tortura. Mas alguns guardavam ainda problemas físicos ou psicológicos, e a maioria tinha a expectativa de passar um bom número de anos na prisão.

Ser libertado era, por si só, motivo de justificada alegria. Mais ainda: sair devido a uma ação que demonstrava estar viva a luta armada, apesar dos golpes sofridos. Mesmo que a viagem não tenha sido confortável — fomos algemados uns aos outros do Rio a Argel e tendo a companhia do pessoal do DOI-Codi —, o clima no avião era de uma felicidade contida.

Alguns torturadores puxaram conversa conosco durante o voo. Uns para passar o tempo e porque não nos tinham, de fato, ódio pessoal. Outros, pusilânimes, não escondiam certo receio, impressionados com mais uma ilusória demonstração de força da guerrilha

Como contei em capítulo anterior, em certos momentos da viagem conversei com um oficial que se sentou ao meu lado. Ele era dos tais que "respeitavam o inimigo". Perguntou se eu voltaria ao Brasil clandestinamente. Diante da resposta positiva, advertiu:

— Quero te dizer uma coisa: o preço para vocês saírem é, de agora em diante, não criarmos mais cobra. O pessoal mais importante vai ser morto.

— Já esperava por isso — respondi.

Desembarcando na Argélia, nos vimos diante de um batalhão de jornalistas de agências internacionais. Fui chamado para carregar Vera Sílvia, impossibilitada de caminhar devido às torturas. Até providenciarem uma cadeira de rodas, eu a levei nos braços pela pista do aeroporto. A cena deu margem à mais expressiva fotografia da nossa chegada e ganhou as páginas de jornais no mundo inteiro.

Os militares e policiais brasileiros não tiveram permissão das autoridades locais sequer para esticar as pernas no solo. O avião teve que dar meia-volta e regressar ao Brasil.

O governo argelino nos cercou de gentilezas. Estava lá, exilado, o ex-governador de Pernambuco Miguel Arraes, figura digna e extremamente solidária, que gozava de grande prestígio no país. Fomos levados para uma colônia de férias num lugar chamado Ben Aknoun, em Argel. Era um conjunto bonito e agradável, todo arborizado e com dezenas de bangalôs, pelos quais fomos distribuídos. Havia, ainda, um restaurante e um campo de futebol, no qual matamos as saudades das peladas dos tempos de adolescente.

Tivemos a oportunidade de ir a médicos e dentistas. Eu e muitos outros pudemos fazer novos óculos — nada se compara aos órgãos de repressão para colecionar óculos de presos. Retirados para evitar que lentes quebradas possam ser usadas para cortar os pulsos em tentativas de suicídio, os óculos eram sempre tomados dos presos. E nunca devolvidos.

Nos primeiros dias, demos muitas entrevistas para a imprensa internacional, enquanto esperávamos os contatos para a viagem a Cuba, onde a maioria de nós tencionava fazer treinamento de guerrilha rural, preparando-se para o retorno clandestino ao Brasil. Um ou dois resolveram ficar na própria Argélia, e uns cinco ou seis preferiram fixar residência na França, para onde viajaram.

Amigos que estavam em Paris, exilados ou simplesmente residindo lá, foram nos visitar em Argel. Um deles nos trouxe um LP de Milton Nascimento, presente dos companheiros do MR-8 no Brasil. O disco foi muito apreciado, pois na Argélia quase não tínhamos acesso a música brasileira. Mais de um ano depois, soubemos que, entre as duas folhas coladas que compunham a capa do disco, havia embutido um extenso informe sobre a organização. A nenhum de nós ocorreu que o presente não era apenas um disco e que a capa deveria ser rasgada.

Em Argel, Daniel, Vera, Gabeira e eu resolvemos assumir de forma definitiva o nome MR-8 para a organização. A sigla DI-GB tinha pouco impacto para um grupo guerrilheiro cujos representantes davam entrevistas para a imprensa internacional. E, devido à assinatura no manifesto divulgado quando do sequestro do embaixador norte-americano, muita gente já se referia a nós como MR-8. Tomamos a resolução por nossa conta e informamos os companheiros no Brasil, que a aceitaram sem problemas.

Um dos 40 libertados, Aderbal Coqueiro, do MRT (Movimento Revolucionário Tiradentes, uma divisão da Ala Vermelha), começou a preparar um retorno clandestino imediato, a partir da própria Argélia. Os preparativos se davam de forma pouco discreta, havia gente não muito confiável envolvida neles e o esquema era visivelmente arriscado. No entanto, Coqueiro estava decidido a voltar em seguida e não deu ouvidos às advertências. Confirmou-se aí, uma vez mais, a velha regra: conselhos só são aceitos por quem já está propenso a seguir o caminho sugerido.

Coqueiro foi morto pelo DOI-Codi num apartamento no Cosme Velho, no Rio, mal chegou ao Brasil. A repressão não teve sequer a preocupação de prendê-lo para que fosse interrogado. É provável que soubessem o que ele poderia vir a dizer sob tortura.

Viajamos a Havana, onde reencontramos Vladimir Palmeira e Maria Augusta, libertados no sequestro do embaixador norte-americano. Também Franklin Martins estava em Cuba, pois fora enviado pela organização para o exterior no segundo semestre de 1969. No momento de nossa chegada, ele fazia o curso de guerrilha rural, integrado à turma da ALN que deu origem ao Molipo (Movimento de Libertação Popular).[23]

Pisar em Cuba, referência para mim desde que comecei a me interessar mais seriamente por política, foi impactante. Já nas cercanias do Aeroporto José Martí, em Havana, dois *outdoors* me impressionaram. Seus dizeres eram "Cuba, território livre do analfabetismo" e "Bem-vindo ao primeiro território livre da América". A comunicação visual tinha dado um salto importante depois da revolução e *outdoors* como aqueles eram novidade para mim, tanto do ponto de vista estético, como no que se refería a seu uso político. Décadas depois, eles continuam sendo usados na comunicação do governo com a população e os visitantes do país em geral. Recordo-me dos dizeres de um dos que vi da última vez em que estive em Cuba: "Hoje vão dormir nas ruas 200 milhões de crianças. Nenhuma delas é cubana".

Logo percebi que a capacidade de expressão verbal do cubano médio era bem maior do que a do brasileiro médio. Consequência

---

[23] O Molipo (Movimento de Libertação Popular) foi uma dissidência da ALN surgida em 1971, tendo como núcleo um grupo que treinou guerrilha rural em Cuba. Era formado, em sua quase totalidade, por ex-integrantes da Dissidência Universitária do PCB em São Paulo. A maioria esmagadora de seus membros voltou clandestina ao Brasil em 1971 e 1972 e foi morta. As condições em que o Molipo foi destruído nunca foram inteiramente esclarecidas.

de um bom sistema de ensino, o cubano era capaz de articular seu pensamento com começo, meio e fim — concordasse ou não o interlocutor com o que ele dizia. No Brasil, até hoje, mais de 40 anos depois, parte expressiva da população tem dificuldades para exprimir de forma coerente o que pensa. Aliás, no início da segunda década do século XXI, segundo dados do Inaf (Indicador de Analfabetismo Funcional), 75% dos brasileiros entre 15 e 64 anos não dominam plenamente as habilidades de leitura, escrita e matemática.

Vladimir, Maria Augusta, Daniel, Gabeira, Vera e eu fomos alojados num apartamento confortável num lugar central, o Vedado, perto da Calle 23 e da sorveteria Coppelia, famosa pela qualidade e a variedade de seus sorvetes. Como os preços eram muito acessíveis, havia sempre grandes filas, o que nos fez adquirir o hábito de tomar sorvete depois da meia-noite, para fugir delas.

Foi um período em que lemos muito — em especial literatura política. Vladimir tentou organizar um curso de leitura do *Capital*, lembrando, com razão, que, se não aproveitássemos aquela oportunidade, seria difícil termos condições de fazê-lo mais tarde. O curso começou, mas logo esbarrou na preguiça dos alunos, que preferiam leituras mais amenas, mesmo que sobre política.

Ainda no segundo semestre de 1970, começou nossa preparação militar, com um curso de explosivos e afins, numa base militar perto de Havana. Éramos conduzidos de caminhão segunda-feira de manhã e trazidos de volta na sexta-feira, no fim da tarde. Além de brasileiros, havia militantes de organizações de outros países latino-americanos.

Encerrado esse curso, no início de 1971 passamos ao aprendizado de guerrilha rural, no interior. Na nossa turma havia também militantes da ALN.

Esse curso não tinha exatamente o objetivo de formar combatentes de tropas especiais, como alguns imaginam. Nem poderia ser assim, porque não havia uma seleção prévia para aproveitar apenas os mais capacitados do ponto de vista físico. Nossa fragilidade como combatentes ficava patente quando, em alguns exercícios práticos, enfrentávamos soldados de tropas especiais cubanas. A diferença de preparação era abissal. Mas o curso permitia uma visão geral de questões militares e dava uma noção do funcionamento de uma guerrilha, além de propiciar um bom conhecimento de armamento leve. Nesse sentido, poderia ser muito útil.

Nossos instrutores eram, quase todos, oficiais do Exército cubano, e as matérias eram tática, armamento, tiro, explosivos, primeiros socorros, topografia, comunicações, sobrevivência, campo de obstáculos, entre outras.

Nesse período, a falta de informações mais precisas sobre o que se passava no Brasil era um problema muito sentido. Sabíamos pouco o que estava acontecendo, pois nossas fontes eram apenas as notícias de agências internacionais reproduzidas no *Granma,* o jornal do Partido Comunista de Cuba. Ou seja, quase nada.

Ainda assim, ao fim do curso, logo que voltamos a Havana fomos informados do ingresso de Carlos Lamarca no MR-8. Com a morte de Marighella, Lamarca tinha se tornado a figura mais expressiva da luta armada no Brasil. Nossa leitura do ocorrido foi que o MR-8 tinha se fortalecido muito. Isso, porém, não era inteiramente verdadeiro. De fato, das organizações que se propunham a desencadear a luta armada, naquele momento o MR-8 era a mais forte (com a exceção do PCdoB; mas a guerrilha do Araguaia ainda não tinha sido descoberta pelo Exército e era ignorada por nós).

Mas o determinante para a ida de Lamarca para o MR-8 não foi o fortalecimento da organização, e sim a extrema fragilização das demais — em particular da VPR, seu agrupamento de origem. Naquele momento, teria sido mais acertado que Lamarca saísse do Brasil, mas ele descartou a alternativa. Em parte, por considerar que ela desestimularia a resistência e, em parte, por um sentimento de lealdade aos que tinham tombado ou estavam presos. Esse nobre sentimento foi responsável por muitas mortes que poderiam ter sido evitadas, quando os grupos armados passaram a viver uma situação de total cerco e aniquilamento.

Nossa expectativa era o retorno clandestino e a integração em algum projeto para a preparação e o desencadeamento da luta armada no campo. Para tornar mais fáceis os contatos com a organização, saímos de Cuba e fomos para a Argélia. Lá, com o auxílio de Arraes, foi montado um bom esquema de sustentação por José Sebastião Rios de Moura, militante que, depois de estar queimado no sequestro do embaixador norte-americano, preferiu deixar o país. Passamos a ter uma base de apoio em Oran, a segunda cidade em importância no país, na qual não moravam brasileiros, o que afastava a hipótese de cruzarmos na rua com alguém que nos reconhecesse.

Nos meses que passamos lá, eu e Daniel começamos a acompanhar o campeonato argelino de futebol, tornando-nos torcedores do Moloudia Club D'Oran, um dos dois times da cidade. Certa vez, Maria Augusta resolveu nos acompanhar ao estádio, a despeito das advertências do argelino vizinho de porta, que se tornara nosso amigo e que ia conosco aos jogos. Foi barrada na bilheteria. Na Argélia, mulher não podia entrar em estádios de futebol.

Esse mesmo vizinho, que era casado, umas quantas vezes quando caminhávamos para o estádio, tratava de dar a mão a Daniel, para constrangimento deste último. Era comum que, na Argélia, homens que não formam um casal andassem de mãos dadas. A situação me divertia muito.

Outra vez, a convite do mesmo vizinho, fomos visitar sua cidade natal, em pleno deserto. Lá, todas as mulheres usavam véu e Maria Augusta teve que se adequar aos costumes locais. Vestiu-se como árabe e só saiu de casa em grupo, acompanhada de outras mulheres da família. Entre elas, só as mais jovens, que moravam e estudavam em Oran, falavam francês. As demais só se expressavam em árabe e não sabiam ler.

No fim de semana que passamos nessa cidadezinha, na hora das refeições eram convidados outros membros da família que moravam na cidade. Ter convidados brasileiros foi motivo de orgulho para nosso vizinho. Nas refeições, a comida — sempre um coelho ensopado delicioso — era servida numa mesma tigela, funda, primeiro para os homens, que a saboreavam sentados no chão da sala, em círculo, cada um com uma colher nas mãos. Quando terminávamos, depois dos arrotos quase obrigatórios, a tigela era levada para a cozinha, onde as mulheres se serviam da mesma forma.

Encaramos a situação com bom humor, preocupados em não ferir suscetibilidades de uma gente boa e hospitaleira, que queria nos oferecer o que tinha de melhor.

Em pleno deserto, tivemos a possibilidade de confirmar o prestígio de Pelé. Muitos argelinos, ao saberem que éramos brasileiros, imediatamente falavam dele. Menos de dois anos antes, a Copa de 70 fora transmitida pela televisão para o mundo inteiro e eles puderam ver Pelé jogar.

Em Oran, recebemos a notícia do assassinato de Lamarca e da desarticulação da principal área de trabalho rural da organização, no Oeste da Bahia. Era para lá que alguns de nós iríamos. Dias depois, recebemos jornais brasileiros com amplas matérias sobre o acontecido.

Foi um duro golpe.

No meu caso, logo em seguida a este golpe, somou-se outro: a notícia da prisão de César, meu irmão. Não obtive detalhes, tendo sido informado, apenas, que ele tivera "bom comportamento" na tortura — jargão usado para se referir aos que resistiram sem dar, ou dando poucas, informações ao aparelho repressivo.

No início de 1972, fomos transferidos pela organização para o Chile, na ocasião sob o governo do socialista Salvador Allende. Seria nossa última escala antes da volta clandestina. Fui a Paris e, de lá, embarquei num voo da Avianca que fazia escalas em Caracas, Bogotá, Quito e Lima, até chegar a Santiago. Era um dos poucos voos Paris-Santiago que não passavam por cidades brasileiras.

A viagem foi incômoda. A partir de Caracas, sentou-se a meu lado um venezuelano tagarela que insistia em puxar conversa. Eu, que portava um passaporte falso que me identificava como português naturalizado equatoriano, passei todo o tempo fingindo dormir. Apesar de falar bem o espanhol, meu acento poderia me denunciar. Além disso, se o cidadão conhecesse Portugal ou Equador e resolvesse conversar sobre esses países, minha ignorância seria fatal.

Chegando a Santiago, não tive problemas no controle de passaportes. O policial me perguntou se eu ficaria num hotel, respondi que sim, de forma lacônica, e ele não me incomodou.

Relaxado, deixei o aeroporto, tomei um táxi e disse ao motorista:

— *Vamos a la Calle Irarrázabal.*

Para um brasileiro não é fácil a pronúncia do nome dessa rua, mas, já seguro, pensei que tinha me saído bem. Em seguida, por uma dessas coincidências da vida, começou a tocar no rádio do táxi uma música de Caymmi, *O samba da minha terra deixa a gente mole*. Instintivamente batuquei com uma das mãos no assento traseiro.

— *Música de su tierra, no?* — perguntou o taxista.

— *No, no. Yo soy ecuatoriano* — respondi.

O taxista virou-se para trás, e disse, com um sorriso irônico:

— *Ecuatoriano? Está bien...*

Na época, o Chile estava cheio de exilados, pois quase todos os países sul-americanos estavam sob ditaduras militares. E nós, brasileiros, éramos reconhecidos com facilidade pelo acento com que falávamos o espanhol.

Feito o contato com a organização no Chile, fui alojado num primeiro momento na casa de um casal de simpatizantes chilenos. Foi-lhes dito que eu estava chegando do Brasil, de onde nunca tinha saído antes. A história durou só até o dia seguinte, quando lhes perguntei:

— *Adonde yo cojo una guagua para ir ao centro?*

Os dois se puseram a rir. *Guagua*, no Chile, é bebê. Já em Cuba, é ônibus. Minha origem foi desmascarada.

Ainda nesses primeiros dias de Chile, recebemos uma notícia-bomba. Todos os quadros de direção que estavam no interior do Brasil tinham vindo para Santiago, com os principais militantes da organização. Foi uma ducha de água fria. Como isso ocorria logo no momento em que, depois de termos nos preparado com tanto afinco para nos integrar à luta armada, estávamos a um passo da volta?

Embora na época nos fosse difícil admitir, foi uma decisão acertada. Era preciso fazer um balanço aprofundado da situação que a organização vivia e reorientar sua linha política e sua prática, o que seria quase impossível no interior. Além disso, muitos dos quadros mais importantes já estavam fora, libertados por sequestros ou em outras tarefas. Era, mesmo, mais racional a saída para um processo de balanço conjunto.

Embora nós, no exterior, esboçássemos alguma autocrítica do militarismo, ela não chegava perto da essência dos problemas. O pessoal que estava no país, premido pelas circunstâncias, tinha avançado bem mais.

O descompasso entre a maioria dos que estavam fora e os militantes do interior foi agravado pelo fato de alguns textos que ajudaram a desencadear a autocrítica no interior, assinados com o pseudônimo de Candeias, mostrarem certo encantamento com as posições políticas da Polop. Essa organização sempre foi vista por nós como exemplo de um intelectualismo obreirista. Aliás, em tom de brincadeira, dizíamos que, se a Polop existisse na Rússia às vésperas da Revolução de Outubro, em 1917, em vez de estimular a tomada do poder pelos trabalhadores, estaria reeditando *A ideologia alemã*, de Marx.

O fato é que o MR-8, que já era pequeno, acabou se dividindo em dois por ocasião desse balanço feito em Santiago. Foi um processo marcado pelo sectarismo, para o que contribuiu o desgaste acumulado pelas derrotas sofridas.

Com a divisão, não me alinhei a qualquer dos lados. Tinha divergências pontuais com ambos e fazia restrições aos métodos usados na luta interna, embora estivesse ligado política e pessoalmente a pessoas dos dois grupos. Além disso, me assaltou o sentimento de que um ciclo tinha se fechado e me vi tomado por certo desalento. Não acreditava que qualquer das duas facções tivesse futuro.

Mesmo tendo me desligado da organização, continuei ativo na política. Antes do racha, já participava, representando o MR-8, na direção de um comitê de exilados que se reunia a cada semana e editava uma publicação em espanhol intitulada *Frente Brasileño de Informaciones*, com denúncias sobre a ditadura. Depois da minha saída da organização, fui convidado a permanecer na direção do comitê, a título individual, e aceitei. No seu interior, havia discussão política de bom nível. Ela era composta por quadros experientes. Alguns tinham tido participação política relevante antes de 1964 e outros se tornaram mais conhecidos depois da anistia e a redemocratização: Herbert de Souza, o Betinho; José Serra; Almino Afonso; e Armênio Guedes, veterano dirigente e um dos melhores quadros do velho PCB, eram alguns dos integrantes da direção desse comitê.

Nessa época, fiz amizade com um sapateiro chileno chamado Juan, morador da periferia de Santiago. Ele tinha sido operário fabril, mas perdera uma perna num acidente de trabalho. Em seguida à tragédia, a mulher o deixou. O casal tinha cinco filhos, sendo que o maior não devia ter dez anos. Coube a Juan cuidar da prole.

Até então alcoólatra, ele parou de beber a partir daquele momento e passou a sobreviver com a indenização recebida e o trabalho de sapateiro, nos fundos de sua casa. Era filiado ao Partido Comunista e figura querida na vizinhança. Vizinhos iam até a sua casa levar sapatos para consertar e aproveitavam para um dedo de prosa. Passei a trabalhar com ele, na parte da manhã, como aprendiz, sem remuneração. Meu objetivo era ter um ofício que pudesse me ser útil numa futura vida clandestina no Brasil — projeto que, mesmo sem ser uma perspectiva imediata, pela saída do MR-8, ainda estava vigente para mim.

Depois de um tempo, a meu convite, Vladimir Palmeira veio a se somar nesse aprendizado do ofício de sapateiro. Durante o trabalho, conversávamos muito, eu, ele e Juan, no que tínhamos a companhia de um argentino que alugava um barraco nos fundos do terreno da casa. Não me recordo seu nome, mas ele tinha sido jogador de futebol de times pequenos em seu país natal e exibia com orgulho fotos esmaecidas de uma época em que aparecera nos jornais. O argentino acordava perto das 11 horas, três horas depois de termos começado a trabalhar, lavava o rosto, escovava os dentes num tanque que havia no quintal e, em seguida, ia a uma birosca nas redondezas com uma garrafa vazia nas mãos. Logo voltava com um vinho semiartesanal, de péssima qualidade, que começava a beber, insistindo que lhe fizéssemos companhia.

Não compartilho da implicância de alguns brasileiros com os argentinos. Gosto de sua literatura, de sua música, de sua forma de ser, de seu futebol e de sua capital, Buenos Aires. Mas se havia alguém que poderia servir para justificar essa má vontade com os argentinos era nosso amigo. Apesar de boa pessoa, era um autêntico gato-mestre. Dava a última palavra em tudo. Falava de futebol — seu tema predileto — como se fosse o maior conhecedor do mundo nesse assunto. Mas não deixava de ser uma companhia agradável, pelo lado pitoresco. Em nossos poucos meses de convivência, nunca soube por que cargas-d'água ele tinha ido parar na periferia de Santiago.

Depois do golpe que instalou a ditadura no Chile, não tive mais notícias de Juan. Torço para que não tenha sido mais uma vítima dos militares que derrubaram Allende e instalaram a barbárie no país.

A essa altura, eu já estava morando com Isolde Sommer, ex-militante da VAR-Palmares, que no exterior se integrara ao MR-8. Ela também tinha ingressado no Chile com documentos falsos. Acompanhávamos com interesse a experiência em curso com o governo Allende. Mas, pelo fato de estarmos ilegais no país, tínhamos que manter certa discrição. Não podíamos nos integrar de forma aberta a um partido chileno ou participar de forma mais ativa do processo político riquíssimo que foi o governo da Unidade Popular. Lamento que isso tenha acontecido.

De qualquer forma, passei algo da experiência militar que tinha adquirido a grupos do Partido Socialista que anteviam a possibilidade de um golpe e queriam se preparar para uma possível resistência.

A ilegalidade também impedia que tanto eu quanto Isolde tivéssemos um trabalho formal, o que, ademais, não seria muito fácil, devido à nossa falta de qualificação profissional específica. Assim, depois que nos desligamos do MR-8, deixando de receber ajuda de custo da organização, nos sustentávamos com serviços ocasionais, ajuda de outros brasileiros e uns poucos dólares enviados pela minha família.

Vivíamos com dificuldade. Dividíamos com um arquiteto o aluguel de um apartamento de porteiro, num prédio de classe média. Ele construiu divisórias de madeira que separavam o seu espaço do utilizado por nós, e aproveitava a sua parte do apartamento para construir maquetes. Sobravam para mim e Isolde dois quartos pequenos (um deles, ínfimo), um banheiro e uma cozinha, também diminutos.

O apartamento era meio subterrâneo, de forma que as janelas, de tipo basculante, do lado de dentro eram bem altas, já perto do teto, enquanto do lado de fora ficavam na altura do gramado. Além de uma cama que não chegava a ser de casal, tínhamos geladeira e fogão velhos, e dois móveis — uma mesa e um banco — construídos por mim, com madeira comprada numa serraria e usando um martelo e um serrote emprestados. Não ficaram grande coisa, até porque, como a maioria dos brasileiros de classe média, nunca desenvolvi muito as habilidades manuais. Mas davam para o gasto.

No primeiro semestre de 1973, minha mãe nos visitou em Santiago. Quase dez anos depois, quando escreveu *Ofício de mãe* — livro em que relata a sua trajetória e a luta pela anistia —, ela se confessou chocada com a pobreza em que vivíamos. E se disse impressionada com o fato de nós, apesar das dificuldades, sermos felizes.

Ela conta no livro:

> Todos os móveis — mesa, cadeira e cama — eram rústicos, feitos pelo próprio Cid. O que ele tinha mesmo era um violão. Cheguei lá e encontrei o Cid, feliz, sentado na cama feita por caixotes, recostado na parede, tocando violão e cantando "Gracias a la vida, que me ha dado tanto..." E aquela pobreza franciscana.

Como não podia circular no seio da colônia brasileira, cheia de informantes dos órgãos de repressão, busquei lazer de outras formas.

Tornei-me assíduo frequentador da Peña de los Parra, um bar de Isabel e Angel, filhos de Violeta Parra, onde se tomava vinho a bom preço e se ouvia música chilena ao vivo. Era um programa barato e agradável.

Nessa *peña* cheguei a fazer parte de um grupo de música folclórica chilena, formado por jovens e dirigido por Angel Parra, no qual eu tocava violão. Minha meteórica carreira de folclorista chileno foi interrompida quando apareceu uma equipe de TV para fazer uma reportagem com o grupo. Expliquei minha situação a Angel, não apareci na matéria e decidi me afastar.

No Chile, tive a notícia da prisão, tortura e assassinato de um grupo de militantes da VPR em Pernambuco, vítimas da infiltração policial protagonizada por José Anselmo dos Santos, o Cabo Anselmo. Era grande amigo de dois deles, que conhecera em Cuba, Eudaldo Gomes da Silva e Pauline Reichstul. Senti muito as suas mortes.

Na ocasião, Anselmo entregou também aos carrascos a mulher, Soledad Barret Viedma, grávida de um filho seu. Como agente duplo, conviveu no dia a dia com as pessoas que levaria à tortura e à morte. Poderia tê-las alertado e escapado. Já trabalhava para o delegado Sérgio Fleury quando chegou a viajar ao Chile, onde estaria livre do alcance da repressão brasileira, e se reuniu com dirigentes da VPR para discutir o trabalho clandestino no Brasil. Tenho dificuldade em compreender como alguém — por mais canalha que seja — pode fazer esse papel.

No segundo semestre de 1972, Isolde engravidou. A partir daí, começamos a fazer gestões para a nossa legalização no Chile. Mas poderíamos ter problemas se nos apresentássemos contando a história verdadeira. A polícia ainda era a mesma do tempo do antigo presidente, o democrata-cristão Eduardo Frei. Buscamos a intermediação de companheiros filiados a partidos chilenos para nos ajudar a resolver as coisas. Mas tudo demorou tanto que, quando nasceu

Ana Maria, em maio de 1973, ainda não tínhamos documentos com nossos nomes.

A gravidez da Isolde foi complicada, obrigando-a a ficar meses de cama para não perder o bebê. Em certo momento, ela chegou a ser internada durante alguns dias num hospital público. Sem documentos em ordem e sem dinheiro, foi um período duro. Um amigo de meu pai que na ocasião morava no Chile, Valdecir Freire Lopes, nos ajudou, prontificando-se a pagar o parto numa clínica em que trabalhava a médica que acompanhava a gravidez de Isolde. Valdecir era excelente figura e devo-lhe muito por esse gesto de solidariedade.

Na manhã de 26 de maio de 1973, um mês antes do previsto para o nascimento do bebê, Isolde começou a sentir contrações. Havia greve de transportes e não circulavam ônibus. Nem nós nem qualquer amigo próximo tínhamos carro. De um orelhão na rua, liguei para a casa de Gabeira — um dos poucos brasileiros com telefone. Pedi-lhe que procurasse Almir Dutton Ferreira, obstetra, excelente pessoa, que tinha sido militante da VPR e fora libertado no mesmo sequestro que nós, que era seu vizinho, pedindo-lhe que viesse à minha casa com urgência.

Passado um tempo, chegaram os dois. Almir examinou Isolde e, em seguida, me pediu tesoura, álcool, toalhas e uma bacia d'água. O parto era iminente. Fui para a rua com Gabeira e conseguimos parar um táxi, meio na marra. Pegamos Isolde e Almir e partimos para a clínica. Antes do meio-dia, nasceu Ana Maria.

Interessante é que pouca gente a chama de Ana Maria ou mesmo de Ana. Um ano depois, em 1974, quando estávamos ela, Isolde e eu em Havana, Ana era sempre chamada de Annie pelos cubanos. Da mesma forma, muitas Marias eram conhecidas como Mary. Tudo herança dos tempos anteriores à revolução, quando a influência americana era marcante. O fato é que, ela própria, que estava começando a falar, protestava quando a chamávamos de

Ana. Queria ser tratada como Annie. É conhecida assim até hoje. Devo dizer que ainda resisto e, quando tenho que lhe escrever algo, faço questão de, pelo menos por escrito, aportuguesar seu nome, grafando-o Ani.

Tanto minha mãe como meu pai e meu irmão Leo foram nos visitar, em ocasiões distintas. Minha mãe estava no Chile em junho de 1973, quando, no dia 29, houve uma tentativa frustrada de golpe de Estado. Na ocasião, Ani tinha um mês de idade e ficou sob sua guarda, enquanto eu e Isolde saímos para contatar amigos chilenos e, se fosse o caso, nos incorporar à resistência ao golpe. Nada disso foi preciso. O então comandante do Exército, Carlos Prats, foi ao encontro dos golpistas e, usando sua autoridade, controlou a situação.[24]

O processo político chileno caminhava para um impasse. A direita, com o apoio aberto dos Estados Unidos, fazia de tudo para criar dificuldades para o governo Allende. Seu objetivo era tornar a vida das pessoas tão difícil que estas acabassem apoiando quem se apresentasse como capaz de restabelecer a ordem. A CIA (Agência Central de Inteligência dos Estados Unidos) esteve por trás de uma greve nacional de caminhoneiros que se estendeu por meses e interrompeu a chamada Carretera Central, que corta o país de Norte a Sul. Com isso, prejudicou muito o abastecimento de gêneros de

---

[24] O general Carlos Prats antecedeu Augusto Pinochet no cargo de comandante do Exército chileno. Foi nomeado pelo presidente Eduardo Frei e mantido no cargo por Salvador Allende, quando este assumiu a Presidência. Democrata, recusou-se sempre a participar de qualquer conspiração contra Allende. Pressionado pelos setores direitistas do Exército, renunciou a seu cargo, abrindo caminho para a ascensão de Pinochet no comando do Exército. Após o golpe, exilou-se na Argentina. Foi assassinado em Buenos Aires, um ano depois, quando foi posta uma bomba em seu carro. No atentado morreu também sua esposa. Os generais chilenos responsáveis pelo crime foram condenados depois que acabou a ditadura chilena e cumprem pena de prisão.

primeira necessidade. Essa participação da CIA foi comprovada anos depois, com a divulgação de documentos oficiais pelo próprio governo norte-americano.

Nos supermercados começavam a faltar produtos básicos: carne, leite, laticínios, sabão em pó, sabonete, papel higiênico. As pessoas corriam para avisar aos amigos quando num determinado lugar chegava algum produto. Que, por sinal, logo acabava.

Os trabalhadores reagiam de diferentes formas, inclusive as mais heterodoxas. Em certo momento, os lixeiros resolveram dar o troco à direita e passaram a não recolher mais o lixo em bairros da burguesia. Viam-se, então, empregados domésticos uniformizados queimando lixo em ruas chiques de Santiago.

A sociedade se dividia. Como as Forças Armadas chilenas tinham uma tradição de legalidade, muita gente achava que manteriam essa postura. A ilusão custou caro.

A situação no Chile em 1973 chegou a tal ponto que Allende resolveu submeter a continuação de seu governo a um plebiscito. Se vencesse, o que era viável, ganharia novo fôlego e a direita se veria sem condições políticas para dar o golpe. Mas os militares, a essa altura já comandados pelo general Augusto Pinochet, pois Prats tinha solicitado sua ida para a reserva, apressaram seus planos e agiram antes que Allende anunciasse a convocação do plebiscito.

No dia 11 de setembro, veio o golpe, que, em seu momento inicial, talvez tenha sido o mais violento entre todos os acontecidos na América Latina.

Na ocasião, eu, Isolde e Ani já morávamos em outra casa, melhor do que o apartamento anterior. No dia do golpe, saí cedo para uma reunião política com brasileiros. Na rua, senti um clima estranho. Havia grande movimento de helicópteros e aviões. Perguntei a um transeunte se tinha acontecido algo.

— *Los milicos se alzaran* — foi a resposta.

Voltei para casa e avisei Isolde, pedindo que ela preparasse as coisas para o caso de termos que sair rapidamente. Já não havia ônibus. Pegando carona e caminhando, comecei a me deslocar pela cidade, àquela altura repleta de veículos militares com soldados. Contatei militantes chilenos que conhecia, mas todos estavam desorientados. Os esquemas de resistência dos partidos de esquerda se baseavam, em grande medida, nas emissoras de rádio de que cada um deles dispunha. Mas todas as rádios receberam um ultimato dos militares para que entrassem em cadeia com uma emissora já ocupada por eles. Ainda assim, uma delas, a Rádio Magallanes, transmitiu o último discurso de Allende, feito quando o Palácio de La Moneda estava sendo bombardeado pela Força Aérea. Esse discurso é uma peça histórica. Não o escutei no dia, mas cada vez que o ouço, mesmo anos depois, me emociono com a inteireza política, a lucidez e a coragem demonstrada pelo presidente chileno.

A Allende foi oferecida pelos golpistas a alternativa de seguir para o exílio, levando consigo todas as pessoas que desejasse, sem limite de número. Era uma tentativa de, além de pôr fim à experiência da Unidade Popular, desmoralizar seu líder máximo.

Allende recusou a proposta. Teve a compreensão de seu papel histórico. Percebeu que não tinha o direito de render-se para poupar sua vida e a de pessoas próximas, deixando o povo chileno entregue à sanha dos golpistas. Morreu de fuzil em punho no Palácio de La Moneda.

Andando nas ruas para um lado e outro, em busca de contatos com militantes de esquerda que conhecia, tentei, ainda, chegar aos chamados cordões industriais, o conjunto de fábricas na periferia de Santiago. Lá eu conhecia ativistas que tinham forte liderança. Mas a região já estava sendo cercada por forças do Exército.

Dei meia-volta e comecei uma caminhada para casa. Ela duraria umas duas ou três horas. Presenciei, então, uma das cenas mais tristes de toda a minha vida: centenas de trabalhadores andando cabisbaixos, em fila indiana, muitos com marmitas nas mãos, depois de deixar as fábricas, e sendo monitorados por soldados do Exército armados de fuzis. A derrota estava estampada no rosto de cada um deles. Tive vontade de chorar.

Pouco depois, encontrei por acaso Sérgio de Castro Lopes, um brasileiro que vivia legalmente no Chile. Ele era filho de Valdecir, o amigo do meu pai que tinha arcado com as despesas do parto de Isolde. Sérgio estava de carro e me deu uma informação fundamental: a partir das 14 horas, cerca de duas horas depois, entraria em vigor o toque de recolher. Quem estivesse nas ruas seria preso.

Fez mais: ofereceu-se para me dar carona até a minha casa e, depois, me levar, com Isolde e Ani, para a residência de uns amigos ingleses. Seria um lugar muito mais seguro. Aceitei de bom grado. Para não despertar suspeitas, fomos só com a roupa do corpo e as fraldas e mamadeiras da Ani para a casa dos ingleses. Eles moravam num local amplo, com um vasto quintal arborizado e nos receberam muito bem. Ficamos lá uns dois dias. Nesse meio-tempo, nos intervalos do toque de recolher, saí umas duas ou três vezes para encontrar conhecidos brasileiros e chilenos, mas ninguém tinha a mínima ideia de como resistir.

Diante disso, consideramos inútil continuar no Chile. O casal de ingleses nos levou de carro à porta da embaixada do México, a mais próxima de onde estávamos, onde nos refugiamos. Depois soubemos que a casa em que morávamos tinha sido invadida e saqueada pelo Exército.

Tivemos muita sorte. Primeiro, por eu ter encontrado Sérgio — pessoa amiga e solidária —, que me trouxe a informação preciosa sobre o toque de recolher, me deu carona e nos conseguiu guarida com o casal de ingleses. Mas também porque minutos depois de termos entrado, sem problemas, na embaixada do México, ela foi cercada por carabineiros.

Passamos uns 20 dias na embaixada. Havia cerca de 200 pessoas na casa, que era grande, mas sem capacidade para receber tanta gente. As janelas tinham que ficar sempre fechadas, para evitar o risco de franco-atiradores, que já haviam assassinado com um tiro de fuzil uma refugiada que estava no gramado da embaixada da Itália.

O embaixador e os diplomatas mexicanos se esmeravam, mas tinham dificuldades para receber e alimentar tanta gente. Na casa, nos revezávamos para dormir, porque não havia lugar para todo mundo deitar, mesmo no chão. Os banheiros não davam conta da quantidade de gente e, logo, os vasos sanitários começaram a entupir. Muitas crianças passaram a ter diarreia. Foi uma situação difícil. Mas, pelo menos, estávamos a salvo da barbárie que se instalou naquele lindo país — na época, o mais politizado da América do Sul.

As dificuldades não eram só de ordem material. Como era natural, os chilenos estavam ainda mais tocados do que os estrangeiros com a derrota. Na embaixada, algumas discussões entre partidários da PC, adeptos da estratégia desenvolvida por Allende e a Unidade Popular, e militantes do MIR, defensores da inevitabilidade de um enfrentamento armado no caminho para o socialismo, não ajudavam muito naquela situação.

Como tínhamos criança pequena, fomos escalados para seguir rumo ao México no primeiro voo de refugiados a deixar a embaixada.

Viajei de coração partido. Criara vínculos afetivos com o Chile e antevia dias muito difíceis para aquele povo acolhedor e generoso.

Das ilusões à aventura

> *"Morrer por uma ideia é*
> *Incontestavelmente sublime,*
> *Porém [...] dispensa-nos do*
> *Trabalho de examiná-la,*
> *Confrontá-la com outras, julgá-la."*
>
> Carlos Drummond de Andrade

A opção de muitos dissidentes do PCB pela luta armada — entre os quais os integrantes da antiga Dissidência Comunista da Guanabara, depois transformada em MR-8 — deu-se num contexto de questionamento radical das posições do velho Partidão. Não me proponho aqui a um balanço geral da reorganização da esquerda depois do golpe. Jacob Gorender já fez isso em seu excelente livro *Combate nas trevas*. Vou me limitar a um relato sobre a evolução do pensamento dos segmentos com que convivi mais de perto.

Principal força da esquerda, o PCB reunia a quase totalidade dos militantes comunistas e revolucionários no país. Apesar de exercer grande influência no processo de luta pelas reformas de base, que foi abortado pelo golpe de Estado que derrubou João Goulart, acabou vítima de suas ilusões.

As *Teses para o VI Congresso do PCB*, aprovadas em fevereiro de 1964 pelo Comitê Central e publicadas em fins de março no *Novos Rumos*, jornal do partido, são exemplo disso. Elas faziam análises e previsões desligadas da realidade, no melhor estilo do Doutor Pangloss, personagem do romance *Cândido ou o otimismo*, de Voltaire.[25]

O documento, que deveria ser uma orientação para a ação política do partido, sequer mencionava a possibilidade de a direita tentar um golpe de Estado. Isso num momento em que as articulações nesse sentido já eram claras. As classes dominantes, apoiadas pelo imperialismo, a maior parte da grande imprensa e a Igreja Católica não escondiam seu intuito de derrubar Jango. O quadro de polarização estava dado.

Em resposta ao comício de Jango na Central do Brasil, no dia 13 de março, a direita promoveu a primeira Marcha com Deus pela Família, "contra o comunismo". Ela aconteceu em São Paulo na semana seguinte, em 19 de março — menos de duas semanas antes do golpe. Reuniu meio milhão de pessoas.

A segunda marcha, no Rio, em 2 de abril, no dia seguinte à derrubada de Jango, estava marcada desde antes do golpe, mas sua realização foi mantida depois de o presidente ter sido deposto. Teve a participação de cerca de um milhão de pessoas.

O padre irlandês Patrick Peyton, fundador do Movimento da Cruzada do Rosário pela Família e ligado à CIA, foi o principal organizador dessas marchas, que tinham como lema "A família que reza unida permanece unida". A CIA destinou 500 mil dólares para financiar as atividades da Cruzada na América Latina.[26]

Segundo dossiê publicado pelo Centro de Pesquisa de Documentação (CPDOC) da Fundação Getulio Vargas, já em 1962, dois anos

---

[25] Pangloss é um personagem do romance *Cândido ou o otimismo*, de Voltaire, filósofo do Iluminismo. Foi publicado pela primeira vez em 1759. O personagem Doutor Pangloss professava um otimismo desligado da realidade. Para ele, tudo parecia sempre correr às mil maravilhas. O livro fez grande sucesso, mas logo após sua publicação foi proibido.

[26] Hugh Wilford, em *The Mighty Wurlitzer, How the CIA played America*.

antes do golpe que derrubou Jango, o Departamento de Estado norte-americano recomendava a vinda de Peyton ao Brasil, com a aprovação do presidente John Kennedy.

A sociedade brasileira estava dividida e o golpe de Estado — ainda que pudesse não contar com apoio majoritário da população — tinha base social expressiva, como demonstra a quantidade de participantes nessas marchas. Assim, não foi uma quartelada. E é incrível como, cego à realidade, o PCB sequer tratava dessa possibilidade nos documentos que definiam sua linha política às vésperas do 1º de abril de 1964.

Apostando num caráter democrático e anti-imperialista da chamada burguesia nacional e numa suposta tradição legalista das Forças Armadas, mesmo com todos os exemplos recentes de sua ingerência no processo político, o Partidão ficou a reboque de Jango e tornou-se refém de suas vacilações. Não foram levados em contra os ensaios de golpe em 1954, quando do suicídio de Getúlio Vargas; em 1955, com a tentativa de impedir a posse de Juscelino Kubitschek: e em 1961, com o veto à posse de Jango, protagonizados pelos mesmos atores que implantariam a ditadura em 1964.

Sobre o golpe e as ilusões do PCB, Gorender afirma em seu *Combate nas trevas*:

> A burguesia brasileira já era a classe dominante. Dispunha de grandes recursos econômicos, do aparelho de Estado, de equipes de intelectuais orgânicos e de uma rede de instituições para o trabalho ideológico. A pretensão do PCB de hegemonizá-la fundava-se numa ilusão. Sucedeu o contrário: o PCB é que foi hegemonizado.

Às vésperas do golpe, o líder maior do partido, Luís Carlos Prestes, dava repetidas declarações que contribuíam para desmobilizar os militantes do PCB e o movimento popular. No dia 27 de março, menos de uma semana antes da derrubada de Jango, numa conferência na ABI, em comemoração ao aniversário do partido, Prestes garantiu não haver condições para um golpe. Mas, afirmou, se este viesse, os golpistas teriam "as cabeças cortadas". Dois dias depois, repetiu essas palavras no Estádio do Pacaembu, em São Paulo.

Aliás, em que pese o respeito que merece por sua vida de luta pelo socialismo, em quase todos os momentos cruciais de sua trajetória Prestes errou como dirigente político.

Quando da Revolução de 1930, que retirou do centro do poder a aristocracia rural cafeeira de São Paulo e abriu caminho para a hegemonia de uma nascente burguesia industrial, Prestes se recusou a qualquer participação no processo, alegando que todos eram farinha do mesmo saco.

Tanto não eram que Vargas estabeleceu o voto secreto e o voto feminino, além de criar a Justiça Eleitoral, retirando das mãos do Poder Executivo a organização e a fiscalização das eleições. Depois, como presidente constitucional, em 1934, teve influência direta para que a Constituinte aprovasse a criação da Justiça Trabalhista e estabelecesse a jornada de oito horas de trabalho, o ensino primário obrigatório, o salário mínimo e diversas leis trabalhistas.

Desnecessário dizer que não se cogitava desse tipo de coisa na República Velha.

Não se tratava de que os comunistas se alinhassem de forma incondicional a Vargas no início dos anos 1930. Mas considerar que, com ele, nada mudava em relação à República Velha foi um absurdo.

Logo depois, em 1935, Prestes encabeçou uma aventura: a tentativa de uma insurreição nos quartéis sem qualquer sintonia com o sentimento das ruas.

É verdade que, àquela altura, Vargas dera uma guinada para a direita e ensaiava uma aproximação com o nazifascismo, em crescimento na Europa. Isso justificaria que o PCB lhe fizesse oposição.

Mas qualquer análise equilibrada constataria a impossibilidade de êxito daquela quartelada de 1935.

Libertado da prisão com a anistia em abril de 1945, já no fim do Estado Novo, Prestes defendeu o alinhamento do PCB com Vargas. Ora, se durante a Segunda Guerra Mundial era acertada uma política de trégua em relação aos governos burgueses que declarassem guerra aos países do Eixo — uma vitória do nazifascismo significaria décadas de retrocesso para a humanidade —, quando Prestes foi solto o conflito estava decidido. O Exército Vermelho combatia em Berlim. Pouco depois, no dia 8 de maio, o Exército alemão assinaria a rendição incondicional diante do general soviético Zukov.

Era o momento de os comunistas aproveitarem a conjuntura favorável. Haviam angariado enorme prestígio pela sua radical oposição ao nazifascismo. Tinham a seu favor a simpatia generalizada pela União Soviética, que perdera 20 milhões de pessoas na guerra e fora a principal responsável pela vitória dos Aliados na Segunda Guerra Mundial, o que levou a uma diminuição do preconceito anticomunista. Pois Prestes pregou a submissão a Vargas.

Mais tarde, no governo direitista de Dutra (1946-1951), quando da ameaça de cassação do registro do PCB, jogando o partido de volta à ilegalidade, Prestes não levou o risco a sério. Em vez de mobilizar militantes, simpatizantes e demais setores democráticos para um amplo movimento em defesa da existência legal do PCB, preferiu tratar a questão de forma burocrática.

Jacob Gorender conta:

> Um mês antes do julgamento [do pedido de cassação do registro], o secretário-geral fez uma conferência para militantes comunistas na Casa do Estudante e ali tranquilizou os presentes [...]: a cassação era inviável, o processo judicial partia de inexpressivo grupelho fascista, a burguesia "progressista" não tinha interesse em tamanho

disparate etc. Diante de tão autorizada apreciação, a militância do PCB se acomodou nas tarefas rotineiras e deixou de promover uma campanha de protestos de massa contra a cassação. Ainda na manhã de 7 de maio de 1947, dia do julgamento, Prestes estava seguro de que a sentença confirmaria o registro. À tarde, por três votos a dois, o PCB tinha o registro cassado e de novo era um partido ilegal.

Posto na ilegalidade e já vigente o clima de Guerra Fria, o PCB logo perdeu espaço na sociedade. A reação foi desconcertante: em 1950, passou a pregar a luta armada imediata, no *Manifesto de Agosto*. Felizmente ninguém, nem mesmo o próprio partido, levou a sério tal decisão descabida.

No início dos anos 1950, ainda que seus militantes participassem na linha de frente da campanha "O petróleo é nosso", o PCB foi incapaz de compreender o que significava o segundo governo Vargas. Este, apesar das ambiguidades, tinha um viés de enfrentamento com os interesses imperialistas e se aproximava dos trabalhadores para sustentar a política de industrialização nacional. No entanto, no documento *Projeto para o Programa*, de responsabilidade da direção do partido, o governo Vargas é caracterizado como de "traição nacional". O texto foi publicado em 1º de janeiro de 1954 — menos de oito meses antes do suicídio do presidente.

Na fatídica crise de agosto, o PCB se confundiu tanto com a direita que, em seguida à morte de Vargas, foi alvo de manifestações populares de protesto. Tanto quanto redações de jornais direitistas e golpistas, sedes de publicações comunistas em Porto Alegre e Belo Horizonte foram depredadas por militantes trabalhistas enfurecidos.

Uma correção da linha política fez com que os comunistas recuperassem influência nos períodos Juscelino Kubitschek e Jango — ainda que o PCB não percebesse em toda a sua dimensão o caráter entreguista do governo JK. E que, no governo Jango, as ilusões tenham contaminado a perspectiva do partido e ele tivesse ficado dependente do presidente e refém de suas hesitações.

De novo, cito Gorender:

> No dia 31 de março, a situação ainda não era favorável aos golpistas do ponto de vista estritamente militar. Teria sido possível paralisar o golpe se, ao menos, alguma ação viável de contraofensiva imediata fosse empreendida. Sabe-se que Lacerda só contava com defesa muito precária no Palácio Guanabara. A tomada do palácio pelos fuzileiros navais [cujo comandante, o almirante Aragão, era fiel a Jango] seria operação relativamente rápida e de enorme repercussão moral. O mesmo efeito de paralisia teria a dispersão dos recrutas, que desciam de Minas, por uma esquadrilha de aviões de bombardeio.

Com efeito, o brigadeiro Rui Moreira Lima — homem de esquerda, herói da Segunda Guerra Mundial e então comandante da Base Aérea de Santa Cruz — ofereceu-se a Jango para dispersar aquela tropa que tinha dado a partida no golpe, mas o presidente não o autorizou a fazê-lo. Se Jango não tivesse hesitado naquele momento, a história poderia ter sido diferente. Mas, se o próprio presidente desautorizava a resistência, sob o argumento de não desejar "derramamento de sangue", tornava-se difícil qualquer mobilização para defender, com as armas, seu mandato. Sua vacilação arrastou junto o PCB, que vinha a reboque.

Milton Temer, ex-deputado federal e oficial de Marinha cassado, era na época ajudante de ordens no gabinete do almirante Paulo Mário, ministro da Marinha de Jango. Em conversa comigo, ele também expressou a opinião de que era possível a resistência ao golpe:

— Penso que as condições para a direita no golpe de 1964 eram menos favoráveis do que em 1961. Mas o fator subjetivo (a ousadia de Brizola, demonstrada em 1961) faltou em 1964, pela decisão de Jango de não resistir.

Quando o castelo de cartas ruiu, foram naturais as críticas das bases do PCB à sua direção. Subiram de tom, também, os questionamentos de outras organizações de esquerda menos expressivas, como a Ação Popular (AP), a Polop (Política Operária) e o PCdoB, que desde antes de 1964 faziam ressalvas à linha do Partidão.

O balanço da derrota no interior do PCB foi difícil. Em primeiro lugar, pela natural desorganização da legenda em seguida ao golpe e as limitações impostas pela clandestinidade. Depois, pela forte herança dos métodos stalinistas e centralizadores no partido. A discussão se deu em meio a expulsões de quadros contestadores, que já não respeitavam a disciplina partidária, e ao cerceamento da difusão de posições questionadoras da política oficial. Numa situação de clandestinidade, em que os militantes eram trazidos de pontos nas ruas para participar de reuniões clandestinas, muitos dissidentes ficaram esperando em vão quem os levasse aos "aparelhos".

Se a direção do PCB era quem se beneficiava de maneira direta desses métodos, deve ser dito que décadas de stalinismo tinham moldado um comportamento sectário também nas bases do partido e nos questionadores da política oficial. Muito pouca gente estava disposta a examinar com serenidade opiniões contrárias.

Esse quadro prejudicou o debate e contribuiu para a fragmentação dos setores questionadores das diretrizes oficiais. Ainda assim, não se pode negar que, para essa dispersão, influenciou também a subestimação da importância de um partido político unificado nacionalmente por parte de muitos dissidentes.

Não cheguei a participar dessa discussão. Em meados de 1967, quando fui recrutado pela DI-GB, esta já tinha rompido com o Partidão. Mas fui formado na mesma cartilha stalinista. Ouvia — e aceitava como natural — que quem tinha permanecido no velho

PCB era pouco mais do que um rematado burocrata, quando não um traidor da luta pelo socialismo.

Para as várias dissidências em processo de ruptura com o PCB, era quase como se a história da revolução brasileira fosse começar conosco e nossas minúsculas organizações, numa demonstração de arrogância e ignorância.

A falta de perspectiva histórica era tão grande que, no fim dos anos 1960/início dos anos 1970, quando as organizações de luta armada começaram a ser seriamente golpeadas pela repressão, muitos de seus militantes localizavam aí a derrota estratégica da esquerda, e não em 1964 — tal a incompreensão do processo histórico. As próprias manifestações estudantis de 1968, que significaram o último espasmo de resistência à implantação da ditadura, foram vistas como o início de um novo ciclo da luta de massas, já dentro de uma perspectiva revolucionária, que superaria o "reformismo do PCB" até então predominante.

Também no debate travado entre os diferentes grupos que questionavam a linha do PCB, ou no interior de cada um deles, o tratamento das divergências era feito de forma sectária. Qualquer diferença era maximizada.

Num primeiro momento, o debate central foi sobre a estrutura da sociedade brasileira e o caráter da revolução. Era uma discussão necessária, por ser preciso desmistificar formulações do PCB sobre supostos resquícios feudais no campo ou sobre a existência de uma burguesia nacional autônoma e disposta a investir, ao lado dos trabalhadores, num projeto de enfrentamento com o imperialismo — teses que continuaram a ser defendidas pelo Partidão mesmo depois do golpe. Mas parecia que, resolvidas estas questões, as demais viriam naturalmente, como se tudo decorresse daí, quase que por decantação.

Esse debate só ganhou aquele peso porque — no marxismo esquemático que professávamos todos, com uma perspectiva etapista do processo histórico — a história era composta de compartimentos estanques. Para nós, com posições mais esquerdistas, se o Brasil era um país plenamente capitalista, a revolução era socialista, e ponto final. Já o PCB afirmava que, como o Brasil ainda não era plenamente capitalista, deveria se desenvolver nessa direção antes que uma revolução anticapitalista pudesse ocorrer. A formulação servia, então, para justificar suas propostas mais moderadas.

Como se vê, um marxismo vulgar se fazia presente nas duas posições.

Quaisquer mediações que a luta de classes, muito mais rica do que as nossas especulações, pudesse apresentar eram descartadas. Tanto o PCB, como seus críticos, eram prisioneiros da visão mecânica, burocrática e etapista de revolução, que desprezava a política no plano concreto.

Havia, ainda, entre nós, que contestávamos as posições do Partidão, uma leitura simplista da sociedade brasileira. Ela sustentava que o golpe militar fora a demonstração de que o capitalismo só poderia sobreviver no Brasil se sustentado por uma ditadura feroz. Era uma visão equivocada. Não foi isso que originou o golpe, mas o fato de a burguesia temer um processo que começava a ameaçar seus interesses e poderia caminhar para pôr fim à sua dominação de classe.

Vejamos o que diz Gorender a respeito.

> O período 1960-1964 marca o ponto mais alto das lutas dos trabalhadores brasileiros neste século XX. [...] A luta pelas reformas de base não encerrava, por si mesma, caráter revolucionário e muito menos socialista. Enquadrava-se nos limites do regime burguês, porém o direcionava num sentido progressista avançado. Continha, portanto, virtualidades que, se efetivadas, tanto podiam fazer do Brasil um país capitalista de política independente e democrático-popular, como podiam criar uma situação pré-revolucionária e transbordar para o processo de transformação socialista.

Como afirma Gorender, o golpe foi uma resposta das classes dominantes a uma situação histórica concreta, e não a demonstração da suposta necessidade de um regime de força para que o capitalismo pudesse se manter no Brasil.

Naquele debate desprezavam-se as experiências de revoluções anticapitalistas — a começar pela primeira, em outubro de 1917. Elas não tinham acontecido em sociedades capitalistas avançadas, como Inglaterra ou Alemanha, como previram os clássicos do marxismo, mas na Rússia atrasada. Não se levava em conta ainda que, nas revoluções anticapitalistas, circunstâncias históricas específicas tinham sido o ponto de desequilíbrio da dominação burguesa, e não bandeiras abertamente socialistas.

Na Rússia, a palavra de ordem dos bolcheviques ao longo de 1917 foi "Pão, paz e terra", nada socialista, como se vê. Mas, nas circunstâncias concretas, estas eram bandeiras que a burguesia não se dispunha a empunhar. E, ao serem levantadas pelos bolcheviques, permitiram que a influência desses últimos crescesse. Só às vésperas da Revolução de Outubro é que foi lançada por Lênin a palavra de ordem "Todo poder aos sovietes", porque apenas um governo dos sovietes, já possível na correlação de forças daquele momento, seria capaz de fazer a paz e a reforma agrária e enfrentar a fome que grassava pelo país.

Na China, a questão agrária, juntamente com a defesa da integridade nacional, depois da invasão japonesa, foi o que mobilizou a maior parte da população e conduziu à vitória do exército popular de Mao Tsé Tung.

No Sudeste Asiático houve algo semelhante: o que estava em jogo era a libertação nacional, ao lado da questão agrária.

Em Cuba, a derrubada da tirania de Batista e a reforma agrária foram as bandeiras que desarticularam a dominação burguesa, na maneira como se manifestava, de forma objetiva. E, claro, a isso se somou o cochilo do imperialismo, incapaz de perceber os riscos que trazia a guerrilha encabeçada por Fidel Castro.

Em todos esses exemplos, as classes dominantes não puderam ou não souberam resolver os problemas centrais da sociedade em momentos de crise. Como a esquerda apontou a solução desses problemas, ganhou legitimidade aos olhos dos trabalhadores e da sociedade. Uma vez desarticulada a dominação burguesa, esses países caminharam então, cada um a seu modo, no sentido da superação do capitalismo.

Nos debates acontecidos depois da derrota de 1964, passada a discussão sobre a estrutura da sociedade brasileira, as verdadeiras questões ficaram em segundo plano. O que fazer objetivamente? Que bandeiras levantar? Como mobilizar os trabalhadores e os segmentos democráticos? Como travar a luta imediata contra a ditadura de forma que seu desdobramento aprofundasse as transformações e fortalecesse a luta pelo socialismo?

Na esquerda que optou pela luta armada, essa discussão substantiva foi substituída por uma disputa de "achismos" sobre os desdobramentos de uma guerra civil revolucionária que aconteceria, mas só na nossa imaginação. Ora, os desdobramentos possíveis de uma dada situação conjuntural são vários. Há modelos para todos os gostos. Dedicar-se a prevê-los, antes que as situações concretas se apresentem, é enveredar pela especulação. E era o que, em grande medida, fazíamos. Nossos documentos políticos se confundiam com uma tentativa de previsão de todas as fases de uma futura guerra revolucionária por que passaria a sociedade até a conquista do poder. Nada mais distante da realidade.

Palavrório semelhante contaminava as vanguardas do movimento estudantil, imersas no mesmo debate dos grupos de esquerda. As teses para os congressos da UNE e da UME em 1967 e 1968 se esmeravam em análises estruturais da sociedade brasileira. Tinham mais a ver com programas partidários revolucionários do que com diretrizes para a condução do movimento estudantil. Em boa parte isso ocorria também porque esses congressos eram um espaço usado pelos críticos da linha do velho PCB para a disputa política e ideológica no seio da esquerda.

Em 1968, no Rio, nós, da DI-GB, tivemos maior sensibilidade política na relação com o movimento de massas. Isso se deveu, sobretudo, à capacidade de Vladimir Palmeira, o melhor quadro do movimento estudantil na época. Mas não foi suficiente para, em teses apresentadas em congressos das entidades estudantis, fugirmos de discussões sobre estratégia da revolução, que passavam ao largo da compreensão da maioria dos estudantes. Também fazíamos nosso proselitismo supostamente revolucionário.

Nas formulações da esquerda armada, prosperaram diretrizes políticas primárias. Muitas vezes foram apresentadas como exemplos de dinamismo revolucionário orientações do tipo "a ação faz a vanguarda" ou "não é preciso pedir licença para fazer a revolução". Como se a existência de grupos armados e o início de expropriações de bancos por si só fizessem avançar o processo revolucionário. Essas diretrizes constituíram um culto aberto ao voluntarismo e ao espontaneísmo que custou caro — malgrado o valor, a coragem e o desprendimento de muitos que as professavam, como Marighella.

Aliás, é forçoso reconhecer que, mesmo que se deva homenagear os revolucionários que partiram para a luta armada, as ações de guerrilha não contribuíram para fazer avançar a luta contra a ditadura e pelo socialismo, tendo, em muitos momentos, até um efeito contrário, ao fortalecer a chamada linha dura entre os militares.

Para que se compreenda a opção de tantos militantes de valor pela luta armada naquele momento, deve ser lembrado também o fascínio pelo exemplo cubano — o que é compreensível. As revoluções vitoriosas sempre exerceram influência sobre revolucionários de outros países nos períodos imediatamente posteriores. E a Revolução Cubana era um episódio forte, recente e perto de nós. Um pequeno país, nas barbas da maior potência imperialista da história, foi palco de uma revolução socialista. Como é natural que acontecesse, seu modelo foi marcante no imaginário da esquerda latinoamericana.

Fenômeno semelhante, de cópia mecânica de revoluções triunfantes, tinha ocorrido antes. Em seguida à Revolução Russa, a tentativa de repeti-la em outros países, buscando a formação de sovietes, inclusive fora de uma situação revolucionária, levou a sucessivas derrotas. O próprio PC Chinês só abandonou essa linha buscando um caminho adequado à realidade do país, depois do massacre de Xangai, em 1927, quando milhares de comunistas e simpatizantes foram assassinados pelo general Chiang Kai Chek. A partir dessa experiência traumática é que Mao Tsé Tung empreendeu a Grande Marcha e desenvolveu a estratégia de uma guerra prolongada apoiada num exército popular formado por camponeses.

Regis Debray, em seu livro *Revolução na revolução*, que exerceu grande influência sobre os revolucionários latino-americanos, adverte contra as tentativas de repetição de experiências anteriores. Mas, em seguida, esquece a advertência e incorre no mesmo erro. Seu livro é uma espécie de manual de aplicação das teses foquistas, que eram quase uma teoria oficial da Revolução Cubana. Segundo essa concepção, as condições objetivas estavam amadurecidas para a revolução armada nos países da América Latina, e as condições subjetivas (a disposição do povo para fazer a revolução) seriam criadas a partir da deflagração do foco guerrilheiro. Assim, com o desencadeamento da guerrilha rural por um punhado de combatentes, a luta cresceria, criando as condições para derrotar o exército inimigo.

No caso de Debray, houve ainda outro equívoco, de natureza histórica. Seu livro contribuiu para difundir uma imagem distorcida da real situação em Cuba quando Fidel e seus companheiros chegaram à Sierra Maestra. Naquele momento, a luta contra a ditadura de Batista já era ampla e diversificada em todo o território nacional.

A tirania, como se referem os cubanos ao regime de Batista, era rejeitada pelo conjunto da sociedade, estava corroída e envolta numa crise que a guerrilha ajudou a aprofundar. Sem essa situação, a luta armada em Sierra Maestra, sob a forma do foco guerrilheiro, não teria triunfado. Da mesma forma, sem a guerrilha Batista não teria sido derrubado naquele momento, embora pudesse ter sido substituído por outra fração burguesa mais adiante. Assim, o mito de um punhado de bravos que desembarcou do Granma e incendiou o país, quase a partir do nada, não condiz com a realidade, embora a própria liderança cubana, que avalizou as teses de Debray, em muitos momentos tenha contribuído para a difusão dessa versão.

O fato é que, no Brasil, o malogro de 1964 e o êxito da revolução cubana, aos quais se somava a heroica resistência do povo vietnamita à escalada militar promovida pelos Estados Unidos, pareciam apontar um novo caminho para derrubar a ditadura e caminhar para o socialismo: o da luta armada, sob a forma inicial da guerrilha.

Embora nós do MR-8 e a maioria das organizações armadas, nas formulações teóricas déssemos mais peso ao trabalho político nas cidades do que o preconizado por Debray, a forma como víamos a relação da vanguarda armada com a sociedade era muito parecida com a cubana, cuja experiência fomos, pouco a pouco, tentando repetir. Essa cópia só não foi mais completa porque, no Brasil, a maioria das organizações não conseguiu chegar ao estágio da guerrilha rural. Foi desarticulada antes disso.

Criticar a esquerda que optou pela luta armada não significa avalizar as posições do PCB antes do golpe, nem as que ele assumiu depois. O Partidão mantinha a tendência de ficar a reboque dos setores liberais. Tanto assim que não teve posição de destaque nas manifestações de massa na resistência à ditadura: o movimento de

1968, as lutas operárias do fim dos anos 1970 ou, mesmo, a luta pela anistia.

A necessidade de se construir uma frente democrática e contra a ditadura não deveria levar, necessariamente, a uma posição de subordinação aos setores liberais. Cada segmento poderia ter seu viés próprio, como consequência dos objetivos diferentes de médio e longo prazo. O fato de golpearem juntos o inimigo imediato e desenvolverem uma plataforma comum não significa que devessem se limitar a desenvolver a mesma política.

Aos liberais interessava o que Lênin chamou de "via prussiana" na transição, ou seja, um processo que não representasse a democratização profunda da sociedade. Já para a esquerda, não. Quanto mais os trabalhadores e suas reivindicações estivessem fortalecidos, mais se avançaria no sentido de uma "democratização de massas", com o aprofundamento da participação popular e a conquista de reformas sociais.

Não compreender isso foi um grave problema da política do PCB depois do golpe, sendo, a rigor, a outra face do reboquismo do partido em relação a setores burgueses no pré-golpe. Durante a ditadura, embora defendesse uma ampla frente democrática contra o regime militar, na maior parte das vezes ele foi incapaz de se diferenciar dos liberais. Tal como no período Jango, acabava a reboque desses últimos.

Outra observação crítica deve ser trazida e ser estendida a todas as correntes de esquerda na época: a pequena valorização da democracia como elemento estratégico na sociedade pela qual se lutava. Nós, da DI-GB, éramos um pouco mais sensíveis do que a média a essa questão. Mas, ainda assim, em dose muito insuficiente. Ao contrário da maioria da esquerda não trotskista ou maoísta, chegamos a condenar a invasão da Tchecoslováquia pela antiga URSS, em 1968, para pôr fim à chamada Primavera de Praga. Mas, é forçoso reconhecer, nossas manifestações de repúdio à agressão soviética foram muito tímidas.

Não tínhamos suficientemente clara a crítica ao modelo de socialismo com partido único. E — uma coisa deve ser dita com todas as letras — não há democracia substantiva se não há multiplicidade de partidos. O fato de serem realizadas eleições para a escolha de ocupantes de cargos públicos é insuficiente e não resolve o problema do aprofundamento da democracia, porque elas podem se limitar à indicação de pessoas, de forma desvinculada de projetos. Os partidos é que são as instituições capazes de formular propostas de conjunto para a sociedade e é preciso que estas sejam submetidas ao crivo popular.

A ideia de que, num dado momento cabe uma só proposta aceitável numa perspectiva socialista é herança do stalinismo. Aliás, tanto não é assim, que no interior do partido único — ou melhor, entre suas camadas dirigentes — diferentes propostas são apresentadas e vistas como legítimas, até que uma seja vencedora. Depois, esta última, e apenas ela, é trazida à sociedade.

Mas, será, então, possível um socialismo pluripartidário?

Por que não?

O próprio Lênin deu muitas demonstrações de que, inicialmente, não tencionava impedir o funcionamento dos partidos que respeitassem a legalidade soviética.

Admito que esta discussão, se trazida para situações concretas, não é tão simples. Reconheço que poderosas razões históricas — como intervenções imperialistas, inclusive armadas — contribuíram para que revoluções anticapitalistas adotassem regimes fechados, nos quais a contestação às posições oficiais não encontrou espaço.

Ao longo da guerra civil ou da Segunda Guerra Mundial na antiga URSS, ou em boa parte da vida de Cuba revolucionária, uma abertura política significaria graves riscos. Correntes contrarrevolucionárias seriam beneficiadas por um mar de recursos vindos do imperialismo, que poderia, ainda, combinar agressões armadas com a "intervenção política" num processo democrático em curso, visando desestabilizar a revolução. Isso aconteceu na Nicarágua sandinista.

De qualquer forma, que ninguém se iluda: se não existe a compreensão clara de que restrições à democracia, quando impostas, devem ser provisórias, as coisas se cristalizam. Foi o que ocorreu quase sempre, aliás. E, justificada ou não a opção pelo partido único num dado momento, com o tempo a situação tornou-se permanente. Isso cobra seu preço e contamina a sociedade que se quer construir.

Se em determinado país socialista (tenha ou não aspas esse "socialista"), a direita obtém de forma legítima a hegemonia política em torno de uma proposta de restauração do capitalismo, expressando um desejo da sociedade, que haja essa restauração.

Há, ainda, outro importante fator que recomenda a existência e o fortalecimento da democracia no socialismo: a liberdade de expressão e de crítica pode não ser a única, mas com certeza é a melhor forma de se evitar a cristalização de uma casta burocrática, o que aconteceu na antiga URSS e nos países da Europa Oriental.

Voltando à situação brasileira, levando-se em conta as condições gerais em que foi travado o debate político no pós-golpe, é possível compreender as razões pelas quais importantes segmentos da esquerda consideraram a derrota de 1964 a demonstração de que o único caminho possível para transformações que levassem ao socialismo no país seria a luta armada. Daí à adoção de uma política vanguardista e militarista foi um pulo.

E, em uma estratégia adequada à realidade que se queria transformar, o resultado não poderia ser outro que não a derrota.

Aliás, há dois milênios já dizia o pensador romano Sêneca (4a.C.-4 d.C.): "Não existe vento favorável para o marinheiro que não sabe aonde ir".

O exílio começa de verdade

> *"E agora, José?*
> *A festa acabou,*
> *A luz apagou,*
> *O povo sumiu,*
> *A noite esfriou,*
> *E agora, José?"*
>
> CARLOS DRUMMOND DE ANDRADE

O golpe no Chile propiciou uma das mais importantes manifestações de resistência à censura na imprensa brasileira. Diante da proibição de publicar fotos ou manchetes sobre o assunto, o *Jornal do Brasil*, na época dirigido por Alberto Dines, fez uma capa antológica: ela tinha apenas uma matéria, em corpo 18, sem título nem fotos, ocupando todo o espaço da primeira página com a descrição do golpe de Estado e das violências praticadas pelos gorilas chilenos. Foi uma ideia extraordinária e um ato de coragem. O jornal foi apreendido nas bancas pelos militares, mas muitos exemplares já tinham sido distribuídos. Eles são uma peça histórica.

A queda de Salvador Allende, num momento em que se consumava o processo de desarticulação total da esquerda armada no Brasil, representou para mim o início de uma segunda fase do exílio: não se tratava mais de me preparar para a volta clandestina, mas de buscar a sobrevivência em países estranhos, por um tempo indeterminado. Não é exagero dizer que o verdadeiro exílio começou ali. Até então o que tinha vivido era a preparação para o retorno. Estava no exterior, mas sem criar qualquer espécie de raiz. Minha cabeça estava no Brasil.

Aliás, mesmo sabendo que, como já disse aqui, só aceita conselho quem já está inclinado a fazer o que lhe é sugerido, arrisco-me a dar mais um. No exílio, a pessoa deve se integrar ao lugar em que está. Deve aprender bem o idioma, conhecer a história e aproveitar a cultura do país. Viver como se estivesse de passagem é um erro que se torna mais uma fonte de infelicidade.

O golpe que levou Pinochet ao poder significou a interrupção de um processo pré-revolucionário no Chile que todos acompanhávamos com interesse e simpatia, e cujo avanço teria repercussões muito positivas para toda a América Latina. E, claro, a derrubada de Allende pôs fim, também, a uma retaguarda segura para a resistência à ditadura militar brasileira.

A instauração da ditadura de Pinochet nos fez, do dia para a noite, alvos das investidas dos militares chilenos, coadjuvados pelos colegas brasileiros que rapidamente viajaram para lá em grande número. Muitos deles, aliás, estavam presentes desde a preparação do golpe, que contou com a participação destacada da embaixada brasileira. Desde a primeira hora deram consultoria aos chilenos numa matéria em que já eram professores: o cerco e o aniquilamento da esquerda, com direito a cursos de pós-graduação em tortura.

Já no dia seguinte ao golpe, as rádios conclamavam a população a denunciar os estrangeiros: "Eles podem ser terroristas que vieram aqui para matar chilenos", diziam os locutores.

Testemunhos de companheiros presos dão conta da presença de militares brasileiros no Estádio Nacional em seguida ao golpe. Mas nem todos foram interrogados por eles no Maracanã chileno, transformado àquela altura em gigantesco campo de concentração. Ali os militares brasileiros só se preocuparam em ouvir os presos considerados menos importantes. Os demais — entre os quais alguns que tinham sido trocados por embaixadores — foram separados para serem trazidos ao Brasil, onde com certeza os esperava a tortura e a morte.

Acabaram salvos porque os protestos no mundo inteiro contra as barbaridades eram de tal ordem que a Junta Militar chilena resolveu libertar os estrangeiros. Com isso, limpou o terreno para o ajuste de contas interno com a esquerda chilena. Ainda assim, houve brasileiros que foram assassinados no momento da prisão, como Túlio Quintiliano, ou que morreram no estádio por falta de assistência médica, como Vânio Mattos.

Sentindo uma mistura de alívio e tristeza, chegamos ao México. Fomos alojados num hotel razoável, inteiramente reservado para os exilados. Tínhamos, portanto, casa e comida. A roupa lavada ficava por conta de um convênio do governo mexicano com uma lavanderia próxima. Como a maioria de nós não tinha nada além do que trazia no corpo, a solidariedade do povo mexicano ajudou. Muita gente nos doou roupas usadas.

O México é um país interessantíssimo. A despeito do genocídio perpetrado pelos conquistadores espanhóis e, depois, da pressão exercida pela proximidade com os Estados Unidos, a cultura local sobreviveu. A maior parte de nós ficaria por lá com satisfação. Mas, alguns dias depois da nossa chegada, veio a notícia que caiu como uma bomba: só os chilenos receberiam vistos de residência e trabalho. Brasileiros, argentinos, uruguaios e todos os demais "de segundo exílio" deveriam buscar outro país para fixar moradia. Não seriam expulsos, mas o fato de não receberem visto de permanência tornava inviável que estendessem a permanência no México, até mesmo por falta de dinheiro.

Eu e Isolde contávamos com exatos 20 dólares no bolso. E já não éramos só os dois. Havia também Ani, que, na época, tinha apenas quatro meses.

A situação não era simples. Os países europeus que estavam recebendo exilados vindos do Chile tinham acordado cotas para cada um deles e davam prioridade aos presos no Estádio Nacional e aos exilados na Argentina. Naquele momento a Triple A, organização terrorista de extrema-direita que assassinou milhares de militantes progressistas, atuava a todo vapor e qualquer refugiado na Argentina corria risco.

Como no México nós não estávamos em perigo, não éramos vistos como prioridade. Era compreensível.

Aos poucos, alguns foram conseguindo vistos de outros países e partindo. Outros obtiveram permissão de trabalho e residência na antiga Iugoslávia e, como o voo para Belgrado fazia conexão em Paris, ficaram na França como turistas, na expectativa de, depois, regularizarem a situação como residentes. A maioria acabou conseguindo.

O México forneceu documentos de viagem para quem não tinha passaporte. Mas eram papéis muito precários. Tinham a vigência de apenas um ano e perdiam a validade quando o portador chegasse a um país com relações diplomáticas com seu país de origem.

Além do meu e o da Isolde, conseguimos um documento para Ani, em separado. Tivemos que pagar por ele. Mas, como Ani não tinha qualquer documento próprio, achamos que valia a pena, porque a alternativa era que ela fosse registrada no passaporte da Isolde. Conseguimos o dinheiro com uma alma caridosa, cuja identidade já não me lembro. Até então, o único papel relacionado à Ani era um atestado da clínica informando que, no dia 26 de maio de 1973, Isolde Sommer tinha dado à luz um bebê do sexo feminino.

Era preciso, ainda, resolver o caso do registro de nascimento da Ani. Por ser filha de brasileiros nascida no Chile, poderia ter dupla nacionalidade. Aos 21 anos optaria por uma delas. Mas, na prática, não foi assim.

Na Cidade do México, fomos recebidos pelo cônsul chileno. Amedrontado, mas muito gentil, explicou que, por simpatizar com a Unidade Popular, de Allende, temia retaliações por parte dos gorilas que implantaram a ditadura. Assim, apesar do cafezinho, dos sorrisos e dos votos de felicidade, não se dispôs a fornecer um passaporte para Ani.

O cônsul brasileiro não nos recebeu. Um funcionário subalterno do consulado conversou conosco. Ficou desconcertado quando soube que eu era banido. Parecia que estava diante do demônio. O banimento foi um tipo de pena que os militares brasileiros tomaram emprestado dos tempos de colônia de Portugal. Algo parecido com o degredo a que foram condenados alguns inconfidentes mineiros. Os presos libertados em troca de embaixadores eram banidos do país — ficando impedidos de voltar ao território nacional pelo resto de suas vidas.

O funcionário ensaiou, então, uma tese *sui generis*:

— O senhor, como banido, é como se fosse um morto civil. Por isso, não pode registrar um filho.

A rigor, em lugar algum do ato que criou a figura jurídica do banimento os militares falaram em "morte civil". Mas muitas vezes os pequenos burocratas, para se preservar, se tornam mais realistas que o rei.

Só me restou responder, com a Ani no colo:

— Pois é, mas como o senhor pode constatar, tenho uma filha.

A perseguição a filhos de exilados foi mais uma das mesquinharias da ditadura militar brasileira.

Diante daquele quadro, ir para a Europa como turista com uma filha recém-nascida, 20 dólares no bolso, documentos precários e sem visto nos pareceu uma temeridade. Optamos por voltar para Cuba.

Minha experiência anterior lá tinha sido muito boa, ao contrário da de Isolde. Da primeira vez, ela chegou a Cuba como integrante de um grupo de quatro ou cinco militantes da VAR-Palmares que sequestrou um avião com o objetivo de receber treinamento de guerrilha. Àquela altura, esse tipo de ação tinha se tornado um problema para Cuba. Apesar das pressões internacionais para que devolvesse aos países de origem os sequestradores, quase sempre militantes de esquerda, o governo cubano se recusava a fazê-lo. Mas quem sequestrava avião era marginalizado. Ficava alojado numa casa qualquer, recebia alimentação, mas, em nenhuma hipótese, fazia treinamento militar. E, se não dispunha de passaporte no qual pudesse buscar o visto de outro país, não tinha como sair.

Era compreensível, então, que Isolde não tivesse saudades de sua passagem por lá. Apesar disso, como não tínhamos opção, no fim de 1973 ela concordou em viajar para Cuba.

Logo que chegamos, fomos instalados em Alamar, um agradável balneário perto de Havana, no qual já havia exilados brasileiros, também recém-chegados do Chile. Foram dias tranquilos e alegres.

Depois nos alojaram no Hotel Park View, no Prado, em Havana Velha. É uma região bonita, que anos mais tarde foi reconhecida pela Unesco como patrimônio cultural da Humanidade. Na época, o hotel estava em condições precárias e, como boa parte de Havana Velha, não tinha água corrente ao longo do dia. Éramos obrigados a encher a banheira nos momentos em que a água vinha e usá-la para o banho de cuia, a higiene pessoal, o vaso sanitário e a lavagem das fraldas e das mamadeiras da Ani.

No hotel ficaram umas duas dezenas de brasileiros, além de um número muito maior de latino-americanos oriundos de outros países. A biblioteca quase ao lado e os cinemas próximos, com ingressos baratos e filmes renovados a cada dois dias, eram nosso maior passatempo enquanto não começávamos a trabalhar.

Certo dia, chegou ao hotel um funcionário graduado do Ministério do Trabalho, de nome Roberto, para fazer entrevistas com os refugiados e encaminhá-los para empregos. Ao chegar a minha vez, contei-lhe que tinha sido estudante de engenharia, antes de me tornar revolucionário profissional. Fui sincero: tinha feito excelente ensino médio, mas na Escola de Engenharia me dediquei à política mais do que a qualquer outra coisa.

Roberto puxou conversa sobre o propalado milagre brasileiro, já objeto de curiosidade geral, e eu lhe repeti meia dúzia de superficialidades escritas nos documentos políticos das organizações de esquerda. Ele gostou e disse que me aproveitaria como economista, apesar das minhas ponderações em contrário. Ficou combinado que voltaria a entrar em contato por telefone, já me indicando onde eu me apresentaria.

Como Ani era pequena e, naquele momento, não havia possibilidade de creche para ela nas redondezas, Isolde não trabalharia. O mesmo aconteceu com os demais casais com filhos pequenos. Apenas um dos pais pôde trabalhar. Quase sempre era o homem.

Passados alguns dias, alguém ligou em nome de Roberto pedindo que eu me apresentasse no Ministério da Indústria Ligeira, também em Havana Velha, a uma determinada pessoa, cujo nome me deu. Cumpri as orientações. Ao chegar ao andar em que a pessoa trabalhava, apresentei-me como enviado por Roberto, do Ministério do Trabalho, e fui introduzido à antessala de um gabinete. Pelas dimensões, percebi que iria falar com alguém importante. Fui recebido rapidamente, expliquei a situação a meu interlocutor, mas, qual não foi minha surpresa, quando ele disse:

— Companheiro, fique à vontade, mas Roberto não deveria ter mandado você falar comigo. Sou vice-ministro.

Caí do cavalo.

A conversa prosseguiu por mais uns cinco ou dez minutos — e, de novo, o milagre brasileiro entrou em pauta. O vice-ministro mandou que a secretária chamasse o chefe do Departamento de Pessoal do ministério. Ele chegou e, ao cabo de mais uns 15 minutos de conversa, parecíamos velhos amigos. Ficou acertado que o Departamento de Pessoal se comunicaria comigo nos próximos dias para indicar meu futuro posto de trabalho.

Isso foi feito. Mandaram que me apresentasse a Morales, chefe do Departamento de Desarrollo da Empresa de Confecciones Textiles, que também ficava em Havana Velha, na Calle Lamparilla. Chegando lá, expliquei-lhe que, ao contrário do que lhe fora dito, não era economista. Àquela altura, já temia passar por impostor. Mas, pelo que me explicou Morales, o trabalho era mais de engenheiro do que de economista. Isso tampouco me tranquilizava. Deixei claro que também não era engenheiro, embora tivesse passado por uma faculdade de engenharia. Ele não pareceu se preocupar.

Em meio à conversa, entrou uma funcionária trazendo um pedaço de tecido sintético. Mostrou-o a Morales, sugerindo que o material fosse usado em adornos nos bolsos das *guayaberas,* as camisas típicas cubanas. Morales, sensato, lembrou-lhe que as camisas eram de algodão e que poderia haver problemas com o tecido sintético quando fossem passadas a ferro. Imaginei: vão tratar de saber a temperatura de fusão desse material para ver se pode ou não ser usado nas *guayaberas*. Mas não. Morales mandou que a funcionária buscasse um ferro de engomar em outro andar, e fizesse ela mesma a prova prática. Comecei a me dar conta de como as coisas funcionavam e passei a me preocupar menos com minha falta de qualificação específica.

A Empresa de Confecciones Textiles era resultante da fusão de todas as fábricas de roupas de Cuba. Esta fusão permitiu o uso mais racional dos equipamentos disponíveis, que poderiam ser transferidos de uma fábrica para outra em que fossem mais úteis, sem muita burocracia. O Departamento de Desarrollo, onde eu trabalharia, contava com uns dez técnicos e tinha a tarefa de preparar o parque industrial de confecções para o primeiro plano quinquenal de Cuba, a ser implementado de 1976 a 1980.

Assim, o departamento se debruçava sobre cada uma das cerca de 150 fábricas de roupas espalhadas pelo país, muitas delas pequenas, para preparar uma proposta sobre seu futuro. A partir do parecer que apresentava, haveria uma decisão sobre se a fábrica seria mantida tal como estava, se seria fechada ou se seria modernizada. Neste último caso, cabia também ao nosso departamento elaborar um novo projeto de linha de produção, indicando inclusive as máquinas que deveriam ser adquiridas, o que fazíamos consultando catálogos de fábricas da Alemanha Oriental, da Itália ou do Japão.

Os critérios usados para decidir o futuro das fábricas não eram só de racionalidade econômica. Havia fabriquetas que não eram fechadas para que fossem mantidos os empregos que proporcionavam à população local, que não teria alternativas de trabalho. Nada a ver com o que acontece no capitalismo.

Meu chefe imediato era o segundo no departamento, Luiz Suárez. De origem operária, depois da revolução ele se graduara em engenharia na Alemanha Oriental, especializando-se no ramo de confecções têxteis. Era uma figura simpática. Gentil, seguro e querido por todos, impunha-se naturalmente pela competência.

Com a ajuda de uma colega chamada Dolores Albiol, uma doce velhinha sem filhos que, em assuntos de trabalho, logo me adotou, pude aprender o serviço. Dolores não conhecia detalhes da minha militância anterior, embora soubesse que eu era de esquerda. Como boa revolucionária, além de me orientar no trabalho, imbuiu-se de outra tarefa: fortalecer minhas convicções de que o socialismo era bom e que a revolução tinha melhorado a vida do povo cubano. Eu ouvia suas lições com satisfação.

No tempo da ditadura de Batista, Dolores já trabalhava numa fábrica de roupas, num cargo menos qualificado. Depois, foi aproveitada numa função semelhante à de engenheiro, embora não tivesse diploma. Mas conhecia bastante o trabalho que fazia.

Nos primeiros tempos, viajávamos os dois de ônibus para o interior, com o objetivo de inspecionar as fábricas e colher subsídios sobre cada uma delas, para que pudéssemos apresentar nossos projetos. Com isso, tínhamos muito tempo para conversar. Eu lhe dava corda, e Dolores contava como eram as coisas antes e como tinham melhorado com a revolução. Emocionava-se facilmente e fazia questão de não esconder a intenção de me catequizar, sempre de forma muito carinhosa.

Certa vez, enquanto esperávamos o ônibus debaixo de uma árvore frondosa, que nos protegia de um sol abrasador à beira de uma estrada de terra, em meio à poeira, ela me contou mais uma de suas histórias. Antes da revolução, perto de sua casa, em Santiago de Cuba, havia um clube reservado aos norte-americanos, em cujo terreno havia árvores frutíferas. Isso fazia com que, volta e meia, meninos cubanos pulassem o muro para colher as frutas. Mas, quando apanhados pelos empregados, eram maltratados, só sendo liberados depois que os pais iam buscá-los no clube e, às vezes, na delegacia.

— *Pero ahora, eso se acabó. Se fueran todos pal carajo* — concluiu, para, em seguida, abaixar a cabeça, meio envergonhada pelo palavrão.

Quando me dei conta, dos seus olhos caíam lágrimas de emoção, misturando-se às gotas de suor. Abracei-a com força e dei-lhe muitos beijos estalados na bochecha.

Algo que só percebi estando em Cuba foi como a revolução resgatou a autoestima do país, que antes era pouco mais do que um quintal dos norte-americanos. Pela maior distância dos Estados Unidos e pela sua dimensão, o Brasil não sente tão de perto a presença imperialista. Mas em Cuba pode-se ver perfeitamente como a revolução significou também a recuperação da dignidade nacional.

À primeira vista, o trabalho que eu fazia poderia parecer complicado para quem nunca tinha visto algo semelhante. Mas não. A linha de montagem das fábricas de roupas (em especial as de tecido de algodão, com as quais trabalhei; com as de malha era diferente) compunha-se de dezenas de máquinas semelhantes às máquinas de costura domésticas, só que mais robustas e adaptadas para diferentes funções. Assim, uma costurava normalmente; outra fazia costura dupla; a terceira fazia casas dos botões; a quarta pregava botões; a quinta costurava em zigue-zague e assim por diante. Em pouco tempo, passei a identificá-las com um simples olhar.

O tecido vinha para a fábrica em rolos, e o primeiro passo era cortá-lo nas diversas partes que comporiam a peça de roupa a ser confeccionada. Isso era feito em grandes mesas, com a ajuda de moldes de papelão. Depois, as partes iam sendo costuradas até conformar a peça de roupa.

Minha função era dispor as máquinas para que as partes fossem sendo agregadas de forma racional. Se uma operação — por exemplo, a feitura das casas dos botões de uma camisa — levava o dobro do tempo de outra, era preciso dispor para ela duas vezes mais máquinas, de forma que o processo não engarrafasse. Como na linha de montagem havia sete ou oito tipos de máquinas diferentes e os tempos das operações variavam, era preciso calcular quantas máquinas deveriam ser usadas para cada tarefa e dispô-las em sequência.

Quando assumia o trabalho de reestruturação de uma determinada fábrica, meu primeiro passo era providenciar uma planta confiável de sua área útil. Espantei-me quando soube que o departamento não as tinha. Havia plantas preparadas pelo pessoal da manutenção, mas não as usávamos. Dolores me explicou a razão:

— Nós precisamos de informações de que eles não precisam. Usando uma planta deles, certa vez projetamos uma máquina no lugar em que havia uma coluna.

Para o pessoal da manutenção, as colunas não importavam. Já para nós, do Departamento de Desarrollo, não era relevante a localização das tomadas elétricas — informação fundamental para a manutenção. Assim, cada departamento providenciava suas plantas.

Intrigado, perguntei se não seria mais racional que desenhistas qualificados fizessem plantas completas que pudessem ser usadas por todos os departamentos. Nunca recebi uma resposta convincente. O máximo que ouvi, entre risos, foi:

— Os russos andaram propondo isso também.

Como tinha um razoável conhecimento de desenho geométrico e bom raciocínio espacial, não me era difícil preparar as plantas. Ia para as fábricas com uma trena, pedia ajuda às operárias para as medições e preparava croquis. Depois, já na empresa, desenhava as plantas em papel quadriculado.

Nas fábricas, mais de uma vez ouvi comentários do tipo:

— Ih, lá vêm eles mudar de novo as coisas aqui. Daqui a pouco vão encher isso de máquinas e a gente mal vai poder se mexer.

Era a manifestação de um conflito latente entre operárias e burocratas, pois em alguns casos esses últimos, no afã de cumprir as metas de produção, não levavam em conta a necessidade de um mínimo de conforto para as trabalhadoras.

Das primeiras vezes em que visitamos as fábricas, Dolores me alertou:

— Não confie no que dizem os administradores. Como têm que atingir metas de produção e as máquinas são velhas e estão sempre quebrando, eles mentem. Subestimam o número de máquinas.

Logo vi que isso era verdade.

Ao chegar a uma fábrica, perguntávamos ao responsável de quantas máquinas de cada tipo ele dispunha e anotávamos as respostas. Depois, passávamos à contagem das que estavam em atividade. Por fim, íamos à oficina de manutenção, ver quantas havia de reserva, em bom estado ou sendo reparadas. Quase sempre a soma superava o número fornecido pelo administrador. Aí, se repetia a história: ele tentava se desculpar, argumentando que tínhamos contado como boas algumas máquinas que estavam inutilizadas ou coisa parecida.

Para que o fluxo de produção pudesse ser organizado de forma correta, era essencial o que chamavam de "norma". Ela era o número de vezes que uma determinada operação (por exemplo, a costura dos botões) era efetuada pela operária num certo período de tempo. Esse número nos permitia calcular o fluxo de produção, alocando um número maior de máquinas nas operações mais demoradas.

Acontece que, antes, no capitalismo, a "norma" era algo que oprimia as operárias. Por isso, logo depois da revolução em algumas fábricas houve assembleias em que foi aprovada "a queima simbólica da norma". As operárias aprovaram a "norma de consciência". Cada uma produziria o que a sua consciência determinasse.

O resultado foi catastrófico. Foi preciso que, depois, em comum acordo com as trabalhadoras, novas "normas" fossem implantadas, menos draconianas do que as do capitalismo, mas capazes de fixar um parâmetro de produtividade média que permitisse organizar a produção em termos razoáveis.

Ao longo de quase um ano em que trabalhei na Empresa de Confecciones Textiles, constatei na prática algo que já sabia em teoria: esse modelo industrial, segundo o paradigma inaugurado por Frederick Taylor e ajustado por Henry Ford[27] na montagem de

---

[27] O engenheiro norte-americano Frederick Taylor (1856-1915) desenvolveu o modelo de administração denominado taylorismo, que se caracteriza pela ênfase nas tarefas, objetivando o aumento da eficiência ao nível operacional. O empresário norte-americano Henry Ford (1863-1947) estabeleceu um conjunto de mudanças nos processos de trabalho (semiautomatização e linhas de montagem em esteiras rolantes, enquanto os operários ficavam parados), nos quais cada trabalhador realizava apenas uma operação simples ou uma pequena etapa da produção. Assim, não era necessária grande qualificação dos trabalhadores. As inovações

sua empresa automobilística, impõe aos operários um trabalho repetitivo e embrutecedor. Não importa se no capitalismo ou no socialismo.

Aliás, o embrutecimento dos trabalhadores, ao executar repetidas vezes a mesma tarefa ao longo da jornada, foi demonstrado por Charles Chaplin em seu genial *Tempos modernos*.

Posso testemunhar ainda que o ambiente no trabalho em Cuba era muito mais descontraído do que em qualquer país capitalista que conheci. Talvez só possa ser comparado ao que eu vi, depois, na Suécia. As pessoas eram mais respeitadas e, como regra, não havia despotismo dos chefes. Até porque os trabalhadores não corriam o risco de perder o emprego.

No trabalho, aprendi muito sobre o socialismo real. Pude conviver com os cubanos no dia a dia, algo diferente do que se vê nos contatos com funcionários do Partido Comunista encarregados de recepcionar os visitantes e sempre mais preocupados em mostrar o lado positivo das coisas.

Num primeiro momento, fui tratado pelos colegas de trabalho com certa cerimônia. Havia a preocupação — legítima, reconheço — de, ao fazerem eventuais críticas, não serem mal interpretados. Isso acontecia não por receio de algum tipo de repressão — a ideia de que em Cuba as pessoas têm medo da polícia política é uma falácia. Mas as críticas dos meus colegas se davam no campo da revolução e enquanto não tiveram certeza de que eu as entenderia assim, compreensivelmente não se abriram comigo.

Logo, porém, passaram a conversar de forma livre. Tornaram-se meus amigos e, com a intimidade, partilhavam as pequenas queixas

---

revolucionaram a indústria automobilística e fizeram com que o teórico marxista italiano Antonio Gramsci (1891-1937) criasse a expressão fordismo, em 1922.

sobre problemas do cotidiano. A maior parte delas, diga-se, justificadas.

Muitas vezes ouvi que tal ou qual coisa ia mal, mas que, quando Fidel tivesse ciência do que acontecia, o mal seria corrigido. Esses comentários demonstravam, de um lado, enorme confiança em Fidel e em sua capacidade de resolver o que estava errado — até atropelando os canais regulares, como muitas vezes fazia. Mas, de outro, mostravam também a insuficiência dos canais institucionais para que as críticas fossem apresentadas e os problemas, solucionados.

É possível que, com a institucionalização da revolução e a criação de um processo mais amplo de eleição de dirigentes desde a base, só estabelecido depois que deixei Cuba, esses canais tenham passado a existir, pelo menos em parte.

Mas não tenho muitas ilusões em relação a eles: só servem para enfrentar problemas localizados.

As limitações da democracia na sociedade cubana e o regime de partido único fazem com que os debates sobre a grande política permaneçam restritos aos círculos mais altos do PC cubano, chegando ao conjunto da população apenas depois que as resoluções estão tomadas.

Aproximando-se o fim o ano de 1974, os documentos de viagem fornecidos pelo México estavam em vias de ter a validade vencida. Era hora de sair de Cuba e ir para um país que tivesse relações diplomáticas com o Brasil e com o Chile, para seguirmos tentando conseguir documentos para Ani.

A Suécia apareceu como primeira opção. Tínhamos amigos brasileiros lá, e eles poderiam nos ajudar. Além disso, a seção sueca da Anistia Internacional era uma das mais fortes, se não a mais forte em todo o mundo. E o presidente internacional da Anistia era um sueco, Thomas Hammarberg, que eu conhecera no Chile, ao dar depoimento para um filme que ele dirigiu sobre refugiados latino-americanos.

Assim, em dezembro de 1974, embarcamos para a Suécia, com as passagens pagas pelo governo cubano. No Aeroporto de Arlanda, em Estocolmo, nos esperavam brasileiros — entre eles Glória Ferreira, minha antiga namorada, com seu novo companheiro, Ernesto Soto, de quem eu já tinha me tornado amigo no Chile, e Lúcio Flávio Regueira, que militara comigo na clandestinidade. Além deles, estavam dirigentes e ativistas da Anistia Internacional, entre os quais Thomas Hammarberg e a incansável Marianne Eyre, que se tornou uma espécie de madrinha dos brasileiros exilados na Suécia.

A presença deles nos salvou de uma deportação imediata. Cidadãos mexicanos com passaporte regular não precisam de visto para entrar como turistas na Suécia. Mas não era o caso de quem portava documentos de viagem como os nossos.

A polícia sueca nos permitiu um rápido contato com os amigos e, em seguida, nos conduziu a um pequeno hotel. Podíamos sair durante o dia, mas deveríamos dormir lá.

Na Suécia, em casos como o nosso, de pessoas que chegavam ao país sem documentação regular e sem visto, a polícia tinha autonomia para expulsá-las nos primeiros sete dias. Passado esse tempo, deveria enviar o caso para o Ministério da Imigração. De qualquer forma, era evidente que os suecos não nos expulsariam para o Brasil. Caso não nos quisessem lá, nos mandariam de volta a Cuba.

Eu e Isolde fomos, então, interrogados. A polícia sueca tinha muitas informações a nosso respeito, com certeza fornecidas pela Interpol. Mas, como não abriu o jogo, optamos por não entrar também em detalhes. Dissemos ser líderes estudantis perseguidos pela ditadura militar.

Ao fim, nos foi imposta uma condição: poderíamos ficar na Suécia caso pedíssemos asilo contra Cuba. A polícia argumentava, não sem razão, que tínhamos estado quase um ano naquele país e que o golpe no Chile tinha acontecido há 15 meses. Não seria, portanto, caso de asilo contra o Chile, como tínhamos solicitado.

Batemos o pé. Se quisessem, que nos devolvessem para Havana, mas não pediríamos asilo contra Cuba.

Foi criado um impasse.

Ao cabo de uma semana, recebemos a boa notícia: o caso seria enviado ao Ministério da Imigração.

Nossos amigos brasileiros nos conseguiram dois quartos para alugar num casarão de propriedade de um casal de jovens suecos progressistas, Hans e Gia. Os dois tinham dado certa quantia de entrada para comprar a casa, na qual também moravam, e o que recebiam pelo aluguel de quartos os ajudava a pagar as prestações. Tudo funcionava como uma espécie de comunidade. Havia inclusive certo ritual para ser aceito como inquilino. Os novos pretendentes tinham que passar pelo crivo dos residentes. Nosso ingresso foi aprovado sem problemas.

Além dos donos da casa e de nós, havia sete inquilinos adultos, quatro suecos e três brasileiros: João Luiz Ferreira, que militou no MR-8 e, depois, passou a usar na política o nome de Juca Ferreira, tendo sido ministro da Cultura de Lula; sua companheira, Beth; e Chico Nelson, aquele mesmo jornalista que comprara em seu nome a Kombi usada no sequestro do embaixador norte-americano e fora obrigado a deixar o país. Eu me dei bem com todos, mas me tornei mais amigo de Chico.

Eu e Isolde ocupamos um quarto. Ao lado, em outro, ficava Ani. Ela logo se integrou à nova realidade porque, além da creche, em que ficava em tempo integral, contava com um amiguinho em casa, quase com a sua idade: Linnus, o filho dos donos da casa. Como costuma acontecer com crianças, Ani, que tinha cerca de dois anos, aprendeu a falar sueco muito mais depressa do que nós. E sem qualquer sotaque.

Cheguei a pedir sua ajuda, mais de uma vez, nos deveres de casa que tinha que fazer para os cursos de sueco. Interessante é que, assim como aprendem, as crianças esquecem com rapidez novos idiomas. Trinta e quatro anos depois de ter deixado a Suécia, ainda sou capaz de manter uma conversação superficial naquela língua. Já Ani, seis meses depois de ter chegado ao Brasil, não falava mais sueco.

Passados cinco ou seis meses, veio uma boa-nova: nosso pedido de asilo político tinha sido aceito. Receberíamos permissão de moradia e de trabalho, além de passaportes de refugiados.

Tivemos uma ajuda de custo durante um mês, prorrogada por mais um, enquanto estudávamos sueco. Nossos colegas de turma eram imigrantes econômicos, a maioria vinda de países árabes, quase todos de baixa escolaridade. Isso fazia com que as aulas tivessem uma dificuldade adicional: o desnível dos alunos. Muitas vezes a professora tinha que ensinar o que era verbo, substantivo ou adjetivo para adultos que não tinham aprendido esses conceitos em seus países de origem.

Na época, 10% da população da Suécia eram formados por imigrantes econômicos, que faziam os trabalhos mais duros ou insalubres. Para eles, esses cursos eram muito eficientes. Depois de um mês, já sabiam o suficiente para receber orientações básicas num trabalho braçal ou circular pela rua. Quase todos compensavam as dificuldades ocasionadas pela baixa escolaridade com um enorme esforço para aprender.

Como tínhamos nível superior incompleto, depois dos primeiros 60 dias de estudo de sueco no nível elementar, eu e Isolde nos matriculamos na Universidade de Estocolmo. Tivemos direito, então, a uma bolsa de estudos para cursar mais seis meses de sueco para estrangeiros. Isso nos permitiu ter um domínio razoável do idioma ainda no nosso primeiro ano na Suécia.

Alguns se espantam quando sabem que brasileiros aprenderam sueco. Mas não é para tanto. Ainda que muito diferente do português e dos idiomas com que, em geral, estamos familiarizados, o sueco não é difícil. Os verbos são como no inglês. Não variam de pessoa a pessoa, como no português, espanhol ou francês. E, como o alemão, tem justaposição de palavras para formar outras, o que torna o idioma mais fácil. Por fim, é preciso se levar em conta que, quando se está morando num país, é muito mais fácil se aprender a língua. É como uma imersão em tempo integral.

Até que dominasse o sueco de forma razoável, fiz trabalhos manuais, principalmente de limpeza em escolas e creches. Trabalhei também — ao lado de Gabeira, Ernesto Soto e Lúcio Flávio — na cozinha de um hospital geriátrico. Fui ainda operário num pequeno estaleiro que reparava barcos.

Neste último, aliás, ocorreu uma história interessante quando eu lixava o casco de um barco, que estava em terra, apoiado em cavaletes. A operação era necessária para remover a pintura antiga, antes que o casco recebesse tinta outra vez. Eu usava uma espécie de pistola elétrica, em que ficava acoplada a lixa. O dono do estaleiro, que tinha também funções de gerente, me orientou a trazer um balde com água e molhar a pintura do casco antes de lixá-la.

O representante sindical no local de trabalho ao passar e ver aquilo me mandou não molhar mais o casco.

— Como essa pistola é elétrica, se você usar água está arriscado a levar um choque.

Concordei, mas informei-lhe que aquela tinha sido uma orientação do patrão.

— Eu vou dizer a ele que te mandei não usar mais água. Não sei se você sabe, mas aqui na Suécia em questões de segurança do trabalho, a última palavra é do sindicato. Se o patrão não concordar, pode recorrer, mas enquanto isso vale o que diz o sindicato — disse ele.

Pouco depois o patrão veio conversar comigo, desculpando-se e admitindo que o representante sindical tinha razão.

Eu me lembrei dessa história quando, ao voltar para o Brasil em 1979, depois da anistia, ouvi outra, também relacionada com a segurança no trabalho. Quem me contou foi Charles, um metalúrgico filho de Natal, um veterano militante de Caxias, que fora preso político e que eu conhecera nos primórdios do PT. Charles me disse que, na seção em que ele trabalhava num estaleiro do Rio, eram cinco os soldadores, mas só havia três máscaras. Elas eram usadas pelos que chegassem primeiro.

Como se vê, o capitalismo escandinavo não tem nada a ver com o que conhecemos no Terceiro Mundo.

Ainda na Suécia, trabalhei também, por pouco tempo, no cais do porto. Cheguei a descarregar nas costas sacos de 60 quilos de café brasileiro. O guindaste os tirava do navio numas redes enormes e os depositava em palanques no cais. Aí, então, levávamos cada saco até umas pilhas, onde eles ficavam separados pelo tipo de café. A jornada era de oito horas de trabalho, com 50 minutos descarregando os volumes e dez de intervalo. Havia, ainda, uma hora para almoço, quando comíamos em marmitas. Era um trabalho duro, que começava às 7 horas da manhã, obrigando-me a acordar às 5h30. Chegava em casa de noite, moído de cansaço. Logo preferi me fixar na limpeza de creches e escolas.

Já falando melhor o idioma local, trabalhei um bom período como funcionário administrativo numa escola pública de ensino médio, perto da minha casa, no bairro de Rinkeby. Minha jornada era das 18 às 22 horas. Era um misto de faxineiro e vigia, responsável por abrir a escola para atividades extraclasse, como teatro ou música, fechando-a ao final, depois de instalar uma série de alarmes que disparavam se alguma porta ou janela fosse aberta. Já naquela época, década de 1970, cada sala de aula tinha aparelhos de TV e de videocassete. Como terminava a limpeza em pouco mais de meia hora, passava o resto do tempo lendo ou fazendo reuniões políticas com brasileiros que iam até lá. Tinha, ainda, à minha disposição um telefone, com o qual só não podia fazer ligações internacionais.

A essa altura, 1978, já estava separado de Isolde, de quem continuei sempre amigo, e tinha me casado com Astrid Gonzalez, uma refugiada chilena com três filhas de um casamento anterior. Devido ao meu horário de trabalho, ficava em casa sozinho durante quase todo o dia. De manhã, Astrid ia para a creche em que trabalhava como professora e as crianças saíam para a escola. Eu aproveitava para ler muito. Nossos salários eram suficientes para a vida que levávamos, sem qualquer luxo, mas sem passar necessidades.

Pouco depois das 22 horas, chegava do trabalho e quase sempre recebíamos a visita de um casal de vizinhos, uruguaios, também refugiados políticos, Nestor Curbelo e Marta Scarone, de quem nos tornamos grandes amigos. Quando eles não vinham à nossa casa, éramos nós a ir até a casa deles. Ficávamos, então, até pouco depois da meia-noite tomando vinho, cozinhando ou beliscando algum tira-gosto, enquanto conversávamos nas enormes e agradáveis cozinhas dos apartamentos dos conjuntos habitacionais populares da Suécia, muitas vezes apreciando pela janela a neve cair do lado de fora. Foi um período agradável.

No início de 1979, fui trabalhar na mesma creche de Astrid, que precisava de mais professores que falassem sueco e espanhol, devido ao grande número de crianças recém-chegadas da América Latina. Aqui, vale ressaltar algo interessante: os suecos se preocupavam em empregar também homens em creches, para que as crianças os vissem fazendo trabalhos ditos femininos, como trocar fraldas ou preparar a comida. Era uma forma de combater o machismo desde o berço.

Astrid veio comigo para o Brasil depois da anistia. Em 1980, tivemos um filho, Felipe, que é jornalista. Estamos separados desde

1986, mas ela decidiu continuar a morar no Rio, já com nacionalidade brasileira. Mantemos uma amizade sólida.

A Suécia era um país muito interessante. Por ser capitalista, não deixava de ter a extração da mais-valia, mas as condições de vida de toda a população eram invejáveis, se comparadas com o que estávamos habituados a ver.

País com população pequena — na época em que estive lá ela não chegava a 10 milhões de habitantes — apostou no fortalecimento do mercado interno, impulsionado por um pujante movimento operário desde as primeiras décadas do século XX. Isso garantiu direitos ao conjunto da população. Assim, teve um desenvolvimento harmônico sem depender de colônias, ao contrário da maior parte da Europa, e construiu uma sociedade equilibrada.

Os desníveis salariais eram pequenos. A diferença entre os maiores e os menores salários era em torno de quatro para um. A disparidade cultural entre quem tinha curso superior e quem não cursara a universidade era mínima, porque todos tinham o ensino médio de excelente qualidade, em tempo integral. O faxineiro de uma creche conversava de igual para igual com a diretora, podendo frequentar sua casa como amigo ou namorado, sem que isso fosse objeto de comentários. Muito diferente do que se vê nos países capitalistas em geral, e nos subdesenvolvidos em particular, nos quais a divisão em classes é mais explícita e acaba sempre reforçada pelas disparidades no plano cultural.

Os impostos eram pesados. Afinal, de algum lugar teriam que sair os recursos para financiar os serviços de alta qualidade oferecidos à população. Lembro-me que salários maiores pagavam uma alíquota superior a 50% de Imposto de Renda. Os tributos pagos pelos empresários também eram altos.

Quando vejo empresários brasileiros reclamando da carga tributária, não posso deixar de me lembrar da Suécia, onde os impostos são muito mais altos. A rigor, o problema no Brasil não é que os impostos sejam elevados. É que não há retorno, pois os serviços públicos são precários. As pessoas pagam impostos, mas têm plano de saúde privado, porque a saúde pública é de má qualidade; matriculam os filhos em escola particular, porque o ensino público é fraco; e alguns precisam de carro no seu dia a dia porque o transporte público é ruim.

A Suécia dava a impressão de ser um país "pronto" — uma sociedade em que quase nada mais precisava ser construído em termos de infraestrutura. Mas quase não se via ostentação — que, aliás, quando existe, seja onde for, sempre vem acompanhada de alta dose de breguice. O país era rico e isso se demonstrava não pelo fato de as pessoas terem seu próprio carro, mas porque elas não precisavam de automóvel e usavam o transporte público — barato e de boa qualidade.

O metrô, que cobria boa parte de Estocolmo, raramente estava cheio. Os vagões eram climatizados e passavam em cada estação em horários predeterminados. Os bairros não cobertos pelas linhas de metrô eram servidos por trens de alta qualidade. Os ônibus, funcionando em linhas alimentadoras dos sistemas de metrô e de trens, tinham horário para chegar a cada ponto do itinerário. Caso chegassem um pouco antes, esperavam no ponto até que fosse hora de seguir viagem.

Claro que essa pontualidade era, também, uma exigência do clima, pois em temperaturas abaixo de zero as pessoas não podem ficar nas ruas esperando pelo transporte. Mas só era possível porque as ruas quase não tinham automóveis particulares.

O primeiro-ministro ia trabalhar de metrô e o próprio rei da Suécia, que se tratava em hospitais públicos, quando criança estudou em escolas públicas. Algo inacreditável para quem está acostumado com as desigualdades do Terceiro Mundo.

A ideia que alguns fazem da Suécia como um país em que há uma quase libertinagem sexual não corresponde à verdade. A rigor, a liberdade sexual lá era mais ou menos equivalente à existente nos demais países europeus ou no próprio Brasil. O que existia, sim, era outra relação com a nudez e a sensualidade. Aliás, uma relação mais saudável do que a que temos no Terceiro Mundo.

Os biquínis usados pelas suecas nos anos 1970 eram muito maiores do que os que encontramos nas praias do Rio de Janeiro (para não falar dos que surgem no carnaval). Equivaliam, mais ou menos, ao que no Brasil chamamos de maiô de duas peças. No entanto, isso não impedia que quase todas as mulheres fizessem *topless* nas praias ou piscinas. E nem que uma pessoa, não importa o sexo, tirasse a roupa na praia para vestir trajes de banho diante de todos.

Nos primeiros tempos de Estocolmo, fiquei amigo da minha professora de sueco na universidade. Certa vez, ela se prontificou a me mostrar partes menos conhecidas da cidade, que é muito bonita, toda cortada por braços de mar. Era verão e chegamos a uma praia meio deserta. Ela sugeriu que entrássemos na água, mas eu lhe expliquei que não tinha calção de banho. Ela riu, tirou o que vestia e entrou nua no mar. Fiz o mesmo, mas morrendo de medo de que aparecesse alguém e levasse minhas roupas. "O que vou dizer em casa se isso acontecesse?", pensei.

Muitos edifícios tinham saunas coletivas, frequentadas por homens e mulheres, todos nus. Em geral, um dia na semana era reservada para usuários do sexo masculino, e outro para usuárias do sexo feminino. Mas os outros cinco dias eram abertos a ambos os sexos.

Certa vez, eu estava sozinho na sauna do prédio em que morava quando entraram quatro jovens espanholas. Eram universitárias trabalhando na Suécia no período de férias. Na conversa, comentaram que na Espanha jamais ficariam nuas num ambiente como aquele ao lado de um estranho. Algum tempo depois, começou uma conversa entre elas sobre tamanhos de pênis. Até que uma virou-se para mim e perguntou:

— *Usted compreende español?*

— *Si. Y estoy acompañando la conversa de ustedes com mucha atención* — respondi, sorrindo.

As quatro morreram de vergonha e saíram em seguida.

Claro que nem tudo eram flores na Suécia. O frio e a escuridão reinantes durante boa parte do ano faziam com que muita gente se deprimisse. Entre os exilados, isso contribuía para agravar a saudade de casa. Mas, pesando-se prós e contras, foi um excelente país para se viver.

Daquela época até os dias em que este livro é escrito, com a crise geral do capitalismo e o avanço do neoliberalismo, alguma coisa mudou. A direita se fortaleceu, e certos direitos foram suprimidos. As manifestações de imigrantes em subúrbios de Estocolmo, no primeiro semestre de 2013, o demonstram. Mas, depois de ter atingido o padrão que conheci nos anos 1970, duvido que possa haver um retrocesso significativo nas conquistas sociais.

Por paradoxal que pareça, na Suécia fiquei mais perto do Brasil do que em Cuba. Duas vezes por semana, recebia as páginas de política e de esportes do *Jornal do Brasil*, enviadas pela minha família. Pude, então, acompanhar o processo de abertura política, a luta pela anistia, a reorganização do movimento sindical e as greves do ABC. E, claro, a formação daquele timaço do Flamengo que, depois, se sagrou campeão do mundo, sob a batuta de Zico.

Desde o fim de 1976, passei a ter na Suécia a companhia do meu irmão César. No ano anterior, ele tinha sido adotado como "prisioneiro do ano" pela Anistia Internacional. Para isso, a Anistia rompeu um paradigma que era o de não escolher como tal quem tivesse participado de atos de violência, priorizando o que chamavam de "prisioneiros de consciência". Mas a juventude de César, a aberração jurídica que foi a sua condenação e as condições em que foi mantido preso, três anos e meio em celas isoladas, fizeram a Anistia abrir uma exceção.

Diante das pressões internacionais, o general Ernesto Geisel pediu que o advogado Augusto Sussekind levasse a César uma proposta: ele seria solto desde que aceitasse viajar para fora do país. A proposta foi aceita. Naquelas condições, a libertação era uma vitória da solidariedade internacional sobre a ditadura, e não um privilégio.

Meu pai, já preocupado com a possibilidade de que eu jamais pudesse voltar ao Brasil, por ter sido banido, impôs apenas uma condição: César sairia, mas com um passaporte brasileiro normal.

Como havia rumores de que a linha dura do Exército estava resistindo à libertação de César e poderia fazer um atentado contra sua vida, ele foi levado do presídio da rua Frei Caneca para o aeroporto do Galeão no chão de uma caminhonete da Polícia Federal, coberto por uma manta. Ela fez o trajeto em meio a outras tantas iguais da escolta, indo quase sempre na contramão de ruas e em alta velocidade. Meu pai foi, armado, na mesma caminhonete em que estava César.

Só no avião em que seguiu com meu pai para a Suécia, César recebeu seu passaporte. Aí teve a surpresa: o documento tinha a validade de apenas um dia. O acordo de que ele receberia passaporte normal não foi cumprido pelos militares.

No início de 1979, com o fim do AI-5, o consulado de Estocolmo passou a fornecer documentos aos brasileiros sem condenação transitada em julgado e que não tivessem sido banidos. César estava nessa situação. Obteve o passaporte e resolveu voltar. Não teve problemas, salvo os transtornos de, nas primeiras semanas no Brasil, ser seguido pelos órgãos de repressão, naquele momento ainda não desarticulados.

Nessa época conseguimos também um passaporte regular para Ani.

Àquela altura, estava em andamento o processo de abertura política e a luta pela anistia ganhava mais força. Mas, a julgar pelo anunciado de início, o projeto de anistia do general Figueiredo deixaria de fora participantes de ações armadas que tivessem resultado em mortos ou feridos — os chamados "crimes de sangue". Eu estava nessa situação, pois, como relatado antes, um PM saiu ferido quando tomamos sua metralhadora diante de um gasômetro no Leblon.

Mas já estava cansado da vida no exílio. Por outro lado, o movimento popular no Brasil crescia, a esquerda se reorganizava, e o próprio MR-8 tinha conseguido reconstruir-se relativamente. Assim, no primeiro semestre de 1979, acenei a antigos companheiros de organização, informando que estava disposto a discutir minha volta ao país de forma clandestina. Viajou à Suécia, então, um dos principais dirigentes da organização, Cláudio Campos, que estava na Europa. Ele tinha sido meu colega na faculdade de engenharia, esteve preso na mesma época que eu, em 1970, sendo solto pouco tempo depois. Uma vez em liberdade, voltou a militar e ascendeu na hierarquia da organização.

Minhas discussões com Cláudio Campos em Estocolmo não foram animadoras. Suas concepções mais gerais tinham forte dose de autoritarismo, e ele não escondia a admiração por Stalin — o que me deixava de cabelo em pé. No plano interno, me pareceu que o MR-8 tinha ilusões em demasia com o então MDB e seus líderes, além de praticar certo populismo rasteiro com a intenção de sensibilizar segmentos mais atrasados politicamente. Mais tarde, o estreitamento da ligação da organização com Orestes Quércia veio confirmar meus temores.

Propus o seguinte a Cláudio: no prazo de 15 dias eu lhe enviaria um texto com as minhas posições. Não condicionava a volta clandestina à concordância dos dirigentes da organização com o que pensava. Mas queria a garantia de que haveria espaço no MR-8 para a defesa daquelas ideias. Não me agradava a possibilidade de estar clandestino e, portanto, dependente do aparelho partidário, e ser visto como alguém que trazia preocupações descabidas.

Não cheguei a saber se o texto foi avaliado pelos dirigentes no Brasil. Desconfio que não, pois muito prontamente veio o sinal verde. Foram-me dadas garantias de que não seria visto como marciano ao defender aquelas posições.

A bola estava comigo. Resolvi não recuar, apesar da pulga atrás da orelha. Despedi-me de Astrid, que, depois, viajaria para se juntar a mim no Brasil, e fui para Paris. De lá, partiria num voo para São Paulo, onde tinha pontos de entrada com a organização.

Com o passaporte falso, comprei a passagem de avião. Mas ocorreu um imprevisto: ao receber os demais documentos frios, percebi que o certificado de reservista tinha um erro no carimbo. Encomendei outro e mudei a data de embarque para a semana seguinte. Isso não traria problemas, pois tinha alternativas para o contato com a organização de sete em sete dias.

Para aproveitar o tempo e passar mais uns dias com Astrid, voltei de Paris à Suécia. Logo depois de ter chegado a Estocolmo, recebi um telefonema da minha mãe, eufórica. Pelo projeto de anistia enviado pela ditadura, e que seria votado pelo Congresso em agosto, eu seria beneficiado. Embora tivesse participado de ação classificada pelos militares como "crime de sangue", a minha libertação no sequestro levou ao arquivamento de todos os processos a que respondia e, por isso, não cheguei a ter qualquer condenação transitada em julgado.

O mesmo aconteceu com quase todos os banidos. Acabou ficando fora da anistia apenas quem tinha condenações transitadas em julgado por "crimes de sangue". Ainda assim, a maioria acabou saindo da prisão em mais uns poucos meses, com a reformulação da Lei de Segurança Nacional, que reduziu as penas previstas. Bastava os advogados pedirem revisão das condenações, com base no que passava a prever a nova lei: as penas eram reduzidas, e os presos, libertados.

Diante desse quadro, suspendi a volta clandestina. Embora o risco de prisão fosse muito pequeno, aparecer no Brasil depois da anistia seria demonstrar que tinha entrado de forma ilegal. Para antecipar a volta em um ou dois meses, não valia a pena chamar a atenção sobre mim sem necessidade, mostrando que tinha ligações com grupos clandestinos.

Voltei a Paris para devolver a passagem de avião já comprada e recuperar o dinheiro para a organização.

Dois meses depois, no início de setembro de 1979, aprovada a anistia, estava de volta. Foram, ao todo, nove anos e três meses fora do país.

Uma vez no Brasil, menos de uma semana de conversas com o MR-8 e a avaliação do jornal *Hora do Povo*, que passara a ser editado pela organização, me mostraram que as diferenças eram grandes. Não me reintegrei a ele.

Vale contar, ainda, um último episódio no exílio, acontecido em fins do primeiro semestre de 1979. Certa noite, recebi o telefonema de uma brasileira, que dizia estar na Suécia de passagem, com livros de presente para mim, da parte de meu pai e de César. Combinamos que ela me visitaria para entregá-los. A moça quis confirmar o endereço e constatei que ela tinha um antigo, onde eu tinha morado com Astrid até seis meses antes. Estranhei, porque tanto César como meu pai já dispunham do novo endereço.

Registrei o fato.

Ela era uma linda morena, pouco mais alta que eu, bonita de corpo e com grandes olhos verdes. Chegou à minha casa acompanhada de alguém que apresentava como tio: um sueco enorme, com jeito de *hooligan*, que não falava português. Ao nos cumprimentarmos, ainda na porta, a moça me deu um abraço que julguei apertado demais e um beijo à meia boca.

Recebi os livros, que tinham dedicatórias de meu pai e de César. Servi uísque, vodca e tira-gostos aos visitantes e conversamos naturalmente. A moça contou que sua mãe era vizinha de porta do meu pai, num prédio em Copacabana, e que ambos tinham ficado amigos. Em certo momento, perguntou se poderia dormir na minha casa, pois tinha um assunto reservado a conversar comigo. Concordei. O *hooligan* despediu-se e saiu.

Ela, então, disse mais ou menos isso:

— Não vim aqui passear. Tenho uma missão. Sou uma revolucionária e minha organização tem centenas de homens em armas no Brasil prontos para entrar em ação. Queremos contatos com o governo cubano e com a Anistia Internacional e gostaríamos que você nos ajudasse nisso.

Só o uso da palavra "missão", pouco utilizada por militantes de esquerda, e tão a gosto dos militares, já me chamou a atenção. Eu olhava para Astrid, que não era nada boba, ela me olhava de volta, espantada. Enquanto isso, a moça seguia contando vantagens. A essa altura, eu dava mais e mais vodca à aprendiz de Mata-Hari, que seguia falando de sua organização.

Depois de termos esvaziado pelo menos uma garrafa de vodca, já cansados, chegou a hora de dormir. Eu lhe disse, então:

— Minha filha, você não vai ficar aqui. Quem te mandou fazer esse papel foi um irresponsável. Você é cana e eu não sou idiota.

Ela me fulminou com os olhos. Depois, Astrid me diria:

— Naquele momento achei que ela ia te matar.

Ofereci-me para pedir-lhe um táxi por telefone.

Logo depois que ela se foi, na mesma noite liguei para César, no Brasil.

— Como é que você me manda uma Mata Hari, cara?

Ele, ainda meio dormindo, respondeu:

— Farejei algo estranho nessa moça e, por isso, passei pra ela o teu endereço antigo.

Contei-lhe rapidamente o acontecido e ele deu risadas, mas confirmou que, de fato, a mãe da moça (ou alguém que se apresentava como tal) era vizinha do meu pai.

No dia seguinte, liguei para meu pai, contando a história. Depois soube por ele que a vizinha se mudou do prédio.

A Mata Hari tinha me dito que estivera em Portugal, antes de ir à Suécia. Lá, teria participado de reuniões lideradas por Leonel Brizola para reorganizar o trabalhismo. Procurei Carlos Fayal, que também morava em Estocolmo, para conversar sobre o assunto. Ele tinha sido da ALN, saíra da prisão no mesmo sequestro em que eu, e participara de reuniões com Brizola em Lisboa.

Fayal se lembrava da moça. Ela viajara no mesmo avião que alguns velhos trabalhistas e, em Lisboa, circulava como acompanhante de um deles. Por acaso, Fayal tinha até a foto dela, num grupo.

Desnecessário dizer que, quando voltei para o Brasil, trouxe essa foto, ampliada, e a distribuí entre as organizações de esquerda.

Nunca mais soube da moça.

A hora e a vez da estrela

> *"Estrela de luz*
> *Que me conduz*
> *Estrela que me faz sonhar"*
>
> Paulinho Mocidade, Dico da Viola
> e Moleque Silveira

Fui um dos primeiros exilados a voltar ao país. Desembarquei no aeroporto do Galeão, no Rio de Janeiro, na manhã de 2 de setembro de 1979, um domingo. Aprovada pelo Congresso, a Lei da Anistia fora sancionada no dia 28 de agosto pelo general João Figueiredo. No mesmo avião, veio o filho de um casal de exilados, José Alves de Souza, o Juca. Seus pais, Washington de Souza, banido como eu, e Leta, ficariam mais um tempo em Estocolmo.

Logo que chegamos, fui separado de Juca e levado para uma das salas da Polícia Federal. Percebi certa desorientação por parte dos agentes. Telefonavam, cochichavam entre si e não me diziam nada, a não ser que esperasse. Em dado momento, me dirigi ao policial que parecia estar no comando, com certeza um delegado da PF.

— Sou anistiado político. O que está havendo?

Ele me respondeu, constrangido:

— Existem duas pessoas com seu nome nos computadores. Uma pode entrar; a outra, não.

Retruquei, rindo:

— Ora, eu sou a que pode entrar...

Ele deu mais uns telefonemas e, em seguida, me liberou. Quando cheguei ao saguão do aeroporto, fui recebido por mais de cem ativistas do movimento pela anistia. Esse gesto se repetiria no desembarque de novos companheiros. E passei a fazer parte dos que iam dar as boas-vindas aos que voltavam do exílio.

Do aeroporto fomos para o pequeno apartamento de sala e dois quartos da minha mãe, no Leblon, onde nos esperava uma gigantesca feijoada. Começando a ser servida por volta do meio-dia, ela se estendeu até a noite. Amigos, antigos companheiros de militância, parentes, conhecidos e pessoas que eu nunca tinha visto não paravam de chegar. Era gente entrando e saindo todo o tempo, até de noite. Foi uma festança.

Em dado momento, desci sozinho para uma caminhada pelas imediações, onde tinha passado a infância e a juventude. Foi o reencontro com um cenário que não via há muitos anos.

As primeiras semanas no Rio foram de festa. A cidade queria conhecer os antigos exilados e presos políticos. Havia enorme interesse em saber mais deles, em particular dos que tinham participado da guerrilha.

No fim do ano começou o chamado verão da anistia, marcado, na mídia, pela tanga de crochê de Gabeira, que trazia questões novas em termos de comportamento. Ocupava páginas de jornais, para desagrado de militantes de esquerda mais tradicionais, que torciam o nariz para aquelas novidades. Mas elas eram essencialmente positivas. Àquela altura, Gabeira já tinha se tornado conhecido pelo livro *O que é isso, companheiro*, que teve várias edições e, depois, daria origem ao filme homônimo.

A volta ao Brasil, depois de quase uma década, representou muito. Era a retomada do contato com o país e tudo o que isso me trazia de volta: a política, a música, o futebol, o Flamengo, a praia, os amigos antigos. E fiz, também, centenas de novos amigos num

Rio de Janeiro em que eu não precisava mais estar clandestino e que vivia um momento inesquecível.

Todos nos emocionávamos a cada momento e, às vezes, por pequenas coisas. Meu pai, que sempre gostou muito de música e cantava bem, mas nunca admirou especialmente Roberto Carlos — apreciava mais o estilo de Dorival Caymmi —, ouvia, sensibilizado, *Debaixo dos caracóis dos teus cabelos,* que tantas vezes embalou sua saudade dos filhos exilados.

> Um dia a areia branca
> Teus pés irão tocar
> E vai molhar seus cabelos
> A água azul do mar
> Janelas e portas vão se abrir
> Pra ver você chegar
> E ao se sentir em casa
> Sorrindo vai chorar
> As luzes e o colorido
> Que você vê agora
> Nas ruas por onde anda
> Na casa onde mora
> Você olha tudo e nada
> Lhe faz ficar contente
> Você só deseja agora
> Voltar pra sua gente

Nos primeiros tempos, algumas vezes notei estar sendo seguido ao sair de casa. Devia ser a mesma turma do DOI-Codi que, pouco tempo depois, mandaria uma carta-bomba para a OAB e estaria ligada ao episódio do Riocentro. Como não tinha atividade clandestina, relaxei. Eles que perdessem tempo me seguindo. Minha única preocupação era com a possibilidade de um atentado. Mas tendo vida legal, cumprindo horários e tendo rotinas, não tinha como evitar que isso acontecesse.

A bem da verdade, os percalços que vivi nessa época não foram muitos, nem graves.

Ainda assim, na manhã do dia 4 de fevereiro de 1980, fui preso ao buscar a nova carteira de identidade no posto do Instituto Félix Pacheco que havia ao lado da 14ª Delegacia de Polícia, na rua Humberto de Campos, no Leblon.

Era um dia típico de verão carioca, de muito calor, mas eu estava de terno e gravata, pois teria depois uma entrevista de emprego. Entreguei o protocolo e o funcionário do IFP perguntou se a carteira era para mim mesmo, depois de consultar uns papéis. Diante da resposta positiva, me pediu para esperar e saiu pela porta dos fundos que dava para um pátio ligado à delegacia. Logo entraram quatro ou cinco policiais civis e me imobilizaram. Não reagi. Imaginei o que estava acontecendo e tentei explicar que havia um engano. Mas eles não quiseram conversa.

Fui levado para a DP no prédio contíguo e, por sorte, o delegado de plantão era Jorge Marques Sobrinho. Ele me conhecera quando, dez anos antes, era lotado no Dops, onde eu estava preso. Jorge era um mulato gordo, comunicativo e esperto, que me reconheceu de imediato, passando a me tratar de forma descontraída. Mas, quando perguntei se podia ir embora, respondeu:

— Tenho uma ordem por escrito pra te prender. Só posso te soltar com outra ordem por escrito.

E explicou algo que eu não sabia: a anistia não limpava automaticamente a ficha do beneficiado. Este é que deveria requerer que a providência fosse tomada pelas autoridades competentes.

Jorge me informou, ainda, que, cada vez que o IFP emite documentos, é feita uma conferência para ver se o interessado tem pendências com a Justiça. Isso justificava o rigor com que os policiais agiram ao me prender. Pela minha ficha achavam que tinham diante de si um perigoso assaltante de mais de uma dezena de bancos e carros de transporte de valores.

Fui levado para o Dops, àquela altura ainda não desativado. Antes, porém, o delegado me fez uma espécie de cortesia, ordenando aos policiais que me conduziriam:

— Nada de botar na caçapa. Ele não é preso.

Pude, também, telefonar da própria delegacia para uma grande amiga advogada, Abigail Paranhos. Era uma sexta-feira e, para que eu fosse solto, seria preciso providenciar certidões negativas de todas as auditorias militares. Talvez não houvesse tempo hábil para isso naquele mesmo dia. Mas Abigail entrou em contato com Manuel de Jesus Soares, advogado que trabalhara com o velho Augusto Sussekind, e os dois conseguiram as certidões antes do fim do expediente. A eficiência deles me poupou a desagradável experiência de dormir mais um fim de semana no Dops.

Ainda no início dos anos 1980, perdi uma boa oportunidade de emprego por perseguição política, ao ser indicado por um amigo para o cargo de redator numa empresa ligada à TV Globo. Dias depois, a pessoa que me recomendou — um amigo com quem jogava futebol — recebeu o telefonema de "alguém de crachá prateado" da Globo, informando-lhe o veto à contratação. Os órgãos de repressão tinham sabido do convite porque meu telefone estava grampeado e resolveram me prejudicar.

Este não seria o único veto de natureza política que eu enfrentaria na vida. Só que os demais foram por gente do PT, depois que me afastei do partido.

Morei na casa da minha mãe até que Astrid chegasse ao Brasil, no fim do ano, com sua filha menor, Carmen, quando nos mudamos para um apartamento na praia do Flamengo. Ainda havia reuniões do Comitê Brasileiro pela Anistia (CBA), pois nem todos os presos políticos tinham sido libertados. Eu participava delas.

Começavam também os encontros com vistas à criação do Partido dos Trabalhadores, dos quais participava. Era o chamado Movimento Pró-PT. Quando o partido foi oficialmente criado, em 1980, fui um de seus fundadores.

Como não tinha recursos e não queria, nem podia, ser sustentado pelos meus pais, trabalhava no que aparecia. Em geral, eram coisas com pequena duração e mal-remuneradas. Dediquei-me a princípio a traduções. Mas nem sempre quando terminava um trabalho havia outro a me esperar. Mais tarde, com o auxílio do Sindicato dos Jornalistas, obtive o registro profissional depois de comprovar, junto ao Ministério do Trabalho, que tinha exercido a profissão num pequeno jornal, ainda que por pouco tempo, enquanto estudava engenharia, antes portanto da vigência da lei que instituía a obrigatoriedade do diploma. A lei previa que, nesses casos, seria respeitado o direito adquirido. Assim, eu, até então um perfeito "especialista em generalidades", passei a ter uma profissão, mesmo que de jornalismo, na época, não soubesse grande coisa.

Ao longo da década de 1980, tive diferentes empregos. Os principais foram como jornalista e assessor político da Associação dos Funcionários do BNDES. Mais tarde, fui também assessor político do Sindicato dos Metalúrgicos do Rio. Esse sindicato, depois de décadas nas mãos de pelegos, fora conquistado no início de 1988 por um grupo de jovens ativistas de esquerda. Muitos tinham sido meus alunos em aulas de marxismo e de história do Brasil no Centro Cultural dos Trabalhadores (Cecut), em Parada de Lucas, assim que voltei ao país. Até hoje guardo boas amizades desse tempo, em particular com o então presidente do sindicato, Washington Costa, um dos melhores quadros operários que conheci e exemplo de integridade pessoal.

O PT era, na época, uma experiência política riquíssima. Na sua origem, unia três vertentes significativas na resistência à ditadura militar que, de certa forma, se complementavam: sindicalistas que lideraram movimentos grevistas na segunda metade dos anos 1970, marxistas remanescentes da luta clandestina contra a ditadura e integrantes da Igreja progressista. Além delas, o PT atraiu, ainda, importantes intelectuais de esquerda, como Sérgio Buarque de Holanda e Antônio Cândido.

Os sindicalistas tinham influência em camadas importantes dos trabalhadores mais conscientes e combativos. Tal como ocorrido com o movimento estudantil em 1968, as greves operárias do fim da década de 1970 tinham dado origem a uma fornada de ativistas, muitos dos quais permaneceram depois na vida pública. Esta foi a vertente mais expressiva do PT, mas lhe faltava, naquele momento, experiência partidária e uma perspectiva mais ampla de intervenção naquilo que Gramsci chamou de "grande política".

Os setores da Igreja faziam, em geral, trabalho de politização em bairros populares. Com a criação do PT, ganharam também a oportunidade de dar um salto de qualidade nesse esforço, integrando-o a outras frentes de luta.

Os remanescentes da esquerda marxista, que enfrentaram a ditadura militando em organizações clandestinas, tiveram, pela primeira vez desde o golpe de 1964, a possibilidade de interlocução com uma camada mais ampla de trabalhadores.

O maior desembaraço aparente dos militantes marxistas não deve levar à conclusão de que, na construção do PT, lhes coube assumir a direção do processo, deixando, por fim, de ser generais sem tropas.

Líderes operários e ativistas formados no trabalho da Igreja não estavam buscando quem os dirigisse. A integração foi rica e as partes se complementavam, mas não houve qualquer espécie de subordinação. Nada mais longe da verdade do que a leitura apressada de que os militantes de esquerda passaram a dar as cartas. Aliás, em muitos casos aconteceu o inverso: alguns desses quadros seriam cooptados pela capacidade política, a liderança e o carisma de figuras como Lula, pondo-se a seu serviço até de forma acrítica, como se veria depois.

A conjuntura era favorável ao crescimento da esquerda. É verdade que os militares tinham controlado e mantido em rédeas curtas o longo processo de abertura política. E, do início da distensão, com Geisel, até a eleição de Tancredo Neves, na qual culmina o processo de abertura de Figueiredo, passaram-se dez anos. Mas a ditadura saiu de cena num quadro de crescimento das lutas populares. E as classes dominantes não tinham se estruturado em torno de um projeto claro, o que só veio a ocorrer no início dos anos 1990. Isso deixava um espaço político importante para a afirmação da esquerda.

O movimento sindical ainda não tinha se fragilizado. Aliás, vale aqui uma digressão.

Se nos tempos de ditadura as lutas sindicais foram um importante instrumento para abrir espaços democráticos, depois, na democracia, em grande medida os sindicatos se perderam. Na prática, muitos se tornaram conservadores, ainda que mantivessem um discurso progressista.

Dirigentes sindicais tiveram, sem dúvida, responsabilidade nesse processo de esvaziamento, mas houve também uma razão mais de fundo: a reestruturação do mundo do trabalho, com a reconfiguração do processo de acumulação do capital, iniciada nos anos 1970. Ela enfraqueceu o movimento sindical não só no Brasil, mas no mundo inteiro.

Somando-se a essa dificuldade, está o fato de que, a partir do primeiro governo Lula, deu-se um processo de cooptação da maioria dos sindicatos. Às vezes, alguns ainda ensaiavam uma ou outra reivindicação em desacordo com a política oficial, mas sempre com o cuidado de não incomodar muito os governos do PT.

O perfil das entidades sindicais também mudou. Levantamentos realizados em congressos recentes mostram um quadro lastimável.

Há cerca de três mil sindicatos no Brasil que, em toda a sua existência, nunca participaram de uma só negociação salarial. Até o presidente da CUT, Vagner Freitas, admite:

> São sindicatos de cartório, só para arrecadar, fruto da contribuição compulsória. (*O Globo*, 29/4/2013)

A distorção é reconhecida, inclusive, pelo secretário de Relações do Trabalho do Ministério do Trabalho e Emprego, Manoel Messias, por sinal, encarregado de credenciar os novos sindicatos, dando-lhes vida legal:

> Existem sindicatos que não existem mesmo. Problema da contribuição compulsória, que não é vinculada à ação sindical... (*O Globo*, 29/4/2013)

A criação de sindicatos tornou-se um grande negócio. Muitos servem apenas para arrecadar recursos do imposto sindical, sem que haja uma fiscalização real da destinação do dinheiro. Em nome da independência do movimento sindical, embora haja dinheiro público, por conta desse imposto o controle é feito por conselhos fiscais, eleitos juntamente com as diretorias e sempre vinculados politicamente a elas.

Para que se tenha uma ideia do volume de negócios que essa situação propicia, basta ver que, só nos últimos oito anos antes de este livro ser escrito, foram formados, em média, 250 sindicatos a cada ano, num total de 2.050, segundo matéria publicada no jornal *O Globo* (29/4/2013).

Esses números em outro cenário poderiam demonstrar o crescimento da organização e da luta sindical. No entanto, demonstram o contrário: o aumento da corrupção e do peleguismo no Brasil. São os tais sindicatos de cartório, que só existem "para arrecadar".

Os sindicatos tornaram-se, também, cada vez mais corporativistas, deixando de lado o interesse público e bandeiras gerais de transformação da sociedade, em benefício da busca de vantagens localizadas para uma categoria profissional específica. Explica-se: estas bandeiras são mais úteis para a perpetuação dos dirigentes à frente de suas entidades.

A situação chegou a tal ponto que se vê como natural que a vanguarda do movimento sindical brasileiro, os metalúrgicos do ABC, defenda, de braços dados com as montadoras de automóveis, a diminuição de impostos pagos pelas empresas como forma de facilitar reajustes salariais. A essa defesa da renúncia à arrecadação pública, que tem como consequência a redução de recursos para necessidades básicas da população, não se ouviu uma só censura. É como se fosse natural a lua de mel entre empregados e patrões do setor automobilístico, à custa do Erário.

O aparelhamento e o recurso a procedimentos antidemocráticos e golpistas na disputa pelo poder nos sindicatos tornaram-se, também, comuns. Essas práticas são vistas como naturais, sendo exercidas pelas mais diversas correntes, inclusive as mais combativas.

No caso das centrais sindicais, a situação é, também, muito grave. Não à toa, elas continuam a ser criadas em grande número, seja por partidos políticos, seja por rematados oportunistas. Uma bandeira histórica do sindicalismo combativo, o fim do imposto sindical, criado no Estado Novo e sempre apontado como alimentador do peleguismo, é convenientemente esquecida. Com isso, as centrais tornaram-se gigantescas máquinas burocráticas que se movem em torno de seus interesses próprios e da arrecadação de vultosos recursos, cuja prestação de contas é precária. A manutenção desse quadro é moeda de troca para que não incomodem o governo com reivindicações inoportunas.

Muitos dirigentes sindicais com origem política na esquerda tornaram-se autênticos pelegos, ainda que exibam suas carteirinhas de militantes de partidos, como PT ou PCdoB. Se depender deles, jamais vão deixar os cargos que lhes garantem vida fácil, gordas ajudas de custo, carros com motorista e vantagens a granel.

E há, ainda, dirigentes que enveredaram pela corrupção pura e simples. Não é raro haver sindicalistas ostentando padrão de vida incompatível com seus rendimentos declarados.

A situação da União Nacional dos Estudantes (UNE) não é diferente. Com um passado de lutas importante, a entidade tornou-se inteiramente chapa-branca, sendo também exemplo de peleguismo e aparelhamento partidário pelo PCdoB. Ouso afirmar que, assim como a maioria dos sindicatos, também ela não resistiria a uma auditoria séria em suas contas.

O próprio MST (Movimento dos Trabalhadores Rurais Sem-Terra) está desorientado. Oscila entre a inevitabilidade de criticar os governos petistas, cujo desempenho no que concerne à reforma agrária foi pífio, e o cuidado de não bater forte demais no PT. Dezenas de milhares de sem-terra, acampados em beira de estradas, dependem de cestas básicas fornecidas pelo governo federal ou do Bolsa Família para sobreviver. Uma interrupção do fornecimento desses benefícios traria uma enorme crise social. Mas, mesmo com eles, os acampados vivem uma situação dramática. Moram há anos em barracas de lona ou plástico, sem ter o que fazer enquanto esperam uma reforma agrária que não vem e, pelo visto, não virá tão cedo.

Nos anos 1980 o quadro era outro. O novo sindicalismo e a criação do PT eram terreno fértil para o desenvolvimento da política no sentido mais nobre que pode ter essa palavra.

Naquela época, fui secretário-geral do PT no Rio e integrante de sua Executiva Nacional. Era um tempo em que as instâncias partidárias efetivamente dirigiam o partido, não sendo as peças decorativas em que se transformaram depois. Na ocasião, tive uma relação próxima a Lula, inclusive em termos pessoais.

Mantinha maior identidade política com antigos companheiros do MR-8, como César, Vladimir Palmeira, Daniel Aarão Reis e Carlos Vainer. E me aproximei de quadros que conheci depois da anistia, como Abigail Paranhos (ex-PCBR), Ângela Borba (ex-AP) e Antônio Neiva (ex-Ala Vermelha), que se tornou, além de parceiro político, um grande amigo.

Em 1985, fui aprovado num concurso para jornalista da Petrobras, tendo sido convocado em junho do ano seguinte. Na ocasião, era pré-candidato a deputado estadual pelo PT e não quis desistir da candidatura em respeito ao grupo de pessoas já comprometidas com a campanha. Assim, comecei a trabalhar na Petrobras e, menos de 30 dias depois, ainda no período probatório de três meses, requeri licença para a campanha logo que a candidatura foi registrada na Justiça Eleitoral. Completada a apuração, faltaram 500 votos para que me elegesse. Quando me apresentei de volta ao trabalho, fui demitido.

Hoje vejo que foi um erro. Poderia ter conversado com as oito ou dez pessoas já engajadas na campanha e mostrar-lhes que a situação tinha mudado. Eu tinha dificuldades de sobrevivência, e aquele emprego na Petrobras seria algo para toda a vida. Sem contar que, inclusive, me abriria boas oportunidades de engajamento no movimento sindical, na época expressivo.

Ainda na década de 1980, trabalhei como assessor nos gabinetes dos então vereadores petistas Chico Alencar e Jorge Bittar. No momento em que este livro é escrito, ambos são deputados federais. O primeiro pelo PSOL; o segundo continuou no PT.

Em 1988 candidatei-me a vereador no Rio, ficando como primeiro suplente. De novo, tive a impressão de que, se tivesse ousado mais, aceitando endividar-me, talvez tivesse sido eleito. Mas, tal como em 1986, preferi não fazer isso. Saí da eleição sem dívidas. Só gastei o que foi doado por amigos e simpatizantes da campanha. Já bastava ter que reorganizar a minha vida depois, sem emprego ou reserva de dinheiro. Não me arrependo.

Em 1989, o país teve sua primeira disputa presidencial direta desde 1960, quando Jânio Quadros e João Goulart foram eleitos. A maioria esmagadora dos brasileiros nunca tinha votado para presidente. Foi um festival de democracia.

O leque de candidatos era expressivo, fossem eles de esquerda, de direita ou de centro: Leonel Brizola, Ulysses Guimarães, Mário Covas, Lula, Paulo Maluf, Aureliano Chaves, Afif Domingues, Roberto Freire e mais uma penca de nanicos. Entre esses últimos estava Fernando Collor, que acabou vencendo.

Foi uma disputa atípica. Como se votou apenas para presidente e não houve eleição para deputados federais e estaduais, senadores ou governadores, as máquinas partidárias não se envolveram quase na campanha. Não fosse assim, é pouco provável que Collor e Lula tivessem chegado ao segundo turno. Eram candidatos de partidos que, na época, não tinham grande estrutura.

Participei ativamente da coordenação da candidatura de Lula no Rio. Além disso, como na época jogava futebol todo sábado no campo de Chico Buarque, no Recreio dos Bandeirantes, tinha contato estreito com músicos e artistas e ajudei na integração de muitos deles à campanha.

Na ocasião, fazia parte de um time com o sugestivo nome de Cachaça. Ele fora fundado por Antônio Neiva, passando mais tarde a ser dirigido por Nelsinho Rodrigues. Mais de 20 anos depois, a maioria dos integrantes do Cachaça ainda se encontra de tempos em tempos em churrascos ou atividades do Bloco do Barbas, que desfila nos sábados de carnaval em Botafogo. O nome do bloco vem do restaurante aberto na década de 1980, na rua Álvaro Ramos, por

Nelsinho, Tchecha (Sérgio Henrique Alvarez) e Manuel Henrique Ferreira, três figuras muito queridas.

Na eleição de 1989, Collor trabalhou com habilidade. Político sem princípios, patrocinou a criação de partidos de aluguel e os usou para criar uma imagem de inimigo implacável da corrupção. O perfil de "caçador de marajás", cuidadosamente trabalhado, foi sua marca de campanha. Quis o destino que, por ironia, mais tarde acabasse sendo o único presidente da história do Brasil afastado pelo Congresso por corrupção.

Collor aproveitou a legislação da época, bastante permissiva. Ela concedia uma hora em rede nacional de rádio e TV para os novos partidos apresentarem seu programa à sociedade — mesmo que tivessem apenas o registro provisório (para o qual se exigiam só cem assinaturas dos fundadores).

O uso de programas no rádio e na TV de legendas de aluguel foi feito de forma escancarada. O horário era aberto por um dirigente do partido em formação — figuras cujo nome a história não registrou — que, em seguida, informava: "Agora vamos convidar o Excelentíssimo Senhor Governador de Alagoas, Fernando Collor, para abrilhantar nosso programa." Vinha, então, Collor e desancava Sarney, à época muito extremamente. O velho cacique maranhense era chamado de corrupto e fraco, com todas as letras. Collor quase pedia para ser processado pelo presidente, certo de que isso lhe traria dividendos eleitorais. Mas dizia o que o povo queria ouvir.

Como nenhum candidato entre os representantes principais das classes dominantes crescesse nas pesquisas e Collor não parasse de subir, ele se transformou na alternativa das elites econômicas, das correntes de direita e da grande mídia. No primeiro turno, chegou em primeiro lugar, com folga.

O segundo lugar foi disputado milímetro a milímetro por Lula, Brizola e Covas. Acabou ficando com o petista, por uma diferença de meio ponto percentual. Um fator foi determinante para isso. Na época, não havia urna eletrônica e os eleitores marcavam, com um x, o candidato de sua preferência na cédula em que os nomes vinham listados de alto a baixo. Em meio a mais de dez candidatos, Lula era o primeiro nome — a ordem foi resultado de um sorteio. Isso, claro, proporcionou-lhe uns quantos votos a mais, de eleitores de baixa escolaridade que, apressados e inseguros na cabine de votação, marcaram logo o primeiro nome da cédula.

No turno final, Lula cresceu muito. Sua campanha ganhou as ruas e empolgou parte expressiva da sociedade. O candidato do PT venceu bem o primeiro dos dois debates de TV e parecia ameaçar seriamente a liderança de Collor.

Mas derrapou na última semana.

Alguns fatores contribuíram para isso.

De um lado, Collor usou um golpe baixo, ao subornar uma ex-namorada com quem Lula tivera uma filha, para que ela aparecesse no horário eleitoral gratuito falando cobras e lagartos do candidato petista. Registre-se que, no episódio, Lula não pode ser criticado. A gravidez foi acidental, ele registrou a criança, pagava pensão e mantinha contato regular com a filha. A própria avó materna da menina tinha com Lula boa relação. Mas o ódio irracional da ex-namorada a fez unir o útil ao agradável. Vingou-se do homem que não quis seguir a seu lado, forneceu artilharia pesada contra ele na reta final de campanha e ainda ganhou dinheiro.

O episódio teve peso na eleição. Afinal, era a mãe de uma filha do candidato afirmando que ele era um rematado mau-caráter E Lula se deixou abater psicologicamente.

Houve, também, manipulação da TV Globo na edição do segundo e último debate entre os dois candidatos, ocorrido na noite da quinta-feira anterior à eleição. O *Jornal Nacional* de sexta-feira apresentou uma síntese distorcida do confronto, exibindo os melhores momentos de Collor e os momentos mais fracos de Lula.

Mais do que o debate em si — no qual Lula realmente foi mal, tendo sido derrotado por Collor —, a matéria do *Jornal Nacional* teve influência. O duelo entre os dois tinha acontecido tarde da noite, já depois da novela, estendendo-se até quase a madrugada, quando a maioria dos telespectadores já estava dormindo. Não é exagero dizer que quem viu o debate até o fim era gente ligada em política e já com o voto decidido. Mas com o *Jornal Nacional* foi diferente. Exibido em horário nobre, antes da novela, sua audiência era superior a 50 milhões de espectadores. E, a julgar pela matéria exibida, Lula tinha sido nocauteado no debate.

Um terceiro fator pesou para a derrota: Lula se acovardou. O medo de ganhar tomou conta do candidato. Na última semana, era patente essa percepção para muitos dos que conviveram com ele. Outros integrantes da direção do PT, alguns dos quais continuam figuras importantes no partido e próximas ao seu principal líder, compartilharam comigo essa opinião na época.

Talvez Lula não se considerasse preparado ou não confiasse no PT para governar o país. Talvez, ainda, preferisse ganhar a Presidência mais tarde, em outras circunstâncias e com um programa mais moderado, de forma a não haver uma oposição mais feroz das classes dominantes — como de fato veio a acontecer.

O fato é que se viu no segundo debate um Lula medroso. Diante dele estava um Collor agressivo, com os olhos mais brilhantes e esbugalhados do que nunca, na ofensiva desde o início. Acuou Lula, chegando inclusive a questionar o fato de o petista se apresentar como trabalhador, estando há algum tempo fora da produção, por ser dirigente sindical. Ora, logo Collor, um filhinho de papai que nunca tinha dado duro na vida para sobreviver, afirmou isso sem receber de Lula uma resposta à altura.

Por fim, deve ser dito que pesou também o conservadorismo do eleitorado. A sociedade resistia a eleger para presidente um operário, líder de um partido de esquerda. É como se segmentos conservadores tivessem chegado ao limite, ao se inclinar a votar em Lula poucos dias antes da eleição, mas na hora decisiva recuassem, empurrados pelos acontecimentos da última semana da campanha.

Além disso, a mensagem de Lula não chegou aos grotões do país, onde um eleitorado desinformado e atrasado politicamente era dominado pelos caciques locais. Não deixa de ser uma dessas ironias da vida que, passados mais de 20 anos, esses grotões que derrotaram o candidato petista em 1989, e continuam despolitizados e desinformados, se tornassem a principal base eleitoral de Lula e do PT.

Como presidente, Collor exibiu a mesma falta de escrúpulos, mas não mostrou a habilidade da campanha. Acabou afastado por um *impeachment* porque, na sua arrogância, quis governar sem negociar com o Congresso, recusando-se a comprar, com cargos, favores *y otras cositas más*, a chamada "governabilidade". Em outras palavras, foi pouco flexível. Não quis subornar direta ou indiretamente deputados e senadores — aqueles "300 picaretas" existentes no Congresso, nas palavras do Lula de antes. Fizesse isso, poderia ter sido blindado contra as comprovadas acusações de corrupção.

O que acabo de dizer seria, então, justificativa para o caminho adotado pelo PT, que, uma vez na Presidência, adaptou-se à corrupção? Seria questão de sobrevivência a compra da "governabilidade" e o recurso a práticas como o mensalão?

De forma alguma. Este se torna o único caminho para quem não politiza as questões, nem mobiliza a sociedade em defesa de um processo de transformações, construindo com o apoio da população a chamada "governabilidade".

No caso de Collor, um rematado reacionário, não havia essa hipótese. Por isso, a combinação da corrupção em larga escala no governo com a arrogância do presidente lhe foi fatal.

Sua situação tornou-se ainda mais grave porque o movimento de oposição chegou às ruas, com as passeatas de estudantes caras-pintadas, decisivas para pressionar os congressistas. E Collor, acuado, cada vez que abria a boca só fazia piorar a situação.

Conclamou a população a sair de verde e amarelo num fim de semana, em demonstração de apoio a seu governo, e as ruas viraram um mar de gente vestida de preto.

Foi grosseiro com Ulysses Guimarães, que, tendo inadvertidamente trocado os remédios que usava, demonstrara certa desorientação ao conduzir uma sessão da Câmara dos Deputados. Collor o chamou de velho senil. A resposta de Ulysses, uma espécie de patriarca do Congresso, foi um soco no fígado do presidente. "Os remédios que tomo são receitados por médicos e comprados legalmente em farmácias." Collor não teve outro jeito senão se calar. Ele fora acusado em entrevista à imprensa pelo irmão Pedro de fazer uso de cocaína e outras drogas ilícitas.

No primeiro turno, apurados os votos, fiz parte da comitiva que foi com Lula à casa de Brizola pedir-lhe apoio no segundo turno. O velho político gaúcho estava visivelmente sentido com o resultado. No fundo, era como se considerasse que ele, e não outro candidato, deveria ter ido para a fase final contra Collor.

Só tempos depois me dei conta de que, para o país, isso teria sido muito melhor. Apesar dos seus defeitos, Brizola não se deixaria humilhar por Collor. Saberia se impor, colocar o *playboy* em seu devido lugar e venceria a eleição. Penso que o mesmo aconteceria se para o segundo turno tivesse ido Covas — figura que não pode ser confundida com o que se transformou o PSDB mais tarde.

Apesar da visita de Lula a Brizola, naquela ocasião o PT teve uma postura arrogante na relação com os demais candidatos. Ulysses Guimarães, por exemplo, quase teve que pedir permissão para apoiar Lula.

Abrindo um parêntese, deve ser dito que a arrogância já tinha levado o PT a cometer dois erros graves na sua até então curta trajetória.

O primeiro deles foi a decisão de anular o voto no Colégio Eleitoral, quando da disputa entre Tancredo Neves e Paulo Maluf, em janeiro de 1985. Tancredo era conservador, claro, e isso tinha que ser dito. Mas Maluf era de extrema-direita e o candidato da continuidade da ditadura, além de ser sempre citado como o maior exemplo de político corrupto no país. Os candidatos não eram iguais.

Com a derrota da campanha das Diretas, a escolha do novo presidente seria feita de forma indireta, gostássemos ou não da fórmula. Por isso, a abstenção foi um erro. Teria sido acertado votar em Tancredo, explicando as razões que nos tinham levado àquela decisão e deixando claras nossas ressalvas em relação a ele.

O segundo erro grave do PT nesses primeiros anos de sua vida foi lançar Fernando Gabeira contra Darcy Ribeiro e Moreira Franco na eleição para o governo do Rio em 1986. Verdade que Gabeira, na época, tinha posições libertárias e ainda não se transformara num conservador. Mas não podia ser comparado a Darcy — um dos maiores brasileiros de nossa época. E a eleição não tinha dois turnos. A candidatura de Gabeira ajudou a dar a vitória ao direitista Moreira Franco.

Com seu gesto, o PT, de forma mesquinha, pôs os interesses partidários acima dos interesses gerais do país. Devo dizer que, na época, participei desse erro.

Voltando à visita de Lula a Brizola, em seguida à divulgação do resultado do primeiro turno da eleição, naquele momento houve um jogo de cena de parte a parte. O petista foi ao líder do PDT pedir-lhe a bênção para a fase final da disputa. O velho caudilho, por sua vez, para não parecer que estava aderindo sem contrapartidas programáticas, impôs como condição a incorporação ao programa de Lula da proposta dos Cieps — escolas em tempo integral que ele começara a construir no Estado do Rio, quando governador. Brizola, se eleito presidente, propunha-se a semeá-los pelo Brasil afora.

A exigência foi aceita por Lula sem maiores discussões. Mas só da boca para fora. A própria comitiva do PT saiu do apartamento de Brizola fazendo pouco do compromisso, nunca levado a sério. Os Cieps não foram citados uma só vez por Lula no segundo turno. E, claro, não se tornariam realidade se ele vencesse a eleição.

PT e PDT disputavam o mesmo espaço político. Talvez por isso, desde que a construção dos primeiros Cieps foi anunciada por Brizola, à época governador do Rio, os petistas tenham se esforçado em buscar artificialmente defeitos na proposta. Afinal, ela era a marca e o carro-chefe de Brizola.

Mas há outro fator. O PT nunca compreendeu a dimensão social do ensino público e dos Cieps. Um compromisso radical com a educação de qualidade, em tempo integral, como prioridade de governo, é demarcador de posições. Pouquíssimas bandeiras são tão democráticas como essa, numa sociedade injusta e desigual como a nossa

A rigor, a educação fundamental deveria ser a prioridade para qualquer governo. Mas não tem sido assim. Não é à toa que, de cada quatro escolas públicas, apenas uma tem biblioteca.[28]

A dura realidade é que os pobres, então, cursam o ensino fundamental em escolas públicas, em geral ruins, e quando vão para a universidade, matriculam-se em escolas privadas, de baixa qualidade.

Alguns afirmam que este problema está sendo resolvido com o acesso dos pobres às universidades públicas pela política de cotas. Ora, a maioria dos alunos do ensino médio não vai para a univer-

---

[28] Dados do IBGE/2010.

sidade. Apenas 11% dos adultos no Brasil completam um curso superior.[29]

Assim, o ensino básico não pode ser visto principalmente como degrau para o ensino superior. É preciso que tenha a função primordial de qualificar os jovens. Por isso, com ou sem cotas, permanece a necessidade de melhorá-lo.

Além disso, uma política de cotas — que é acertada, caso as cotas sejam sociais, e não raciais — só se justifica por um período determinado, enquanto é feita uma injeção maciça de recursos na educação pública de base. Dessa forma, mais adiante, quando o ensino público for de qualidade, desaparecerá a sua necessidade. Mas sem um forte investimento que mude a educação de base, as cotas vão apenas representar maquiagem numa situação iníqua que permanecerá ao longo do tempo.

Há, além disso, outro problema que deve ser apontado. A política de cotas raciais — a predominante — discrimina pobres não negros. Dois meninos que crescem juntos numa favela, um negro e o outro filho de imigrantes nordestinos, são tratados de forma desigual no momento em que disputam a entrada na universidade.

Note-se que já nem falo da dificuldade de, num país miscigenado como o nosso, apontar-se quem é ou não negro.

Se os mais de dez anos do PT no governo federal, que se completam quando este livro está sendo escrito, tivessem modificado radicalmente a educação pública no país — com professores bem pagos, instalações e equipamentos decentes e turno integral —, isso teria representado uma revolução. E já justificaria a passagem do partido pela chefia do Executivo federal.

Nada teria um caráter mais radicalmente democrático.

---

[29] Dados do Movimento Todos pela Educação.

Esse salto na educação poderia ter sido dado. Basta ver no Orçamento da União o que se gasta no pagamento de juros das aplicações financeiras, devido a uma política econômica que privilegia os lucros de rentistas e investidores nos papéis da dívida pública, em comparação com os investimentos sociais. Em 2013, por exemplo, serão destinados 42% dos recursos do Orçamento (R$ 900 bilhões) ao refinanciamento da dívida pública, enquanto a Educação receberá 3,4% (R$ 71,7 bilhões).[30]

Alguns dizem que tocar na remuneração dos credores da dívida representaria ruptura de contratos e faria do país um pária na comunidade internacional.

Não é assim. Nem todas as formas de reduzir ganhos dos especuladores e economizar recursos para investimentos que melhorem a vida do povo significam ruptura de contratos. Basta ver o exemplo recente do Equador, de Rafael Corrêa.

Em 2009, após uma auditoria na dívida externa daquele país com os bancos privados — conduzida, aliás, por uma brasileira, a competente Maria Lúcia Fattorelli —, o governo equatoriano informou à comunidade financeira que só aceitaria pagar de 25% a 30% do valor de face dos títulos da dívida, dadas as ilegalidades constatadas. Diante das contundentes provas apresentadas, os credores não tiveram outro caminho senão ceder. A proposta foi aceita por 95% deles.

Embora não seja muito divulgado, a Constituição brasileira prevê a auditoria da dívida pública, numa de suas disposições transitórias. Mas esse dispositivo nunca foi cumprido. A auditoria não foi feita pelos governos do PT — e muito menos pelos do PSDB. A determinação constitucional tem sido esquecida, apesar dos esforços em

---

[30] Fonte: http://www.ihu.unisinos.br/entrevistas/513556-orcamento-federal-de-2013-42-vai-para-a-divida-publica-entrevista-especial-com-maria-lucia-fattorelli.

contrário da minúscula bancada do PSOL, e do deputado Ivan Valente em particular. A Constituição, tão lembrada em algumas situações, é convenientemente deixada de lado neste e em outros casos, como, por exemplo, o que prevê a instituição de um imposto sobre as grandes fortunas.[31]

Não custa lembrar que o próprio Brasil já fez uma auditoria em sua dívida, em 1931, no governo provisório de Getúlio Vargas, logo depois da revolução que pôs fim à República Velha. O levantamento constatou que apenas 40% do que vinha sendo pago estavam documentados por contratos. O resultado da iniciativa foi a redução em 50%, tanto do estoque da dívida como do fluxo de pagamentos, o que liberou vultosos recursos para investimentos do governo em outras áreas.

É verdade que mudar o tratamento da dívida significaria tocar num ponto central da política econômica e ferir interesses das classes dominantes — o que o PT se preocupa em não fazer desde que assumiu a Presidência. Mas é preciso ser dito que, mesmo sem mudar de forma substancial a política econômica e mexer de maneira profunda nos lucros dos credores (em sua maioria, bancos), haveria a possibilidade de obter recursos para universalizar o ensino público e torná-lo de boa qualidade. Bastaria fazer duas coisas.

A primeira, ter uma política consistente para a redução significativa dos juros num prazo curto. O que se paga é de tal monta que qualquer diminuição expressiva teria forte impacto para reduzir a sangria com a rolagem da dívida. Argumentar que a queda dos juros traria aumento da inflação é cair na conversa dos que lucram com a situação atual — banqueiros e especuladores. A não ser que se prove que alguma lei desconhecida da economia obriga o Brasil a manter as mais altas taxas de juros do planeta.

---

[31] Artigo 26 do ADCT (Ato das Disposições Constitucionais Provisórias).

A segunda medida que poderia liberar recursos para o ensino público seria uma modificação nas prioridades no Orçamento da União. Já vimos como é ridículo o montante previsto para investimento em educação em 2013.

Um ensino público de qualidade teria efeito positivo na formação das crianças como cidadãs — não só as pobres, mas também as de classe média, que voltariam à escola pública e passariam a ter um contato social mais diversificado.

Aliás, devo dizer aos militantes da luta contra o racismo, entre os quais me incluo, que não conheço melhor antídoto contra essa praga do que a escola pública. Jamais crianças de cores diferentes (não adoto o conceito raça para me referir a seres humanos) se tornarão adultos racistas se conviverem desde pequenas.

Coerentemente com essa visão, durante um período mantive meu filho Felipe matriculado numa escola municipal, a George Pfisterer, no Leblon. Lá, ele conviveu com meninos de favelas próximas, como a Rocinha. Seu melhor amigo era um garoto de nome Bruno, cuja família morava na Cruzada São Sebastião. Esse menino às vezes dormia na nossa casa, assim como Felipe dormia na casa dele. Mesmo 20 anos mais tarde, já adultos, os dois continuam amigos.

Feita essa digressão sobre a importância da educação pública e a possibilidade de universalizá-la e oferecê-la com boa qualidade, deve ser dito que, para o PT, a campanha de 1989 foi um ponto alto de sua existência. Nela se combinaram um discurso politizado e politizador e uma intensa participação dos militantes. A vitória naquela eleição, embora não fosse uma garantia contra a degeneração posterior do partido, a tornaria mais difícil, dado o impulso renovador que traria.

Na campanha, as propostas do programa de governo — em geral tão pouco valorizadas em eleições — estiveram presentes com destaque. Foram popularizadas por uma série de fascículos temáticos, elaborados pelo meu irmão César, que tiveram ampla distribuição em todo o país.

É interessante notar que a afirmação do PT se dava num momento difícil para a esquerda, que sofria reveses importantes no plano internacional. Lembremo-nos de que a queda do Muro de Berlim foi em 1989, dando o sinal para a restauração capitalista no Leste Europeu.

Para mim, essa campanha foi um período de militância muito ativa. Se abstrairmos o tempo de clandestinidade e luta armada, foi com certeza o mais intenso. Foi também, sem dúvida, o mais profícuo.

A campanha foi franciscana. Por falta de recursos, chegávamos a vender a preço de custo para militantes e organismos do partido os panfletos que eles distribuiriam. Nunca vi coisa igual.

Para o comício de encerramento da campanha no primeiro turno, na Candelária, não tínhamos recursos para pagar a montagem do palanque, o som e a iluminação. E as empresas prestadoras desses serviços cobram antecipadamente, sabedoras de que é difícil receber o pagamento depois da eleição. Combinei, então, com Ângela Borba, grande amiga e tesoureira da campanha no Rio, pagarmos com cheques depois do encerramento do horário bancário. No momento em que foram entregues, os cheques não tinham fundos.

Organizamos dez grupos com militantes vestindo uma camiseta que os identificava, para recolherem donativos durante o comício, no meio da multidão, em grandes sacos de pano. Depois, o dinheiro foi todo descarregado num velho Volks que eu tinha e que ficou cheio até o teto. Fomos para a casa de um militante amigo, Manoel Moraes, onde um grupo passou a noite contando e organizando o dinheiro.

No meio das doações em dinheiro, veio de tudo o que se possa imaginar: vale-refeição, tíquete para passagem de trem, bilhetes com recados os mais variados para Lula (que, quando continham o endereço do remetente, foram respondidos) e um sem-número de coisas.

No dia seguinte, logo no início do expediente bancário, nos dirigimos em grupo a uma agência do Banco do Brasil para fazer o depósito que daria fundos aos cheques entregues na véspera. A atividade foi amplamente coberta pela imprensa e propiciou boas matérias nos jornais, ajudando a mostrar um modo novo de se fazer política no país — o que, na época, era uma bandeira cara ao PT.

Que diferença do PT de 20 anos depois!

Que diferença da "militância" que recebe dinheiro, lanche e transporte para fazer número em manifestações políticas!

No dia do comício, acordei cedo, nem tomei café da manhã e fui para a Candelária resolver problemas de toda ordem. Não me lembrei de almoçar. Em torno das 17 horas, já com tudo pronto, ao ver a multidão vindo em ondas humanas desde a Central do Brasil pela avenida Presidente Vargas, não me contive. Saí sozinho pelo meio da massa, entrei na pequena loja de um chinês e comi dois pastéis com caldo de cana. Foi minha primeira refeição naquele dia. Feita com os olhos cheios de lágrimas.

Não era a única vez em que a emoção me dominava nessa campanha. Nos comícios, umas quantas vezes me recolhi a um canto do palanque e chorei, discretamente, ao ouvir o *Lula-lá*. Nesses momentos me vinham à mente imagens dos anos de chumbo e lembranças de tantos companheiros caídos que mereciam estar ali para ver aquilo. Na ocasião, eu achava que a vitória do PT abriria um período de efetivas transformações sociais.

Na eleição de 1989, Lula perdeu a disputa, mas a experiência da campanha foi muito rica. Aquela foi uma batalha da qual o PT saiu de cabeça erguida, de moral alto e mais forte para embates futuros.

Parecia que a esquerda brasileira, enfim, estava construindo uma alternativa partidária com forte enraizamento na sociedade. Se a vitória eleitoral não tinha vindo daquela vez, viria mais adiante. A estrela estava fadada a levar o país para um futuro melhor, como no samba da Mocidade Independente no carnaval de 1992:

> Estrela de luz
> Que me conduz
> Estrela que me faz sonhar.

Infelizmente, o futuro mostrou que o desfecho do sonho não teve um final feliz. Como em outro samba, este de Martinho da Vila, as coisas não correram do jeito que se imaginava. Refiro-me, agora, ao *Sonho de um sonho,* o samba-enredo da Unidos de Vila Isabel no carnaval de 1980. Ele termina assim:

> Falso sonho que eu sonhava
> Ai de mim.

A estrela perde o brilho

> *"Chamamos de ética as coisas que as pessoas fazem quando todos estão olhando. Chamamos de caráter as coisas que as pessoas fazem quando ninguém está olhando."*
>
> Oscar Wilde (1854-1900)

Lula tinha chegado ao segundo turno em 1989 depois de uma campanha memorável. Três anos depois, em 1992, o PT foi o partido mais importante no movimento que levou ao impeachment de Collor. Era uma força política em plena ascensão.

Convidado a participar do governo Itamar, preferiu ficar fora, como *outsider*. Confiava numa vitória na disputa presidencial seguinte, em outubro de 1994. Efetivamente, no primeiro semestre daquele ano todas as pesquisas mostravam o claro favoritismo de Lula.

O candidato petista teria sido eleito, não fosse o lançamento do Plano Real, três ou quatro meses antes da eleição, mudando por completo o quadro. Depois de mais de uma década em que a inflação era o grande tormento na vida das pessoas, o Real teve sucesso na estabilização da moeda e ganhou forte apoio popular. O governo Itamar ficou com os louros, mas os dividiu com Fernando Henrique Cardoso, seu ministro da Fazenda. FHC, que até então não tinha se mostrado bom de voto, foi apontado como "o pai do Real" e lançado candidato a presidente. Rapidamente assumiu a liderança nas pesquisas, surfando na popularidade do plano que tinha controlado a inflação.

O PT ficou numa encruzilhada. Caso se opusesse ao Real, bateria de frente com a opinião pública. Caso o apoiasse, com que argumentos enfrentaria Fernando Henrique, apresentado como o criador do plano? Optou pela primeira alternativa. Mas pagou por isso. Lula, que tinha 40% nas pesquisas em junho, perdeu a eleição já no primeiro turno, ficando com apenas 27% dos votos.

Uma vez no cargo, Fernando Henrique conseguiu que fosse aprovada pelo Congresso uma emenda constitucional permitindo a reeleição de ocupantes de cargos executivos. Para conseguir os votos necessários, lançou mão de métodos heterodoxos, similares aos usados mais tarde pelo PT. Por ter o controle do Ministério Público — chefiado na época pelo procurador-geral Geraldo Brindeiro, que fez jus à alcunha de engavetador-geral da República —, o caso não teve consequências, ao contrário do que ocorreu com o PT no episódio do mensalão.

Aprovada a possibilidade de reeleição, FHC candidatou-se de novo em 1998, apresentando-se mais uma vez como o pai do plano que controlara a inflação. A disputa foi um rescaldo da anterior. Fernando Henrique obteve 35 milhões de votos contra 21 milhões dados ao candidato do PT.

A terceira derrota seguida em eleições presidenciais mexeu com Lula, que capitaneou uma guinada no PT, com a preciosa ajuda de José Dirceu, um competente operador da luta interna. O partido adocicou o discurso. Esse processo, no entanto, não se deu sem resistências. O peso da esquerda no PT ainda era muito expressivo.

Já na convenção nacional realizada no Hotel Glória, no Rio, em 1997 — antes, portanto, da segunda derrota de Lula para Fernando Henrique —, a disputa pela presidência da legenda tinha sido acirrada como nunca. O candidato oficial, José Dirceu, obteve 49% dos votos, enquanto Milton Temer, da esquerda do partido, ficou com 47%. A diferença foi de apenas 18 delegados. E isso numa situação em que o próprio Lula fez boca de urna para Dirceu, temeroso de uma surpresa.

Quatro anos depois, em dezembro de 2001, a convenção nacional do partido, realizada em Recife, aprovou posições nitidamente de esquerda, expressas no *Programa democrático e popular*. Por decisão da convenção, o documento serviria de base para a plataforma de campanha eleitoral para a Presidência no ano seguinte. Seis meses depois, porém, Lula atropelou o que fora aprovado e, com o auxílio de Antônio Palocci, que viria a comandar a área econômica do governo, divulgou a chamada *Carta aos brasileiros*. Nela, estava expressa a garantia de manutenção dos pontos centrais da política econômica dos governos tucanos. Os destinatários explícitos daquele documento eram as elites econômicas, ainda temerosas das medidas que poderia vir a tomar um governo petista. Não por acaso, o texto foi chamado por seus críticos de *Carta aos banqueiros*.

Foi, portanto, com um discurso mais ameno que o PT se apresentou na eleição de 2002, na qual Lula chegou ao Executivo federal. A chapa tinha como candidato a vice-presidente o grande industrial José Alencar, escolhido a dedo por Lula para tranquilizar os representantes do capital. Alencar, visto com enorme desconfiança logo que foi convidado para compor a chapa, se mostraria uma figura à esquerda de Lula, pelo menos no que concerne à política econômica. Defendia os interesses do mal chamado "capital produtivo" — mal chamado porque, como lembrava o saudoso Carlos Nelson Coutinho, produtivo é o trabalho —, em contraposição aos interesses do sistema financeiro, já hegemônico.

Teria sido a guinada à direita a responsável pela vitória? É impossível responder com certeza. Mas penso que não. Pelo menos, não teve peso decisivo. Verdade que, juntamente com a indicação de Henrique Meirelles para dirigir o Banco Central, essa guinada contribuiu para acalmar as classes dominantes. Meirelles tinha sido presidente mundial do Bank Boston e era figura de confiança do sistema financeiro internacional. Mas, se ajudou a diminuir os temores das classes dominantes, a mudança programática do PT não foi percebida pela maioria da população e seu efeito eleitoral não foi expressivo.

O determinante, a meu ver, foi que o ciclo PSDB estava se esgotando. A estabilização da moeda já tinha se incorporado à vida das pessoas e deixava de ser o trunfo eleitoral que fora nas eleições passadas.

Além disso, o PT já estava governando muitas prefeituras, algumas de grandes cidades, e não era mais visto como bicho-papão pela parcela mais conservadora da sociedade.

Àquela altura, embora continuasse filiado, eu não militava mais no PT. Os novos rumos do partido tinham me afastado dele. E, aqui, não me refiro apenas às mudanças de posições políticas. A frouxidão em questões de natureza ética me incomodava muito.

Sem qualquer queda para o moralismo, que em geral esconde a hipocrisia, nunca acreditei que uma agremiação leniente no trato da coisa pública e dos compromissos éticos possa ser fiel a princípios políticos e ideológicos que proclama.

Já se viam processos de filiação em massa, inteiramente despolitizados, na busca da maioria em convenções partidárias. No Rio, a imprensa chegou a noticiar a tentativa, comprovada por gravações, de compra de delegados para convenções, em troca de cargos. Surgiram matérias, também, sobre a contratação de "especialistas" em filiação. Estes dispunham de arquivos com milhares de nomes e dados de títulos eleitorais e ofereciam seus serviços de incorporação de novos filiados às pessoas ou aos partidos que se dispusessem a pagar por eles.

Assim, a disputa interna em torno de posições políticas já dava lugar a um processo deformado que nada tinha de democrático.

E isso não ocorria apenas no Estado do Rio.

No início dos anos 1990, no plano nacional aconteceu algo muito grave: surgiram sucessivos indícios de negócios escusos em prefeituras administradas pelo PT, sempre beneficiando um advogado de nome Roberto Teixeira. E com o respaldo de Lula. Teixeira era compadre do líder máximo do partido, que morava de graça num imóvel de sua propriedade. Diferentemente das denúncias posteriores de Roberto Jefferson, que redundaram no processo do mensalão, essas vieram de dentro do partido, por iniciativa de um militante respeitado na esquerda.

Velho conhecido meu, Paulo de Tarso Venceslau esteve no centro dos acontecimentos. Quadro importante da Dissidência Universitária do PCB em São Paulo, um dos líderes das manifestações de 1968 na capital paulista, ele fora um dos militantes da ALN que vieram ao Rio para participar do sequestro do embaixador norte-americano. Preso no fim de 1969, foi barbaramente torturado, tendo cumprido pena até dezembro de 1974.

Secretário de Finanças da prefeitura de Campinas — que tinha à frente o ex-sindicalista Jacob Bittar, na época muito próximo a Lula —, Paulo de Tarso constatou irregularidades em licitações ganhas sempre por uma mesma empresa, a CPEM. O dono da CPEM era, nada mais, nada menos, do que Roberto Teixeira.

Paulo de Tarso recusou-se a contratar a CPEM, apesar das pressões que, desde a época, afirma ter sofrido do próprio Lula. Levou o problema a amigos de confiança na direção do PT, entre os quais José Dirceu, com quem militava de forma muito próxima desde meados dos anos 1960 e em quem, naquela ocasião, confiava. O resultado não poderia ter sido mais frustrante: Dirceu se omitiu e por causa das denúncias, Paulo de Tarso foi afastado do cargo na prefeitura de Campinas em 1990.

Economista competente e bom quadro político, em 1993 foi de novo convidado para participar do secretariado numa prefeitura do

PT, dessa vez em São José dos Campos. Mais uma vez se viu diante de esquemas para favorecer a onipresente CPEM. Em junho daquele ano, procurou o líder máximo do partido e expôs-lhe pessoalmente o problema. Foi uma má ideia.

— Fui exonerado por ordem pessoal de Lula — afirmou Paulo de Tarso.[32]

Diante disso, resolveu levar o caso à direção do PT, mas não lhe deram atenção.

— Peregrinei durante quatro anos por todas as instâncias partidárias. Eles só passaram a se interessar depois que foi publicada uma entrevista minha no *Jornal da Tarde* — contou.

Não podendo mais ignorar o assunto, o Diretório Nacional do PT criou uma comissão para receber as denúncias e elaborar um parecer para posterior deliberação. A comissão era formada por três militantes respeitados: o promotor Hélio Bicudo; o advogado José Eduardo Cardozo, depois ministro da Justiça de Dilma Rousseff; e o economista Paul Singer. A comissão estudou o material apresentado por Paulo de Tarso, ouviu pessoas envolvidas no episódio e constatou que os tentáculos da CPEM chegavam a outros municípios administrados pelo PT, inclusive fora do estado de São Paulo. Comprovou, também, que Paulo Okamoto, misto de secretário pessoal, tesoureiro particular e faz-tudo de Lula, fora intermediário junto a várias prefeituras petistas para defender os interesses da CPEM.[33]

Em artigo publicado na *Folha de S.Paulo* (27/7/1997), Paulo de Tarso comentou as conclusões da comissão Cardozo-Bicudo-Singer:

---

[32] Depoimento publicado no livro *O que sei de Lula*, de José Nêumane Pinto.
[33] Talvez não haja outra pessoa que prive mais da intimidade de Lula do que Paulo Okamoto, que dedica ao chefe uma fidelidade canina. Depois que o líder petista deixou a Presidência, criou o Instituto Lula, que tem Okamoto na Presidência.

> O relatório [da comissão] concluiu que empresas como a CPEM elevam "de forma imoral, ilegal e criminosa seus ganhos dos municípios que as contratam" (p. 56). E, mais adiante, "a fórmula de pagamento inserida nos contratos-padrão da CPEM (...) maliciosamente pactuada, conduziria a valores de pagamento muito superiores" (p. 56). Eu dizia que a CPEM era inidônea, e seus serviços, perniciosos para as finanças municipais; a comissão o concluiu com termos muito mais duros. É o que basta para que eu me sinta reconfortado.[34]

José Eduardo Cardozo, por sua vez, publicou um artigo intitulado *O caso CPEM*, na *Teoria e Debate*, revista do PT.[35]

Nele, corajosamente reafirma que as denúncias tinham fundamento e vai além, criticando a falta de rigor do PT na apuração de denúncias sobre violações éticas quando aparecem envolvidos dirigentes importantes:

> Em nosso trabalho chegamos à conclusão de que existem fortes suspeitas de que os contratos firmados pela CPEM e por outras empresas do gênero com municípios de todo o Brasil podem estar circundados por um gigantesco esquema de corrupção. [...]
> No PT, lamentavelmente, as denúncias de violações éticas são apuradas ou não de acordo com critérios valorativos e subjetivos dos nossos dirigentes em relação à sua farejada plausibilidade inicial. Não existe institucionalizado na nossa cultura política o

---

[34] O artigo está na internet (www1.folha.uol.com.br/fsp/opiniao/fz270708.htm).
[35] O texto foi publicado no nº 35 (julho/agosto/setembro de 1997) da revista e pode ser acessado na internet (www.fpabramo.org.br/o-que-fazemos/editora/teoria-e-debate/edicoes-anteriores/nacional-o-caso-cpem).

dever objetivo de investigar com autonomia e independência qualquer denúncia.

Foi o que aconteceu com a denúncia de Paulo de Tarso Venceslau. Por envolver aparentemente algo tido por não plausível (conluio imoral de dirigentes partidários, do presidente de honra do partido Luís Inácio Lula da Silva, com uma empresa acusada de inidoneidade), não foi apurada. Pela insistência do denunciante, passou a ser vista como "folclórica".

Como se vê, são palavras muito fortes e que não poupam sequer o líder máximo do PT.

Lula não aceitou o relatório da comissão Bicudo-Cardozo-Singer. Atropelou o partido e, por exigência sua, o trabalho foi desconsiderado sem ter sido avaliado pelo Diretório Nacional. Uma segunda comissão, com integrantes escolhidos a dedo, foi montada para reexaminar as denúncias. Como esperado, ela concluiu pela falsidade das acusações e recomendou ao diretório a expulsão de Paulo de Tarso do PT, o que aconteceu em fevereiro de 1998.

Para mim, isso foi muito forte. Embora não tivesse vínculos maiores de amizade com Paulo de Tarso, sempre o tive em alta conta. Passei a respeitá-lo ainda mais pela sua coragem em enfrentar Lula e a burocracia partidária, como um Dom Quixote, em defesa de princípios éticos, mesmo abandonado por seus companheiros mais próximos, como José Dirceu. Vi o acontecido como clara demonstração de que aquele partido que eu ajudara a construir já não era o mesmo. Algumas das piores facetas do stalinismo começavam a dar o ar de sua graça.

A essa altura eu já tinha no jornalismo a minha atividade principal. Desde agosto de 1991, trabalhava no jornal *O Globo*.

O ingresso na grande imprensa era desejo meu desde a década de 1980, mas se configurava difícil. Não poderia começar com salário de iniciante. Tinha uma mulher estrangeira que, como eu, era meio "especialista em generalidades", e seus dois filhos pequenos. Foi preciso que Milton Temer, de quem eu me tornara amigo, sugerisse a minha contratação ao então diretor de redação do *Globo*, Evandro Carlos de Andrade, numa reunião social em que o encontrou. Por acaso, havia uma vaga de redator na Editoria de Política e Evandro aceitou a indicação de Temer.

Embora estivesse empregado, resolvi arriscar e ir para *O Globo*. Fui sincero com Mário Marona, o editor de política, que seria o meu chefe imediato e de quem, depois, me tornei amigo:

— Sei muito pouco de jornalismo, mas estou disposto a aprender.

Marona não se impressionou e me respondeu algo como:

— Tudo bem. O trabalho é no fechamento, sob pressão. Você vai precisar ter bom texto, escrever com rapidez e conhecer política. O resto, aprende em pouco tempo.

De fato, em poucos meses eu já não fazia feio. A paciência dos colegas me permitiu aprender no *Globo* — onde estive, entre idas e vindas, dez anos — quase tudo o que sei de jornalismo. Devo um agradecimento especial ao falecido Paulo Siqueira — na época, também redator na Editoria de Política, um veterano profissional, eleitor de Collor e reacionário como poucos, mas com um coração enorme — que me adotou como aluno e a quem eu chamava, de forma carinhosa, de "professor".

Nessa ocasião comecei também a dar aulas na Faculdade de Comunicação Hélio Alonso (Facha), onde lecionei durante 19 anos.

Em 1996, no *Globo*, um trabalho de equipe — desenvolvido por Amaury Ribeiro Filho, Adriana Barsotti, Aziz Filho, Consuelo Dieguez e por mim, e coordenado pelo editor Ramiro Alves — recebeu o Prêmio Esso de Jornalismo, o mais importante da imprensa brasileira. Ele foi uma série de reportagens sobre a Guerrilha do Araguaia movimento armado que aconteceu na primeira metade dos anos 1970 e foi dizimado pelo Exército, que quase não deixou sobreviventes.

Como às vezes ocorre no trabalho da imprensa, houve algo de coincidência para que a série viesse à luz. Amaury, o maior repórter investigativo que conheci — e que, depois, tornou-se mais conhecido ao escrever o livro *A privataria tucana* —, insistia em ir ao Araguaia. Propunha-se a tentar localizar testemunhas das operações e preparar as matérias sobre a guerrilha. A direção do *Globo* resistia a liberá-lo para a tarefa.

Tudo mudou quando, certo dia, telefonou para o jornal um sujeito que não se identificou, oferecendo documentos do Exército e fotos relacionados com a guerrilha. Foi convidado a ir à redação levando o material. Fui chamado para conversar com ele e, meio na qualidade de "especialista em subversão", dar um parecer sobre os documentos oferecidos. O cidadão não tinha idade para ter combatido a guerrilha. É provável que fosse parente de um militar e tivesse resolvido ganhar algum dinheiro com aquilo. Recusou-se a dar nome ou telefone de contato e tentava se disfarçar, de uma forma que só chamava mais a atenção. Num dia de calor, usava casacão com golas levantadas, boné enfiado até as orelhas e óculos escuros.

Logo vi que o material era bom. De qualquer forma, entrei em contato com João Carlos Wisnesky, o Paquetá, um médico amigo que tinha participado da implantação da guerrilha e saíra da região em seguida à primeira campanha do Exército. Paquetá jogava futebol comigo no campo de Chico Buarque. Expliquei-lhe o que acontecia e pedi sua presença urgente no jornal. Ele deixou o plantão no hospital e, de táxi, chegou à redação. Juntos, examinamos os documentos, que ele confirmou como autênticos. Identificou, também, nas fotos alguns presos que, mais tarde, foram assassinados pelo Exército e passaram a constar das listas de desaparecidos políticos. Havia ainda uma foto do deputado José Genoíno, logo após a sua prisão, sentado no chão, encostado a uma árvore, com as mãos algemadas. Ela foi publicada na primeira página do *Globo* no dia em que abrimos a série.

A partir do material e da ida de Amaury à região, finalmente autorizada pela direção do jornal, organizamos a série de reportagens que ocuparam as principais páginas do *Globo* durante uma semana.

Amaury mandava o que tinha apurado no Araguaia e a equipe na redação participava do fechamento dos jornais do dia e, depois, se dedicava a destrinchar as fichas e os demais documentos.

A série ficou muito boa. Quando da cerimônia do Prêmio Esso, mesmo antes de serem anunciados os vencedores, todos apostavam que seria a principal ganhadora.

Nesse trabalho, a figura decisiva foi Amaury, que localizou e entrevistou testemunhas das operações militares, assim como camponeses forçados a trabalhar como guias do Exército. Para tanto, passou quase um mês na região, andando descalço, de calção e sem camisa, jogando futebol e tomando cachaça com os moradores, para ganhar sua confiança.

Em outubro de 2001, pedi demissão do *Globo* por dificuldades pessoais com um superior hierárquico.

Embora tenha divergências com sua linha editorial, devo reconhecer o profissionalismo daquele jornal, que foi para mim uma importante escola.

Menos de um mês depois, fui trabalhar no *Jornal do Brasil*, a convite de Ricardo Boechat, que tinha sido meu contemporâneo no *Globo* e de quem me tornara amigo. Na ocasião, Boechat era diretor de redação do *JB*.

Lá, reencontrei Amaury Ribeiro Júnior e retomamos a dobradinha. De novo, fizemos matérias muito boas. Entre elas, uma em que Amaury localizou o mandante do assassinato do padre Josimo Tavares, presidente da Comissão Pastoral da Terra no Pará. O crime aconteceu em 1986, e um fazendeiro tinha sido condenado à revelia como mandante. Estava foragido no interior do estado, mas Amaury conseguiu achá-lo. Publicamos a matéria, tendo informado, de véspera, a localização do sujeito à Polícia Federal, que o prendeu no mesmo momento em que os jornais chegavam às bancas e aos assinantes.

Em pouco tempo, porém, ficou claro para mim que aquele *JB* já não era mais o velho e saudoso *JB*. Tinha novo proprietário e, apesar de ainda manter muitos jornalistas de primeira linha, começava um processo irreversível de decadência. Seu novo dono, o empresário Nelson Tanure, não era do ramo e não estava interessado em fazer um jornal de qualidade.

Isso começou a me trazer dificuldades. Em certo momento, o *JB* criou o *Caderno de Brasília* para circular apenas na capital federal, encartado no corpo do jornal. O caderno era bancado por publicidade do governo do Distrito Federal, que tinha à frente Joaquim Roriz, personagem controverso. Passou a acontecer, então, algo *sui generis*: no primeiro caderno do jornal, que tratava da política nacional, editado no Rio por mim, Roriz aparecia de maneira não muito positiva para sua imagem, por força das denúncias contra ele. Já o *Caderno de Brasília*, editado na capital federal, era pura propaganda de seu governo.

Em dado momento, Nilo Dante, o novo diretor de redação, determinou que não fossem mais publicadas matérias negativas para Roriz. A recomendação foi dada de forma explícita, diante de todos, sem o menor pudor, como se critérios jornalísticos não tivessem importância. Isso me aborreceu. Resolvi não levá-la em conta.

Nunca tentei me aproveitar do trabalho de jornalista para contrabandear posições políticas. Quando quis defender algo, tratei de escrever artigos de opinião, devidamente assinados. Nas reportagens e na edição do material, procurei sempre fazer um jornalismo ético e isento. No caso de Roriz, jamais o persegui, mas o tratava como qualquer outro personagem, sem regalias. Se o *JB* quisesse tomar sua defesa, pensei, que o fizesse em editoriais.

Aceitar aquela determinação de Nilo Dante seria dar um péssimo exemplo para a equipe que trabalhava comigo, composta em sua maioria por gente bem mais jovem, que eu me preocupava em formar, exigindo dela um trabalho criterioso.

Nilo, ao ver que não estava sendo obedecido, endureceu o jogo e determinou que ele deveria aprovar toda e qualquer matéria em que Roriz aparecesse. Eu disse, então, para a sucursal de Brasília não mandar mais matérias sobre o governador de Brasília, porque eu não as aproveitaria. Se não podiam ser publicadas notícias negativas para a imagem de Roriz, na parte que eu editava não sairia nada a seu respeito.

Admito que havia algo de romântico nessa atitude, mas não me arrependo.

Por incrível que pareça, não foi este o motivo da minha demissão do *JB*, ocorrida meses depois. Ela foi consequência da entrevista de página inteira numa edição de domingo que fiz com Paulo Passarinho, dirigente do Conselho Regional de Economia (Corecon). Nela, Passarinho, grande amigo e competente economista, mostrava de forma didática que não existia o propalado déficit da Previdência Social. Os governos FHC e Lula acenavam com esse suposto déficit para justificar reformas que arrochavam trabalhadores e aposentados.

Para isso, usavam um artifício contábil. Não computavam todas as receitas previstas na Constituição para o financiamento da Seguridade Social. A Contribuição para o Financiamento da Seguridade Social (Cofins), a Contribuição Social sobre o Lucro Líquido (CSLL) e um percentual de concursos de prognósticos (loterias) ficavam fora dos cálculos. Essas receitas foram previstas porque, a partir de 1988, os trabalhadores rurais passaram a ter direito a aposentadoria por idade, mesmo sem ter contribuído ao longo da vida. Logo, era preciso financiar esse gasto.

Nos seus cálculos, o governo computava apenas as contribuições de assalariados e empregadores e os pagamentos dos benefícios que fazia, aí incluídas as despesas com os trabalhadores rurais.

Não bastasse isso, até 20% dos recursos da Seguridade Social no Orçamento eram, e ainda são, subtraídos por meio de um mecanismo chamado DRU (Desvinculação das Receitas da União) e agregados ao superávit primário, a reserva de recursos para pagamento da rolagem da dívida pública. Quando a DRU foi criada, enfrentou dura oposição dos parlamentares do PT. Mas, quando o partido assumiu o governo, não só a manteve, como se utilizou dela para engordar o superávit primário.

Por conta desses artifícios, aparecia um déficit, o que, supostamente, justificaria a reforma da Previdência. Passarinho desnudou a fraude na entrevista ao *JB*.

Na época esta era uma questão sensível para o PT, que tinha reapresentado a proposta de reforma da Previdência feita por FHC. Por sinal, essa proposta tinha sido barrada no Congresso graças à resistência das bancadas do PT e dos partidos progressistas. Tão logo Lula tomou posse, porém, enviou-a ao Congresso, com a clara intenção de sinalizar para as classes dominantes que suas promessas de manutenção da política econômica dos tucanos seriam honradas.

Diante das naturais resistências no PT, Lula jogou pesado e enquadrou os parlamentares do partido e das legendas aliadas para que votassem a favor da reforma. O episódio resultou na expulsão da senadora Heloísa Helena e de três deputados do PT, que não aceitaram votar a favor da reforma, dando origem ao PSOL. Parlamentares de partidos aliados ao PT que se recusaram a votar a favor da proposta foram também punidos.

Dois dias depois da publicação da entrevista de Passarinho, Nelson Tanure, dono do *JB*, teve audiência com o ministro Luiz Gushiken, encarregado da distribuição da publicidade oficial no governo federal. Não sei se Gushiken — com quem em meus tempos de PT sempre mantive boas relações, embora nunca tivéssemos sido íntimos — pediu a minha cabeça. Mas sei que reclamou da matéria. Ao chegar ao Rio, Tanure determinou a minha demissão.

Aliás, as sucessivas reformas da Previdência, sempre taxando mais os trabalhadores, diminuindo benefícios e retardando as aposentadorias, deram margem a uma frase do genial Millôr Fernandes: "A Previdência Social pretende substituir a Providência Divina. Como está, só chega depois da morte."

Depois que saí do *Jornal do Brasil*, fui alvo de um veto político quando, ainda filiado ao PT, mas já me afastando do partido, meu nome foi sugerido para dirigir a Agência Brasil no Rio. Segundo a pessoa que me indicou — ela trabalhara comigo no *JB* e, na ocasião, ocupava um cargo na agência em Brasília —, houve um veto ao meu nome por parte da Casa Civil da Presidência, à época ocupada por José Dirceu. Pensando bem, isso se justificava. Se eu assumisse aquela função, faria jornalismo, e não relações públicas. Não tinha mesmo o perfil desejado.

Pelo *Jornal do Brasil*, cobri a posse de Lula, no início de 2003, em Brasília. Como teria que produzir praticamente sozinho todo o material do jornal sobre o assunto — ao contrário do que acontecia com os principais veículos do país, que contavam com muitos repórteres na cobertura —, tive que me desdobrar. Tendo em mãos a programação do que aconteceria ao longo do dia da posse, escrevi de véspera as matérias já em seu tamanho final, procurando dar-lhes, inclusive, um tom de emoção. Ainda no Rio, diagramei as páginas, deixando espaço para as fotos. No dia seguinte, em Brasília, fiz os ajustes, inserindo informações novas. Assim, consegui que tudo estivesse pronto antes do horário do fechamento. O material foi bastante elogiado. Mas a improvisação mostra bem em que já tinha se transformado o *JB* naquela época.

Na posse, apesar das profundas desconfianças que eu já tinha em relação a Lula e ao PT, me emocionei. Torcia para que estivesse errado, e Lula efetivamente conduzisse um processo de transformação estrutural no país. Houve um momento em que, diante de um aparelho de TV na sala de imprensa do Palácio do Planalto, fiquei com os olhos cheios d'água, o que foi objeto de comentários jocosos, mas carinhosos, de Tales Faria, um colega que conhecia a minha história.

Como o leitor que chegou até aqui já deve ter percebido, sou um rematado chorão. Às vezes, num simples filme meus olhos se enchem de lágrimas.

A última vez que isso aconteceu foi ao assistir a *Gonzaga — De pai para filho*, filme que conta a história da relação de Luiz Gonzaga com seu filho Gonzaguinha. A música de Gonzagão sempre foi muito presente em minha vida. Pequenino, era ninado ao som de *Asa Branca*, cantado pela minha mãe.

A estrela se apaga

> *"O que soube a seu respeito*
> *Me entristeceu, ouvi dizer*
> *Que, pra subir, você desceu*
> *Você desceu."*
>
> Mauro Duarte, no samba "Lama"

Ainda no *Jornal do Brasil*, tive uma experiência que selou meu afastamento do PT: a cobertura do assassinato do prefeito de Santo André, Celso Daniel, no início de 2002.

Antes dele, no dia 10 de setembro de 2001, outro prefeito petista, Antônio da Costa Santos, o Toninho, fora assassinado em Campinas. Por isso, quando o corpo de Celso Daniel apareceu com sete tiros e marcas de tortura numa estrada de terra em Juquitiba (SP), houve a suspeita de que estivesse começando uma sucessão de atentados efetuados pela extrema-direita.

O então diretor de redação do *Jornal do Brasil*, Augusto Nunes, me pediu que investigasse aquilo. Ele sabia das minhas origens petistas e imaginava que talvez eu conseguisse apurar mais do que os repórteres dos demais jornais.

Entrei em contato com militantes do PT em São Paulo. Como era natural, achava que poderia haver ligação entre os assassinatos de Toninho e Celso Daniel. Logo me dei conta de que não. Muitos petistas não quiseram se estender sobre o caso Celso Daniel, mas demonstravam claro constrangimento. De um deles, ouvi: "Não tem nada a ver com a direita. É um negócio chato, mas não dá pra falar."

Vi, depois, que o "negócio" não era só chato. Era coisa pior.

Segundo denúncia oferecida pelo Ministério Público, aceita pela Justiça, havia um poderoso esquema de corrupção na prefeitura de Santo André. Até mesmo dirigentes petistas que, mais tarde, tentaram me convencer da versão de que o sequestro de Celso Daniel fora um crime comum, cometido por bandidos, admitiam em *off* a existência desse esquema.

Os dois irmãos de Celso Daniel chegaram a afirmar à imprensa que tinham ouvido de Gilberto Carvalho, na época secretário de Governo na prefeitura de Santo André, que os recursos desviados iam para o PT nacional, com a concordância do prefeito, sendo entregues a José Dirceu. Gilberto, homem de confiança de Lula e ministro nos três mandatos do partido à frente do Executivo federal até agora, desmentiu essas afirmações quando elas foram publicadas.

Segundo os irmãos de Celso, o prefeito num primeiro momento aceitou o esquema de corrupção, mas resolveu sustá-lo quando percebeu que havia gente enriquecendo. E isso estaria na origem de sua morte.

No episódio, pelo que apurei, tudo indica que estava em jogo também a sucessão em Santo André. Celso proibira integrantes do secretariado da prefeitura de se candidatar a prefeito ao fim do seu mandato. A decisão tinha endereço claro: o vereador licenciado e titular da Secretaria de Assuntos Municipais, Klinger de Oliveira, que já se lançara pré-candidato. Sua secretaria tratava, entre outros assuntos, de transportes, ordenamento urbano e coleta de lixo.

Fontes, de dentro e de fora do PT, me passaram informações com o compromisso de que não fossem publicadas. Algumas advertiram: "Se sair no jornal, vou desmentir." Depois que fiz a primeira matéria, até mesmo gente da direção nacional do partido que tinha restrições ao esquema de corrupção me procurou. Mas falando sempre em *off* e com o objetivo de orientar em linhas gerais o trabalho de apuração de alguém que viam como companheiro de militância.

Conversei também com advogados dos presos comuns acusados do sequestro de Celso e com promotores e policiais que trabalhavam na apuração do crime. A maioria pediu para não ser citada nas matérias. Em alguns casos, me foi solicitado que sequer usasse as informações, para as fontes não serem identificadas.

A cautela tinha diferentes razões. No caso de militantes do PT, havia o sentimento de fidelidade partidária e a preocupação de não terem problemas internos. No caso de policiais ou membros do Ministério Público, havia o receio de punições. E os advogados tinham o dever de sigilo profissional. De qualquer forma, pude fechar um quadro do que ocorreu, que coincide, no essencial, com as conclusões a que chegou o Ministério Público, embora não tenha podido publicar parte do que apurei.

Deve ser registrado que, quando preparei as matérias, o então diretor de redação do *JB*, Augusto Nunes, com quem tenho divergências políticas, comportou-se de forma extremamente correta, referendando sem hesitação todos os acordos que fiz com as fontes. Aliás, se a posição do jornal não fosse essa, não haveria matérias. Isso estava subentendido, mas em momento algum precisei explicitar a advertência.

Redigi tudo com extremo cuidado. Falei da existência da rede de corrupção — informando inclusive que isso era voz corrente na cidade —, mas sem acusar alguém de forma direta. As matérias apresentaram nomes, mas nenhum era apontado como autor de qualquer crime. Alguns dos citados foram acusados pelo Ministério Público, mas não por mim, de participar do esquema de corrupção: o empresário de transportes Ronan Maria Pinto, o secretário Klinger de Oliveira e Sérgio Gomes da Silva, conhecido como Sombra ou Chefe. Dos três, apenas Klinger era filiado ao PT, ainda que Sérgio Sombra fosse influente no partido em Santo André.

Ele era amigo próximo de Celso Daniel e tesoureiro de suas campanhas eleitorais. Tinha sociedade em empresas com Ronan Maria

Pinto e estava em companhia do prefeito quando este foi sequestrado. No momento em que este livro é escrito, aguarda em liberdade o julgamento pela acusação de ter sido mandante da morte de Celso, depois de a denúncia do MP ter sido aceita pela Justiça.

Poucos dias depois do assassinato de Celso, e já tendo sido publicadas minhas primeiras matérias sobre o caso, houve uma edição do Fórum Social Mundial, em Porto Alegre. Fui cobrir o evento pelo *Jornal do Brasil*. Tinha a expectativa de, lá, conseguir mais informações de dirigentes do partido e de militantes do PT em Santo André que estavam naquela cidade.

Não obtive grande coisa. Um ministro todo-poderoso do governo Lula teve uma reunião com a delegação petista do Grande ABC só para tratar do assunto. Afirmou ser muito grave o que fora publicado no *JB*, porque com certeza tinha como fonte "gente de dentro do PT", lançando suspeição inclusive sobre os presentes. E determinou que ninguém aceitasse falar comigo. Ele não sabia que um dos participantes da reunião era meu amigo.

Meses depois de as matérias sobre o assunto terem sido publicadas, fui informado pelo Departamento Jurídico do *Jornal do Brasil* que a advogada de Klinger ameaçava com um processo, caso um texto enviado por ele não fosse publicado na íntegra. Os réus do processo seríamos o *JB* e eu, como autor das matérias.

Examinei a papelada enviada. O texto era primário, algo no estilo: "As reportagens do *Jornal do Brasil* eram mentirosas e tinham como objetivo prejudicar a brilhante carreira política de Klinger de Oliveira...".

Telefonei para a advogada e tivemos um diálogo mais ou menos assim:

— É uma pena que Klinger não tenha querido falar comigo na época da publicação das matérias. Eu o procurei — disse.

— É, mas agora ele quer um espaço no jornal — respondeu a advogada.

— Dou com o maior prazer. Mas, melhor do que publicar o texto que vocês mandaram, sugiro uma entrevista com ele. Fica mais direto. Você não acha? Garanto uma página inteira.

— Ótimo, também acho melhor — disse ela.

— Então fica combinado isso. Mas tem uma coisa: a entrevista é pra valer. Vou perguntar o que acho que devo perguntar e o que ele responder vai ser publicado na íntegra. Tudo bem?

—- Ah, não. Se for assim, nós não queremos. Tanto o senhor, como o *Jornal do Brasil* vão ser processados — ameaçou a advogada.

— Perfeitamente — respondi.

Não tinha receio de ser condenado na ação judicial. Mas, de qualquer forma, o processo poderia ser uma chateação.

Como, na época, dispunha do número do celular de um ministro todo-poderoso do governo Lula, mal acabei de conversar com a advogada, liguei para ele. O ministro estava numa reunião, mas tinha deixado o aparelho com a assessora de imprensa, que eu conhecia. Expliquei-lhe a situação e avisei:

— Nem preciso falar com o Fulano, mas diga a ele que, se houver processo contra mim, vou voltar ao caso.

Resultado: foi aberto o processo, mas só contra o *Jornal do Brasil*. Compareci a uma audiência como testemunha do jornal.

Até onde estou informado, não deu em nada.

A imprensa não investigou a fundo tudo o que cercou o assassinato de Celso Daniel. Nos meses seguintes, houve sete mortes de pessoas que, de uma forma ou de outra, estiveram ligadas ao caso. Quando essa sucessão de mortes aconteceu, eu já não estava mais no *JB*. Embora elas tenham sido noticiadas de forma isolada, os jornais não lhes deram a importância devida, por motivos que não consigo captar.

* * *

A primeira morte.

Em abril de 2002, Dionísio de Aquino Severo, acusado pelo Ministério Público de chefiar o sequestro de Celso, foi assassinado a facadas dois dias depois de preso. O crime ocorreu no Centro de Detenção Provisória, diante de sua advogada, com quem conversava naquele momento. Ainda muito amedrontada, ela me garantiu que não tinha como reconhecer os assassinos, pois eles estavam encapuzados. Mas informou que estes tiveram que passar por várias portas que deveriam estar fechadas com chave. Os criminosos nunca foram descobertos, o que é estranho em se tratando de um homicídio cometido dentro do presídio e nessas circunstâncias.

Condenado a 50 anos de prisão por diferentes crimes, Dionísio tinha sido resgatado do presídio de Guarulhos por um helicóptero, de forma cinematográfica, na véspera do sequestro de Celso Daniel. Depois de preso, prometeu falar em juízo sobre a morte do prefeito. Quando foi assassinado, já tinha agendado um depoimento para o Ministério Público.

Há testemunhas de que ele conhecia Sérgio Gomes da Silva, o Sombra. Segundo os promotores, Dionísio era o elo entre os mandantes do crime e os bandidos comuns que sequestraram Celso Daniel. Segundo informações publicadas na época, e não desmentidas, Dionísio teria admitido extra-oficialmente ao delegado Romeu Tuma Júnior a participação no sequestro.

O fato de o bandido ter sido retirado do presídio em que cumpria pena de helicóptero e, no dia seguinte, comandado a captura de Celso Daniel enfraquece a tese de que o prefeito foi sequestrado por acaso, sem que os bandidos soubessem quem ele era. Essa tese é defendida pelo PT, em contraposição ao que afirma o Ministério Público, que vincula o crime ao esquema de corrupção.

* * *

A segunda morte.

Em novembro de 2002, o biscateiro Manoel Estevam, conhecido como Sérgio Orelha, foi morto a tiros. Depois do sequestro de Celso Daniel, ele tinha escondido em sua casa Dionísio Aquino.

A terceira morte.

Em fevereiro de 2003, morreu Antônio Palácio de Oliveira, garçom do restaurante Rubayat, na Alameda Santos, onde Celso Daniel e Sérgio Sombra jantaram na noite de 18 de janeiro de 2002, pouco antes de o prefeito ser sequestrado. Antônio foi perseguido por um carro, perdeu o controle da moto que dirigia e sofreu um acidente, vindo a falecer. A polícia registrou o caso como "roubo seguido de morte", embora nada tenha sido retirado do cadáver.

Na ocasião, Antônio portava documentos falsos, sem que se saibam os motivos para tal. Um amigo disse à imprensa que o garçom alardeava ter ouvido a conversa entre Sérgio Sombra e Celso durante o jantar. Outro dado curioso: pouco antes de Antônio morrer, tinham sido depositados R$ 60 mil em sua conta bancária. Seu salário era R$ 400 e não se sabe quem fez o depósito.

A quarta morte.

Vinte dias depois da morte do garçom Antônio, o comerciário Paulo Henrique Brito, testemunha do "acidente" em que ele morreu, foi assassinado com três tiros.

A quinta morte.

Em 5 de julho de 2003, o policial Otávio Mercier foi assassinado por um grupo de homens que invadiu seu apartamento. Uma semana antes, ele prestara depoimento ao Ministério Público sobre o caso Celso Daniel. Foi comprovado que, na véspera do sequestro, ele tivera uma conversa telefônica com Dionísio.

A sexta morte.

Em dezembro de 2003, o agente funerário Iran Moraes Redua foi morto com dois tiros. Ele havia reconhecido o corpo de Celso Daniel e era testemunha de que ele tinha marcas de tortura quando foi encontrado em Juquitiba. A tortura indicaria que Celso dispunha de alguma informação que seus assassinos queriam obter, enfraquecendo a versão de crime comum.

A sétima morte.

Em outubro de 2005, o legista Carlos Delmonte Printes foi encontrado morto em casa. A versão oficial foi suicídio. Ele fez a perícia no corpo de Celso Daniel e atestou que o prefeito fora torturado. O legista estava preparando um relatório detalhado para o Ministério Público.

É possível que algumas dessas mortes tenham sido ocasionais, sem ligação com o assassinato de Celso Daniel. Mas foram sete. Convenhamos que a chance de tudo ser uma grande coincidência é pequena.

A sucessão de mortes envolvendo pessoas, de uma forma ou de outra, vinculadas ao sequestro e ao assassinato de Celso Daniel, levou seu irmão, Bruno, e a mulher, Marilena Nakano, a deixar o país, com os filhos. Ambos vinham lutando para demonstrar que o assassinato do prefeito não fora crime comum e estavam recebendo ameaças. A família obteve asilo político na França, onde permaneceu por alguns anos, antes de retornar ao Brasil.

Em certo momento, também eu resolvi me precaver. Contei a dois amigos de confiança — ambos do PT, diga-se — o que tinha apurado. De um deles veio a sugestão de que eu gravasse as informações num CD e distribuísse cópias a amigos, informando que, se me acontecesse algo — como morrer em um assalto de rua, por exemplo —, tudo viria à tona.

Um terceiro amigo, também do PT, teria audiência com um ministro todo-poderoso daí a alguns dias. Pedi que ele lhe desse o recado. Naturalmente, fiquei curioso para saber da reação do ministro. Soube que a resposta dele foi: "Tudo bem".

Prefiro pensar que essa reação tenha sido a de alguém que não deu importância ao recado, por não ver qualquer sentido nele.

Devo dizer que não passa pela minha cabeça que alguém da cúpula do PT tenha tido relação com o sequestro e a morte de Celso ou, ainda, com os assassinatos que se seguiram a ela. Para mim, a explicação mais plausível é a dada por promotores que trabalharam no caso: dirigentes do partido tornaram-se reféns de parceiros de corrupção na prefeitura, passando a ser chantageados por eles. Se não lhes dessem proteção, o esquema de corrupção seria divulgado, com claros prejuízos para a candidatura presidencial de Lula naquele ano de 2002.

Caso seja correta esta hipótese, haverá quem diga que não havia outro jeito para o PT. Que estava em jogo ali algo mais importante, a possibilidade da vitória eleitoral de Lula meses depois — o que acabou ocorrendo. Se a roubalheira viesse à tona, a candidatura sofreria um duro golpe.

Mas, então, os fins justificam os meios?

Penso que não. Fins e meios estão indissoluvelmente ligados. Determinados meios comprometem os fins que se pretende atingir de forma irremediável.

Finalmente, é inevitável uma constatação: se o PT tivesse refletido de forma mais profunda e tirado as devidas lições do caso Santo André — e, antes dele, do caso CPEM — provavelmente não teria vivido as agruras que viveu no episódio do mensalão, no qual, aliás, foram condenados à prisão alguns dos mais importantes dirigentes que estavam à frente do partido em 2002, ano de morte de Celso Daniel.

Navegar é preciso

> *"O que as vitórias têm de mau*
> *É que não são definitivas.*
> *O que as derrotas têm de bom*
> *É que também não são definitivas"*
>
> José Saramago

Os defensores dos governos Lula e Dilma costumam fazer a seus críticos de esquerda uma pergunta cabível: para chegar ao governo e ter condições de governar o país, o PT não teria que fazer alianças?

A resposta é sim.

Não prego o isolacionismo. Na política, as alianças são sempre necessárias. Resta saber com quem e em torno de que pontos.

E — perguntam também os defensores dos governos do PT — é inadmissível que sejam feitas concessões a aliados? De jeito nenhum.

A questão é: que concessões e de que forma são feitas.

Já Lênin criticava de forma dura o que classificou de "diplomacia secreta", referindo-se aos acordos internacionais que, durante a Primeira Guerra Mundial, foram acertados por baixo do pano pelo czarismo e, depois, mantidos pelo governo provisório de Kerensky.

Vale a advertência de Lênin em defesa da transparência: em geral, acordos políticos que não podem ser explicitados publicamente cheiram mal.

Mas, por outro lado, se as negociações são claras e a sociedade é convocada a apoiar um governo de transformações, as concessões podem ser compreendidas.

O problema é que, em muitos casos, as alianças do PT não têm sido em torno de acordos transparentes e republicanos. A entrega de parcelas do aparelho de Estado, em troca de apoio em eleições ou no dia a dia do Congresso, a legendas que são pouco mais do que balcões de negócio, e que entram no governo para fazer negócios, tem sido uma constante.

Nem o mais empedernido petista se negaria a admitir que a maior parte dos partidos que integram a base governista se aliaria com qualquer força política que ocupasse o Executivo federal, caso ela se dispusesse a lhes conceder espaços generosos na administração. De preferência, claro, espaços com boa dotação orçamentária.

Aliás, veem-se, com frequência, disputas ferrenhas por cargos que não têm visibilidade pública, nem se prestam à aplicação de políticas próprias, que, obtendo êxito, tragam dividendos políticos para o ocupante e seu partido. Na maioria das vezes, os titulares desses cargos sequer recebem altos salários. O motivo do interesse por aquele espaço na administração é a possibilidade de montar esquemas de favorecimento e clientelismo, quando não de corrupção aberta.

Mas, dirão alguns, se o PT não ceder esses espaços, terá a gestão inviabilizada.

Esta é uma afirmação desmentida pela própria experiência do partido.

Ao assumir suas primeiras prefeituras importantes, nos anos 1980, em Porto Alegre e em São Paulo, o PT governou em minoria nas câmaras de vereadores. Malgrado as dificuldades, essas gestões são lembradas como estando dentre as melhores de sua história.

Ao entregar parcelas do aparelho de Estado a grupos que têm o objetivo de "fazer negócios", o PT torna sua "governabilidade" limitada e despolitizada. A presidente Dilma Rousseff pode até exonerar ministros flagrados em práticas de corrupção, como já fez, mas, prisioneira, acaba permitindo a manutenção dos esquemas suspeitos. Às vezes, o partido do ministro afastado indica o substituto. Isso, quando não é o próprio demitido que o faz, como ocorreu no Ministério do Trabalho, com Carlos Lupi.

Por conta desse tipo de "governabilidade", os governos do PT mantêm, no essencial, a política econômica herdada dos tucanos. Da mesma forma, acabam mantendo a política de privatizações, que tanto criticam em períodos eleitorais. Como já não há mais muito patrimônio público para entregar — com a exceção da Petrobras, que nem o PSDB se atreveu a privatizar, e o Banco do Brasil e a Caixa Econômica, que cumprem papel que a banca privada não aceitaria cumprir —, as privatizações avançam de forma avassaladora sobre as reservas de petróleo, inclusive as do pré-sal. Ou ganham a forma de transferência da prestação de serviços públicos a particulares, sob a forma de concessões. Tendo começado com ferrovias, rodovias, portos e aeroportos, avançam em direção a estádios de futebol e até saúde e educação. Sempre sustentado por dinheiro público, diretamente ou por intermédio do BNDES.

Veja-se o exemplo do ProUni, criado no governo Lula. Ele é uma forma de privatização da educação e um verdadeiro presente para os tubarões do ensino privado. Trata-se da pura e simples compra pelo governo federal, por meio de isenções fiscais, de vagas em faculdades particulares — que, em muitos casos, não passam de balcões para a venda de diplomas. Seria mais razoável investir esses mesmos recursos no ensino público.

Na última campanha eleitoral, em 2010, Dilma foi mais longe e prometeu estender o ProUni ao nível médio. Como bandeira eleitoral, é ótima. Soa como música aos ouvidos dos jovens com dificuldades para pagar os estudos e sem acesso às escolas públicas. Mas é um absurdo.

Tal como nos governos tucanos, as privatizações (ou concessões) são feitas sob a alegação de que o Estado não tem recursos para investir. Mas como sustentar esse argumento se é dinheiro público, por intermédio do BNDES, que financia as operações?

Essa busca despolitizada da "governabilidade" não permitiu também avanços na reforma agrária, quesito em que Dilma está aquém do próprio Fernando Henrique Cardoso. A bancada ruralista e o agronegócio, que em sua maioria estão na base do governo, não permitem que ela vá adiante. Nem mesmo o projeto de lei que possibilita a expropriação das terras de quem usa trabalho escravo sai da gaveta e é posto em votação, por contrariar a bancada ruralista. E não à toa, a presidente da Confederação Nacional da Agricultura (CNA), a senadora Kátia Abreu, se derrama em elogios aos governos petistas e, vez por outra, é até cogitada para ministra.

Afinal, "governabilidade" deve ser vista como forma de se manter no poder para se atingir determinados objetivos, e não como um fim em si mesmo.

Não pôde ser feita também uma reforma política que limitasse o peso do poder econômico nas eleições. Parte da base do governo não a aceita.

O importante debate sobre a regulamentação da mídia e o combate aos monopólios no setor de comunicação, em particular na mídia eletrônica — que depende de concessões do poder público — tampouco avança. Iniciado por Franklin Martins, quando ministro das Comunicações de Lula, foi engavetado. Motivo: o governo do PT não se anima a contrariar os grandes conglomerados da área de comunicação.

Desnecessário dizer que a questão de regulamentação da mídia nada tem a ver com censura ou interferência no conteúdo de matérias jornalísticas, como afirmam aqueles que querem manter as coisas como estão.

Aberrações, como Marco Feliciano na presidência da Comissão de Direitos Humanos da Câmara ou Blairo Maggi, ganhador em 2005 do Troféu Motosserra de Ouro do Greenpeace, no comando da Comissão de Meio Ambiente do Senado — ambos integrantes da base governista — também não caem do céu. Embora, claro, incomodem o PT, em particular o primeiro, pelas seguidas agressões ao senso comum, são consequência dessa governabilidade emasculada.

Não se aprova também uma política tributária mais justa, modificando uma situação absurda, em que os assalariados arcam com a maior parte dos impostos, que são indiretos. Mesmo nos impostos diretos temos uma situação em que um trabalhador que receba salário acima de R$ 4.271,59 desconta 27,5% de Imposto de Renda, enquanto os bancos pagam a alíquota de 15% no mesmo imposto.

Ainda em relação ao Imposto de Renda, no afã de engordar o superávit primário, os governos do PT promovem verdadeiro confisco da renda dos trabalhadores ao não atualizarem anualmente a tabela com as alíquotas. Com a inflação e o correspondente reajuste dos salários, a cada ano uma quantidade grande de trabalhadores que estava isenta do pagamento do imposto passa a pagá-lo; outros, que estavam enquadrados numa alíquota menor, mudam de faixa e passam a pagar mais. Em maio de 2013, calculando-se pelo INPC, a defasagem era de 55,86%.

A atualização anual da tabela do IR é mais uma das bandeiras do PT engavetadas quando o partido assumiu o governo.

É o caso de se perguntar: se a manutenção do poder exige a construção de um arco de alianças tão diluído que deixa manietado o governo, impedindo a aplicação de medidas primárias de um programa radicalmente republicano — já nem digo de transição a qualquer tipo de socialismo —, não será preciso parar e refletir?

Que identidade pode ter uma aliança que reúne PT, PMDB, PSB, PCdoB, PDT, PP, PR, PTB, PRB, PHS, PTC, PTdoB, PMN e PSC e que incorporou o PSD, de Kassab? Qual o perfil dessa sopa de letrinhas e para que ela serve? Como justificar um Ministério com 39 pastas, se não para acomodar uma penca de aliados atraídos por cargos?

Essa amplíssima frente não impede sequer que, vez por outra, o governo petista ainda tenha que negociar no varejo, concedendo mais cargos ou verbas para ver aprovado algo no Congresso e ficando, por vezes, na dependência de figuras como Eduardo Cunha, líder na Câmara do principal aliado do PT, o PMDB.

O partido, que no passado representou um contraponto ao fisiologismo e à corrupção, abandonou esse papel e tornou-se lamentavelmente parecido com as legendas tradicionais. Cada vez mais se assemelha ao PMDB.

Não por acaso, o que há de pior na política brasileira está de braços dados com os governos petistas. De Maluf a Sarney, de Jáder Barbalho a Michel Temer, de Romero Jucá a Francisco Dornelles, passando por Collor, a bancada ruralista e o agronegócio, estão todos satisfeitos da vida.

O problema torna-se ainda mais grave porque o PT, como partido, limita-se a apoiar os governos petistas. Não vai além disso. Em seu processo de peemedebização crescente, não tem atuação independente, desaparecendo como força autônoma. Não tem programa próprio. Oscila entre defender as medidas do governo e, quando elas são constrangedoras demais, calar-se.

Diante da infinidade de exemplos expostos acima, uma pergunta se impõe: essa situação expressa um simples desvio político ou estamos diante de uma capitulação ideológica dos lulistas, que mantêm em mãos os rumos do neoPT?

A dura verdade é que, em dez anos no governo federal, o PT não tomou uma só medida que se chocasse frontalmente com os interesses das classes dominantes.

É uma enorme diferença em relação ao que ocorreu em países como Venezuela, Bolívia ou Equador, onde, apesar das críticas que se possa fazer aqui e ali, estão em andamento processos de transformações na sociedade e aumentou a participação das pessoas. E, aliás, é esta participação que cria as condições para as transformações. A direita compreende isso. Não por acaso, na eleição venezuelana realizada no primeiro semestre de 2013, o direitista Henrique Capriles apontou Lula como modelo a ser seguido. O episódio chegou a ser constrangedor para o líder petista, que tinha gravado uma mensagem de apoio ao chavista Nicolas Maduro.

Como afirma Sérgio Fausto no artigo "Aonde irá o PT?", publicado no *Estado de S. Paulo* em 22/12/2012, a tragédia do PT torna-se mais grave por dois motivos.

> Nenhum outro partido tem raízes populares comparáveis às do PT. Não há outro líder político brasileiro com a história de Lula. Essas duas credenciais, no entanto, têm sido utilizadas para negar, encobrir e/ou justificar práticas flagrantemente contrárias ao próprio ideário republicano de que o partido e seu líder maior se diziam os mais legítimos defensores. Não se trata de práticas episódicas, mas de ações sistemáticas pelas quais instituições e recursos públicos são postos a serviço dos interesses do PT e de seus membros. [...]
> Assim, a possibilidade histórica de o PT representar uma esquerda democrática e republicana se perdeu — resta saber se definitivamente. [...] O velho PT [...] cedeu lugar a uma organização partidária orientada para acumular recursos financeiros, ganhar eleições e governar com amplas alianças. [...]
> Criaram-se perspectivas de ascensão social sem precedentes para quadros e militantes partidários. Por meios formalmente legais (nomeação para cargos de confiança, transferência de parte da contribuição obrigatória às centrais sindicais etc.) ou inteiramente ilícitos, o governo Lula atuou com desenvoltura, em todas as frentes, para contemplar o conjunto dos apetites. O presidente foi pródigo, pelo menos na complacência com o malfeito. Como houve maior redução

da desigualdade e da pobreza em seu governo, qualquer crítica passou a ser "udenismo golpista".

O paradoxo desse processo é que a incorporação do PT ao governo e às elites políticas — um elemento indispensável e positivo da democratização do País —, ao invés de fortalecer, enfraqueceu as instituições e a ética republicanas.

Sérgio Fausto é tucano e presidente do Instituto Fernando Henrique Cardoso. Mas quem poderia contestar o que afirma acima?

Outra questão grave: nunca a imagem dos políticos esteve tão desgastada. E o PT tem responsabilidade nisso. O aprofundamento da desmoralização da política será uma de suas piores heranças. Mesmo os beneficiados pelos programas assistenciais que se dispõem a votar de novo em Dilma na eleição de 2014, o farão por reconhecer no PT o autor de medidas que os beneficiaram. Mas não foram atraídos para a política.

Há petistas que já começam a defender o que denominam "ética dos fins", segundo a qual o importante é a saída da miséria de um contingente de pessoas, graças a programas como o Bolsa Família. O resto seria secundário. Como se vê, surge nova roupagem para a célebre frase "rouba, mas faz", de Adhemar de Barros. Ou para outra, ainda mais cínica, de Assis Chateaubriand: "A coerência é a virtude dos imbecis."

Não se sustenta a tentativa de responsabilizar a mídia conservadora pela repercussão dos casos de corrupção no período petista. É verdade que a grande imprensa tem má vontade com o PT e, por vezes, amplifica fatos, mas, na maioria dos casos, não os inventa.

Recuso-me também a aceitar que a preocupação com a ética seja demonstração de "espírito udenista". Aliás, com esse tipo de afirmação, petistas fazem da velha, conservadora e hipócrita UDN um paradigma de moralidade, o que é lamentável.

Por outro lado, falar em PIG — partido da imprensa golpista — é fazer luta política sem respaldo na realidade. No período petista, nunca esteve no horizonte um golpe de Estado. Até porque, qual seria sua base social? Os bancos? As empreiteiras? O agronegócio? As multinacionais? Ora, toda essa gente está ganhando dinheiro como nunca. Jamais o grande capital lucrou tanto como nos governos do PT. E quem diz isso não sou eu. É o ex-presidente Lula.

É notório que dirigentes do PT — e, entre eles, alguns dos mais influentes — estão enriquecendo como lobistas do grande capital, sob o rótulo de "consultores".

Esse fenômeno chega às raias do inacreditável. Quando do processo de privatização das teles, a Telecom Itália e o banqueiro Daniel Dantas disputaram o controle do setor e tiveram, cada qual pelo seu lado, a ajuda de um ex-presidente do PT.

Em entrevista à revista da Associação de Docentes da USP (Adusp), o respeitado engenheiro Ildo Sauer, ex-diretor de Gás e Energia da Petrobras, denunciou o papel deletério desempenhado por lobistas na disputa pelas reservas do pré-sal. E diz ter ouvido do próprio José Dirceu a confirmação de que este estava a serviço de Eike Batista. É inevitável a pergunta: a contratação de Dirceu seria devido aos conhecimentos do dirigente petista sobre petróleo ou teria o objetivo de obter acesso a informações privilegiadas e influenciar decisões do governo?[36]

Dirceu deu outras demonstrações de polivalência a serviço de Eike Batista. É notória a sua participação em defesa dos interesses do milionário num contencioso com o governo de Evo Morales. Dirceu chegou a viajar à Bolívia, num jatinho do próprio Eike, para de-

---

[36] A íntegra da entrevista de Ildo Sauer, publicada na edição de outubro de 2011 da *Revista da Adusp*, está na internet (http://www.adusp.org.br/files/revistas/51/r51a01.pdf).

fender os interesses deste último, quando o governo de Evo negou licença de operação para uma siderúrgica do governo brasileiro. A viagem foi noticiada na imprensa. (*Folha de S.Paulo*, 7/7/2006) A atuação de Dirceu não se limita às áreas de energia, petróleo e siderurgia. Estende-se às telecomunicações. Também saiu publicado na imprensa, sem ser desmentido, que ele foi contratado, como "consultor", por Carlos Slim, o mexicano dono da Claro, apontado como um dos homens mais ricos do mundo. Seria Dirceu, também, um especialista nessa área? (*IstoÉ Dinheiro*, 12/9/2007)

Mas a polivalência de Dirceu parece mesmo infinita. Ele foi, também, consultor da empreiteira Delta, que depois apareceu em matérias político-policiais como vinculada ao bicheiro Carlinhos Cachoeira. Vejamos o que disse o site G1 a respeito das ligações de Dirceu com a Delta, em matéria reproduzida pelo Blog do Noblat em 16/4/2012:

> O contrato de seis meses [entre a Delta e Dirceu] foi assinado no fim de 2008. Nessa época, os contratos da empresa com o governo federal quase dobraram. Passaram de R$ 393 milhões para R$ 788 milhões em 2009. Atualmente, a Delta é a empresa que mais recebe dinheiro do Programa de Aceleração do Crescimento (PAC) — R$ 885 milhões em 2012. [...] A Delta negou que o ex-ministro José Dirceu tenha sido contratado para facilitar negócios com o governo federal.

O trecho transcrito dispensa comentários.

O ministro Fernando Pimentel e o ex-ministro Antônio Palocci, por sua vez, já foram chamados a dar explicações a respeito dos ganhos extraordinários que tiveram com essas tais "consultorias".

A quase ninguém no PT escandaliza a evidente incompatibilidade entre as duas atividades: o exercício de cargos de direção num partido e a prática do *lobby*. A única voz de condenação ouvida, ainda assim de forma tímida e sem qualquer repercussão importante, foi a do governador do Rio Grande do Sul, Tarso Genro.

Essa prática de dirigentes partidários tornarem-se "consultores" do grande capital não se restringe ao PT. Haroldo Lima, dirigente nacional do PCdoB, foi nomeado por Lula diretor-geral da Agência Nacional do Petróleo (ANP) e, nessa condição, passou a organizar os leilões de privatização das reservas brasileiras, antes combatidos por seu partido. Tendo deixado a ANP e cumprido um breve período de quarentena, Haroldo tornou-se declaradamente "consultor" na área de petróleo e foi contratado por uma multinacional do ramo, que disputa os leilões. Continua membro não só do PCdoB, como de seu Comitê Central e da sua Comissão Política Nacional, o mais alto organismo de direção desse partido.

Mais recentemente, até Lula usa seu prestígio e sua condição de ex-presidente da República para conseguir contratos em países latino-americanos e da África para empreiteiras. Isso sem falar na interferência, em que tentou envolver até mesmo o Itamaraty e o governo de Singapura, na defesa de um empreendimento de Eike Batista que ameaçava fazer água, o porto de Açu (RJ).

Não é este o comportamento que se espera de dirigentes partidários ou de ex-presidentes da República. Ele pode não ser ilegal, mas não é ético.

Os prejuízos políticos dessa frouxidão moral são talvez mais importantes do que os bilhões de reais que escoam pelo ralo da corrupção e poderiam estar sendo usados em saúde, educação e outros serviços básicos. Eles fazem com que qualquer compromisso com princípios políticos também se esfume.

É verdade que um contingente de pessoas saiu da miséria, por meio de programas como o Bolsa Família, que já existiam, mas foram ampliados nas gestões petistas. Esses programas, embora emergenciais, são importantes. Dão de comer a quem tem fome. E não têm efeito positivo apenas na vida de quem recebe os benefícios, pois fazem com que aumente a circulação de dinheiro em regiões pobres. O padeiro vende mais pães, o comerciante vende mais roupas e, assim, a situação de todos melhora.

Houve ainda aumento da renda individual devido à continuação da política de reajustes do salário mínimo acima da inflação (já iniciada nos governos FHC) e pela elevação do nível de emprego. E houve também a elevação do consumo pela ampliação do crédito pessoal.

Mas é exagero se falar em nova classe média. Nem o novo contingente absorvido pelo aumento do mercado de trabalho (cujos empregos, em mais de 90% dos casos pagam só até 2,5 salários mínimos), nem os beneficiários do Bolsa Família podem ser considerados como de classe média. A incorporação de mais gente ao mercado consumidor e o aumento do contingente dos trabalhadores com emprego, ainda que precário, são mudanças positivas, mas isso não sustenta a afirmação de que essas pessoas passaram a fazer parte da classe média.

Aliás, para que se veja até que ponto chegaram os exageros nessa classificação de quem é ou não de classe média, basta citar estudo da Secretaria de Assuntos Estratégicos da Presidência da República, divulgado em meados de 2013, classificando como integrante da classe média uma família que tenha uma renda por pessoa entre R$ 291 e R$ 1.019. A julgar por esse critério, um casal sem filhos com renda de um salário mínimo estaria na classe média. Evidentemente é um despropósito.

Não foram feitas reformas estruturais que alterassem os alicerces injustos da sociedade. Não foram criadas bases para uma verdadeira transformação social. Um mercado interno forte, fundamental para mudar a cara do país, não pode se basear em programas assistenciais nem em empregos precários. Exige empregos sólidos, com salários decentes.

O perfil da distribuição de renda na sociedade não se alterou de forma substantiva no período petista. Houve aumento de ganhos na faixa dos muito pobres, mas, como cresceram também os rendimentos dos muito ricos, o quadro geral não mudou substancialmente. A distribuição de renda só melhora, mostrando-se mais equilibrada, se levarmos em conta apenas os trabalhadores assalariados, excluindo os rendimentos do capital.

Por outro lado, programas como o Bolsa Família cada vez mais se arraigam à nossa realidade. Aliás, se não fossem eles, determinadas regiões do Nordeste estariam conflagradas. Para o bem ou para o mal, tornaram-se uma conquista já estabelecida na sociedade brasileira. Basta ver o alvoroço e a ameaça de quebra-quebra em agências da Caixa Econômica, por conta de um boato de que o programa iria acabar, em maio de 2013.

Como esses programas custam relativamente pouco aos cofres públicos, não afetam os interesses dos poderosos e dão grande retorno em termos políticos, além de garantir certa paz social, mesmo os partidos de direita os endossam, com sinceridade.

O montante despendido pelo governo um ano inteiro no Bolsa Família equivale ao gasto em nove dias de pagamento de juros da dívida pública.

Assim, não será surpresa se, na próxima eleição presidencial, todos os candidatos defenderem o Bolsa Família, mesmo os de direita, talvez dando-lhe outro nome para, de forma oportunista, disputar sua paternidade. E, claro, aumentando em alguns trocados o valor repassado aos beneficiários.

No momento em que este livro é escrito, o PT é favorito para a eleição de 2014. Mas não é possível se fazer previsões para as eleições seguintes. E, se o partido perder a Presidência mais adiante, sem ter feito mudanças estruturais no país, caberá a pergunta sobre de que serviu ter estado todo esse tempo no poder.[37]

De qualquer forma, há que se reconhecer elementos positivos na experiência petista, além das medidas que melhoraram a situação dos miseráveis. Um exemplo é a política externa. Estivessem os tucanos no poder, as experiências de esquerda em curso na América Latina (na Venezuela, na Bolívia e no Equador) seriam hostilizadas, o que os governos petistas não fazem.

Alguns críticos de esquerda aos governos do PT apontam os interesses de grandes empresas brasileiras — em particular as empreiteiras, a quem próceres do partido são muito ligados — como estando por trás da política de aproximação dos governos Lula e Dilma com Chávez-Maduro, Evo Morales e Rafael Correa. Pode ser. Mas o fato é que a política desenvolvida pelos governos petistas ajuda a romper o isolamento dessas experiências, o que, por si só, é algo positivo.

Assim, seja pela melhoria das condições de vida dos miseráveis, seja por aspectos como a política externa, não considero os governos petistas iguais aos tucanos. Tampouco igualo o PT aos partidos da direita tradicional. Apesar das críticas aos governos Lula e Dilma, que não foram de transformação social ou sequer radicalmente republicanos, ainda há compromissos relacionados com a sua origem

---

[37] A perplexidade do PT diante das gigantescas manifestações de rua ocorridas em junho de 2013, a partir do reajuste das tarifas de ônibus, mostra o quanto o partido estava desligado do Brasil real. E foi sintomática a divisão dos petistas quanto aos acontecimentos. Houve os que, mesmo desorientados, não viram como problema o surgimento do movimento de massas. Mas houve também aqueles, talvez majoritários na direção partidária e em suas bancadas parlamentares, que tomaram as manifestações como um estorvo. Desconfio que estes últimos transformaram-se definitivamente em conservadores. Uma última observação: não houve possibilidade de tratar neste livro com mais profundidade desses acontecimentos porque os originais já tinham sido entregues à editora.

que impedem que ele seja igual aos partidos da direita clássica. Por isso, em eleições em que disputaram o segundo turno um petista e um tucano, tenho votado sempre no petista, embora lamentando a pobreza das opções.

Por fim, é preciso um alerta sobre outro aspecto da política do PT: é perigosa a forma como ele tem tratado as igrejas evangélicas conservadoras, que se multiplicam no país. Parte expressiva delas suja a melhor tradição do protestantismo — de Lutero e Calvino, ou mais recentemente de Martin Luther King — ao explorar a boa-fé dos pobres, deixando milionários pastores espertalhões.

Em vez de denunciá-las, o PT faz delas aliadas, em busca de apoio eleitoral, do tempo de televisão dos partidos que elas controlam e do voto de suas bancadas. Aliás, a elas — assim como às outras igrejas — é concedida até mesmo a isenção de impostos, algo inconcebível num Estado que se define como laico. Só um Estado radicalmente laico, separado de qualquer religião, é capaz de garantir a total liberdade para todos os credos. E a atuação do Estado deve se limitar a garantir essa ampla liberdade de credo, assunto por natureza privado.

Têm sido, cada vez mais, repassadas a essas igrejas evangélicas funções que devem ser desempenhadas pelo Estado, como, por exemplo, o tratamento de dependentes de drogas. Em vez de oferecer assistência orientada por especialistas médicos, elas usam os recursos públicos que recebem para apresentar a conversão religiosa como solução para a dependência química. Existem denúncias, inclusive, de que, em certos abrigos, há punições até com a suspensão de alimentos aos que resistem à evangelização. "Quem não reza não come."

É estarrecedor o relatório apresentado, em 2011, pelo Conselho Federal de Psicologia depois de uma inspeção em 68 entidades religiosas que oferecem tratamento, bancado por recursos públicos, a adictos:

São comuns interceptação e violação de correspondências, violência física, castigos, torturas, humilhação, imposição do credo, exigência ilegal de exames clínicos como o teste de HIV, intimidações, desrespeito à orientação sexual, revista vexatória de familiares e violação da privacidade.

O relatório foi desconsiderado pelas autoridades. Certamente por razões de natureza política.

Essas igrejas "de negócios" ocupam espaço crescente na política, aumentam seu poder e maximizam os lucros. Seus chefes são bajulados por governantes, recebem passaportes diplomáticos e ganham de presente ministérios, que aparelham sem qualquer pudor, com o intuito de ampliar sua influência. O dublê de bispo da Igreja Universal do Reino de Deus e ministro da Pesca, Marcelo Crivella, por exemplo, em 16 estados nomeou filiados ao PRB superintendentes da pasta. O partido é controlado pela sua igreja.[38]

Mesmo com todo o espaço cedido pelo PT, essas igrejas chantageiam governos ou candidatos petistas, ameaçando retirar-lhes o apoio se eles não defenderem propostas ultraconservadoras em questões como direitos de homossexuais e aborto. Isso aconteceu no segundo turno da última eleição presidencial, em 2010, quando esses temas foram trazidos ao debate pelo tucano José Serra e ganharam posição central na campanha durante alguns dias. Diante das pressões das igrejas evangélicas, Dilma passou a defender posições reacionárias, com as quais, inclusive, não concordava.

Apesar da boa-fé dos fiéis dessas igrejas, o crescimento de seu número — em 2013, já na casa de 22 milhões de pessoas — representa uma ameaça para a democracia, tanto quanto representaria o crescimento de qualquer fundamentalismo religioso. Alienados no

---

[38] Fonte: jornal *O Globo* (15/5/2013).

plano da política, superconservadores no que diz respeito aos costumes, intolerantes na relação com os demais credos e submissos a pastores reacionários, esses fiéis constituem, a médio e longo prazo, um contingente de reserva considerável para a direita.

O PT, desavisado e imediatista, tem fortalecido esse ovo da serpente.

Em 2005, a decepção com o PT me fez deixar a legenda e me filiar ao PSOL (Partido Socialismo e Liberdade).

Eu o vejo como um partido absolutamente necessário na atual situação do país. É uma espécie de trincheira, mantendo acesa uma luz quando a quase totalidade da esquerda se rendeu ou está desorientada.

Entretanto, ao contrário de alguns correligionários, não penso que o PSOL possa ter um crescimento exponencial ou um desempenho decisivo na política brasileira num futuro próximo. As condições não permitem. A conjuntura é muito diferente da que existia quando o PT foi fundado, em 1980. Naquela ocasião, havia um vazio na esquerda, e a sociedade saía da ditadura com enorme ânsia de participação política

Mas nao só a conjuntura desfavorável é obstáculo para um salto imediato do PSOL. Há outros fatores. Entre eles, o peso de posições ultraesquerdistas, que, mesmo não majoritárias, são expressivas no partido. Há correntes do PSOL que dão a impressão de só não estarem com os segmentos mais de extrema-esquerda, no PSTU (Partido Socialista dos Trabalhadores Unificado), devido às intermináveis divisões do trotskismo no plano internacional.

Algumas dessas correntes — e esse pecado não é só das de matriz trotskista — dedicam mais energia à luta interna do que à disputa política na sociedade. Os temas a que se aferram muitas vezes pouco têm a ver com as questões realmente importantes para o país.

Há tendências que se comportam como partidos dentro do PSOL (assim como outras fazem o mesmo no interior do PT). Para início de conversa, se fossem mesmo tendências internas, não seriam permanentes. A cada momento, segundo os temas em pauta, militantes se reagrupariam para enriquecer a formulação de posições e defendê-las no plano interno, dispersando-se, depois, naturalmente. Não é o que acontece. Algumas dessas correntes têm até mesmo filiação internacional e disciplina própria.

A imagem pública do PSOL — construída, em grande parte, pelo excelente trabalho de seus parlamentares — é muito melhor do que o próprio partido. Seus quatro parlamentares federais — o senador Randolfe Rodrigues (AP) e os deputados Chico Alencar (RJ), Jean Wyllys (RJ) e Ivan Valente (SP) — não por acaso se destacam num Senado com 81 membros e numa Câmara com 513 integrantes. Com certeza, o Congresso seria muito pior se não estivessem lá. A esse trabalho se soma o dos deputados estaduais e vereadores do PSOL que, quase sempre também, estão entre os melhores nas casas legislativas de que participam.

No dia em que o PT não ocupar mais o governo federal, se verá obrigado a um ajuste de contas interno. Serão criadas, então, as condições para uma reorganização partidária geral. Dela participarão, além do PSOL e de filiados do próprio PT, militantes de outras legendas que têm funcionado como satélites do lulismo.

Até que ocorra essa reorganização, para quem deseja a reconstrução de uma forte alternativa de esquerda no país, será um tempo em que vai ser necessário "moer no áspero", como dizia o velho Guimarães Rosa.

Epílogo

> *"Gracias a la vida*
> *Que me ha dado tanto"*
>
> Violeta Parra

O escritor argentino Ernesto Sábato tem uma frase de que gosto muito: "A vida é tão curta e o ofício de viver, tão difícil, que, quando se começa a aprendê-lo, já há que morrer."

Há muito de verdade nisso.

Não interpreto essa frase pelo viés de quem imagina estar já no fim da vida. Eu a vejo de outra forma: pela compreensão de que, a cada dia, se aprende um pouco mais. E que, por essa razão, a morte é uma pena. Paulinho da Viola disse algo parecido, num samba antológico: "As coisas estão no mundo, só que eu preciso aprender."

Meu falecido pai, o militar com mais alma de filósofo que conheci, costumava dizer que as pessoas deveriam ter duas vidas. "Uma para aprender; outra para viver."

Assim, lembrar a frase de Sábato não significa que me passe pela cabeça a hipótese de morrer. Ao contrário: ao estar na casa dos 60 anos, digo que entrei na última terça parte da minha vida, pois só vou começar a pensar em sair de campo a partir dos 90.

Pretendo continuar participando de política e vivendo de forma prazerosa — o que significa seguir tentando dar minha contribuição para um país melhor e continuar a fazer coisas como frequentar o bar Bip-Bip, em Copacabana, para um dedo de prosa com seu dono, o docemente mal-humorado Alfredinho, tomar uma cerveja gelada e ouvir bons sambas e chorinhos, tocados por músicos amigos.

Escrever este livro ao mesmo tempo me deu satisfação e mexeu com coisas que guardava lá no fundo. Foi uma boa experiência. E, embora seja um livro de memórias, não é uma despedida. Longe disso.

Digamos que tenha sido uma espécie de balanço a meio caminho da vida.

Por fim, nas muitas vezes em que me vi diante da pergunta sobre se "valeu a pena" ou sobre se "faria tudo de novo", costumo responder que sim, só que, claro, faria de forma diferente algumas coisas. A luta armada, por exemplo, foi um erro.

Alguns se surpreendem com a resposta, pois, afinal, no que se costuma chamar de flor da idade vivi clandestinidade, prisão, tortura e exílio. Se não tivesse me envolvido tanto com a política, certamente teria tido uma vida mais confortável.

Mas não a trocaria pela que vivi.

Como disse o mestre Mário Quintana:

>Se as coisas são inatingíveis... ora!
>Não é motivo para não querê-las...
>Que tristes os caminhos se não fora
>A mágica presença das estrelas.

Anexo I
(Manifesto lido nas rádios e TVs e publicado nos jornais por exigência dos sequestradores do embaixador norte-americano)

Grupos revolucionários detiveram hoje o sr. Charles Burke Elbrick, embaixador dos Estados Unidos, levando-o para algum lugar do país, onde o mantêm preso. Este ato não é um episódio isolado. Ele se soma aos inúmeros atos revolucionários já levados a cabo: assaltos a bancos, nos quais se arrecadam fundos para a revolução, tomando de volta o que os banqueiros tomam do povo e de seus empregados; ocupação de quartéis e delegacias, onde se conseguem armas e munições para a luta pela derrubada da ditadura; invasões de presídios, quando se libertam revolucionários, para devolvê-los à luta do povo; explosões de prédios que simbolizam a opressão; e o justiçamento de carrascos e torturadores.

Na verdade, o rapto do embaixador é apenas mais um ato da guerra revolucionária, que avança a cada dia e que ainda este ano iniciará sua etapa de guerrilha rural.

Com o rapto do embaixador, queremos mostrar que é possível vencer a ditadura e a exploração, se nos armarmos e nos organizarmos. Apareceremos onde o inimigo menos nos espera e desapareceremos em seguida, desgastando a ditadura, levando o terror e o medo para os exploradores, a esperança e a certeza da vitória para o meio dos explorados.

O sr. Burke Elbrick representa em nosso país os interesses do imperialismo, que, aliados aos grandes patrões, aos grandes fazendeiros e aos grandes banqueiros nacionais, mantêm o regime de opressão e exploração.

Os interesses desses consórcios de se enriquecerem cada vez mais criaram e mantêm o arrocho salarial, a estrutura agrária injusta e a repressão institucionalizada. Portanto, o rapto do embaixador é uma advertência clara de que o povo brasileiro não lhes dará descanso e a todo momento fará desabar sobre eles o peso de sua luta. Saibam todos que esta é uma luta sem tréguas, uma luta longa e dura, que não termina com a troca de um ou outro general no poder, mas que só acaba com o fim do regime dos grandes exploradores e com a constituição de um governo que liberte os trabalhadores de todo o país da situação em que se encontram.

Estamos na Semana da Independência. O povo e a ditadura comemoram de maneiras diferentes. A ditadura promove festas, paradas e desfiles, solta fogos de artifício e prega cartazes. Com isso, ela não quer comemorar coisa nenhuma; quer jogar areia nos olhos dos explorados, instalando uma falsa alegria com o objetivo de esconder a vida de miséria, exploração e repressão em que vivemos. Pode-se tapar o sol com a peneira? Pode-se esconder do povo a sua miséria, quando ele a sente na carne?

Na Semana da Independência, há duas comemorações: a da elite e a do povo, a dos que promovem paradas e a dos que raptam o embaixador, símbolo da exploração.

A vida e a morte do sr. embaixador estão nas mãos da ditadura. Se ela atender a duas exigências, o sr. Burke Elbrick será libertado. Caso contrário, seremos obrigados a cumprir a justiça revolucionária. Nossas duas exigências são:

a) A libertação de 15 prisioneiros políticos. São 15 revolucionários entre os milhares que sofrem as torturas nas prisões-quartéis de todo o país, que são espancados, seviciados e que amargam as humilhações impostas pelos militares. Não estamos exigindo o impossível. Não estamos exigindo a restituição da vida de inúmeros combatentes assassinados nas prisões. Esses não serão libertados, é lógico. Serão vingados, um dia. Exigimos apenas a libertação desses 15 homens, líderes da luta contra a ditadura. Cada um deles vale cem embaixadores, do ponto de vista do povo. Mas um embaixador dos Estados Unidos também vale muito, do ponto de vista da ditadura e da exploração.

b) A publicação e leitura desta mensagem, na íntegra, nos principais jornais, rádios e televisões de todo o país.

Os 15 prisioneiros políticos devem ser conduzidos em avião especial até um país determinado — Argélia, Chile ou México —, onde lhes seja concedido asilo político. Contra eles não devem ser tentadas quaisquer represálias, sob pena de retaliação.

A ditadura tem 48 horas para responder publicamente se aceita ou rejeita nossa proposta. Se a resposta for positiva, divulgaremos a lista dos 15 líderes revolucionários e esperaremos 24 horas por seu transporte para um país seguro. Se a resposta for negativa, ou se não houver resposta nesse prazo, o sr. Burke Elbrick será justiçado. Os 15 companheiros devem ser libertados, estejam ou não condenados: esta é uma "situação excepcional". Nas "situações excepcionais", os juristas da ditadura sempre arranjam uma fórmula para resolver as coisas, como se viu recentemente, na subida da junta militar.

As conversações só serão iniciadas a partir de declarações públicas e oficiais da ditadura de que atenderá às exigências.

O método será sempre público por parte das autoridades e sempre imprevisto por nossa parte.

Queremos lembrar que os prazos são improrrogáveis e que não vacilaremos em cumprir nossas promessas.

Finalmente, queremos advertir aqueles que torturam, espancam e matam nossos companheiros: não vamos aceitar a continuação dessa prática odiosa. Estamos dando o último aviso. Quem prosseguir torturando, espancando e matando ponha as barbas de molho. Agora é olho por olho, dente por dente.

Ação Libertadora Nacional (ALN)
Movimento Revolucionário 8 de Outubro (MR-8)

ANEXO II

(Depoimento prestado ao Conselho Regional de Medicina – Cremerj –, no processo que redundou na cassação do registro médico de Amilcar Lobo)

C.R.M.-RJ-Fls 134

Conselho Regional de Medicina do Estado do Rio de Janeiro

SEDE: PRAÇA MAHATMA GANDHI, 2 - GRUPO 1001 - CEP 20.018 - RIO DE JANEIRO - TEL. 220-6420

PROCESSO ÉTICO-PROFISSIONAL TRE-134/87

Termo de Depoimento que presta o Sr. CID DE QUEIROZ BENJAMIN, na forma abaixo.

Aos 10 dias do mês de agosto de 1987, na sede do Conselho Regional de Medicina do Estado do Rio de Janeiro, na Praça Mahatma Gandhi, 02, grupo 1.222, perante o Conselheiro Antônio de Oliveira Albuquerque da Comissão de Instrução do Processo Ético-Profissional nº 134/87, compareceu o Sr. CID DE QUEIROZ BENJAMIN, a fim de pretar esclarecimentos.

Perguntado qual o nome por extenso, naturalidade, filiação, residência e profissão, respondeu que se chama CID DE QUEIROZ BENJAMIN, natural do Estado de Pernambuco, filho de Ney Benjamin e Iramaya P. Queiroz Benjamin, reside à Praia do Flamengo, 122/907, Jornalista.

Perguntado como surgiu o seu conhecimento com o Dr. Amilcar Lobo, respondeu que foi preso em 21/04/70, sendo recolhido ao DOI-CODI; que resistiu o quanto pôde a prisão, sendo por este motivo bastante machucado, levando inclusive coronhadas o que provocou uma perda sanguínea de grande porte. Que após chegar ao quartel da PE e de ser submetido a outro processo de tortura, conheceu aí o Dr. Amilcar Lobo, que à 1ª vista lhe pareceu ser uma pessoa bastante fria, perfeitamente integrada no ambiente, tanto que tomava parte no clima de chacota ali existente. Declara que como o seu sangramento fosse abundante, o Dr. Amilcar Lobo procedeu uma sutura nos vários cortes que tinha na cabeça, praticando este ato médico a frio, vindo alegar posteriormente que assim procedera porque o depoente declarara não aceitar o uso do Thionenbutal, o que não corresponde à verdade, porque na hora não se tratou deste assunto, embora que ele depoente realmente em outras oportunidades fizesse restrição ao uso desta droga, tentando inclusive evitar fisicamente, que a mesma lhe fosse aplicada. Que já à noite, possivelmente às 10:00hs., o Dr. Amilcar Lobo voltou à sala de torturas, tomou a sua pressão arterial, pulso, respiração, etc, passando então a lhe aplicar o Pentotal. Que essa droga lhe era aplicada muito lentamente, de tal forma que o depoente ia entrando em turvação mental e sonolência, quando lhe eram feitas perguntas que obedeciam a 2 critérios: o 1º que objetivava uma resposta correta, como por exemplo qual o nome de seu pai, etc; o 2º sobre informações de companheiros seus, informações que ele não desejava prestar. Havia nessa oportunidade, não somente com ele depoente, mas com todos os presos, de ser feita a inquirição ou interrogatório o mais rapidamente possível, para que as informações não caducassem; daí serem as primeiras horas e os primeiros dias de tortura os piores que os presos enfrentavam. Que no dia seguinte, já na cela, foi retirado a tarde, novamente para a sala de tortura, digo, pela manhã, sendo submetido a novos processos de torturas físicas, como choques, pancadas, afogamentos, pau de arara, que a tarde o Dr. Lobo apareceu novamente fazendo os exames de rotina, para posterior liberação, a fim de que as torturas continuassem.

Conselho Regional de Medicina do Estado do Rio de Janeiro
SEDE: PRAÇA MAHATMA GANDHI, 2 - GRUPO 1001 - CEP 20.018 - RIO DE JANEIRO - TEL. 220-8420

O que prova que o Dr. Lobo era uma peça da engrenagem do sistema de tortura; tanto que os torturadores após os seus exames, lhe perguntavam se podia seguir, obtendo a resposta: "Pode seguir".

Perguntado se o Dr. Lobo tomava parte nas sessões de tortura, respondeu que a função dele era de examinar clinicamente os torturados e dar a informação se os mesmos tinham condição ou não de continuar com aquela sessão de tortura; que não acredita que o Dr. Lobo tivesse força suficiente no sentido de obstar um processo de tortura, quando isso não fosse de interesse dos seus superiores. Declara que após uma semana de tortura o processo era um tanto ou quanto aliviado. Que após a 1ª semana, o Dr. Lobo comparecia à sua cela, juntamente com o cabo enfermeiro, para fazer curativos diversos, inclusive em seu pênis, que tinha sido bastante queimado, com a sucessão de choques elétricos, e bem assim, na cabeça, nas costas, etc. Declara o depoente, que após 50 dias de prisão, pouco mais ou menos, foi trocado, junto com mais 39 presos, pelo Embaixador alemão, seguindo para Argélia, não tendo a partir daí, tido qualquer contato com o Dr. Lobo. Declara ainda que todas as vezes que o Dr. Lobo esteve em sua cela ou na sala de torturas, quando o mesmo se achava preso no Brasil, usava um esparadrapo sobre o nome, daí porque somente após o seu regresso ao Brasil, em setembro de 79, veio a saber que aquele médico que era do seu conhecimento fisionômico, era o Dr. Amilcar Lobo, membro da Sociedade de Psicanálise, isto porque o Dr. Helio Pelegrino chamou-o para depor numa Comissão que havia sido instaurada na Sociedade de Psicanálise, da qual o Dr. Lobo fazia parte. Declara finalmente, que em 1980, quando foi ao seu consultório em Copacabana o Dr Amilcar Lobo ainda estava atendendo a pacientes. Nada mais havendo a tratar, foi encerrado o presente depoimento. Rio de Janeiro, 10 de agosto de 1987.

Cons° Antônio de Oliveira Albuquerque
Presidente da C.I.

Sr. Cid de Queiroz Benjamin
DEPOENTE

Cronologia

1º de abril de 1964 — Golpe militar derruba o presidente João Goulart.

Março de 1967 — Cid ingressa na Escola de Engenharia da UFRJ.

Meados de 1967 — Início da militância na Dissidência Comunista da Guanabara (DI-GB), que deu origem ao MR-8.

Início de 1968 — Cid torna-se um dos vice-presidentes da União Metropolitana de Estudantes (UME).

Junho de 1968 — São realizadas as passeatas dos Cem Mil e dos Cinquenta Mil.

Outubro de 1968 — Congresso clandestino da UNE, em Ibiúna (SP) é descoberto pela polícia. Cid é preso com mais mil estudantes.

Dezembro de 1968 — MR-8 forma seu primeiro grupo armado, do qual Cid faz parte.

Fevereiro de 1969 — MR-8 começa as ações armadas.

Setembro de 1969 — Sequestro do embaixador norte-americano, Charles Burke Elbrick, do qual Cid participa.

Novembro de 1969 — Cid passa a comandar a Frente de Trabalho Armado do MR-8.

21 de abril de 1970 — Prisão pelo DOI-Codi.

Meados de maio de 1970 — Transferência para o Dops do Rio.

Fim de maio de 1970 — Volta ao DOI-Codi.

16 de junho de 1970 — Libertação, com mais 39 presos políticos, em troca do embaixador alemão, Von Hollenben, que tinha sido sequestrado pela VPR.

Julho/agosto de 1970 — Viagem da Argélia para Cuba.

Segundo semestre de 1971 — Saída de Cuba, com documentos falsos, para a Argélia

Início de 1972 — Saída da Argélia para o Chile, governado pelo socialista Salvador Allende.

Fim de 1972 — MR-8 racha, e Cid se desliga da organização.

26 de maio de 1973 — Nasce Ana Maria, filha de Cid e Isolde Sommer.

11 de setembro de 1973 — Golpe de Estado derruba Allende e dá início a uma ditadura militar no Chile. A casa de Cid é invadida e saqueada pelo Exército, mas ele, Isolde e Ana Maria já a tinham abandonado. Três dias depois, entram na embaixada do México.

Outubro de 1973 — Chegada ao México.

Dezembro de 1973 — Viagem para Cuba, onde Cid trabalhou como engenheiro.

Dezembro de 1974 — Viagem de Cuba para a Suécia.

1977 — Cid se casa com Astrid.

Agosto de 1979 — Aprovada a anistia política no Brasil.

Setembro de 1979 — Cid volta ao Brasil.

1980 — Cid participa da fundação do PT e, depois, torna-se dirigente do partido.

1989 — Fernando Collor vai para o segundo turno da eleição presidencial contra Lula e é eleito.

1992 — Collor sofre impeachment.

1994 — Fernando Henrique Cardoso bate Lula e é eleito presidente.

1998 — Fernando Henrique Cardoso derrota mais uma vez Lula e é reeleito.

Janeiro de 2002 — O prefeito de Santo André (SP), Celso Daniel, é sequestrado e assassinado.

Outubro de 2002 — Lula é eleito presidente da República.

2005 — Cid deixa o PT e se filia ao PSOL, recém-criado.

Outubro de 2008 — Lula é reeleito presidente da República.

Outubro de 2012 — Dilma Rousseff é eleita presidente da República.

Este livro foi impresso nas oficinas da
DISTRIBUIDORA RECORD DE SERVIÇOS DE IMPRENSA S.A.
Rua Argentina, 171 – Rio de Janeiro, RJ
para a
EDITORA JOSÉ OLYMPIO LTDA.
em março de 2014

*

82º aniversário desta Casa de livros, fundada em 29.11.1931